天津近代历史人物传略

三

万新平 主编

荣华 方昀 于学蕴 副主编

天津出版传媒集团

天津人民出版社

图书在版编目（CIP）数据

天津近代历史人物传略. 三 / 万新平主编. -- 天津：天津人民出版社，2017.9
ISBN 978-7-201-12234-2

Ⅰ.①天… Ⅱ.①万… Ⅲ.①历史人物－列传－天津－近代 Ⅳ.①K820.821

中国版本图书馆 CIP 数据核字(2017)第 194172 号

天津近代历史人物传略(三)
TIANJIN JINDAI LISHIRENWU ZHUANLÜE
万新平　主编

出　　　版	天津人民出版社
出 版 人	黄　沛
地　　　址	天津市和平区西康路 35 号康岳大厦
邮政编码	300051
邮购电话	(022)23332469
网　　　址	http://www.tjrmcbs.com
电子信箱	tjrmcbs@126.com
责任编辑	韩玉霞　杨　轶
装帧设计	卢炀炀
印　　　刷	天津午阳印刷有限公司
经　　　销	新华书店
开　　　本	787 毫米×1092 毫米　1/16
印　　　张	19
插　　　页	3 插页
字　　　数	320 千字
版次印次	2017 年 9 月第 1 版　2017 年 9 月第 1 次印刷
定　　　价	76.00 元

编辑委员会

序　一

多年来,天津市高度重视天津近代历史研究工作,在市委、市政府的关怀和支持下,2012 年 3 月,在天津市档案馆成立了近代天津历史研究中心。这是全国档案系统第一家地方近代历史研究机构,为进一步做好天津近代历史研究搭建了一个重要平台。《天津近代历史人物传略》是研究中心成立后,经市委、市政府批准立项的首个大型学术研究和出版工程。

1840 年鸦片战争至 1949 年中华人民共和国成立,一百多年的中国近代史,是灾难深重、落后挨打的屈辱历史,也是中国人民探索救国之路、实现自由民主的历史,更是中华民族抗击侵略、打倒帝国主义以实现民族解放,打倒封建主义以实现人民富强的斗争史。天津城市在近代具有特殊的历史地位,有"近代中国看天津"之说。鸦片战争、第二次鸦片战争、洋务运动、甲午战争、戊戌变法、义和团运动、清末新政、辛亥革命、五四运动、中国共产党成立,党领导下的土地革命、抗日战争、解放战争,等等,这些影响中国近代历史发展进程的重大事件,无不在天津留下了深深的印记。

作为近代中国北方最大的通商口岸,处在东西方文化交汇点的天津,近代化的进程也在加速。这个时期,在天津诞生了近代中国第一批近代工厂、第一所国立大学和第一所私立大学、第一批近代银行、第一条铁路、第一个电报局,等等,逐步实现了向北方经济中心城市的重大转变。20世纪二三十年代,中国形成了南有上海、北有天津的经济格局,奠定了天津经济发展的重要地位。对天津近代百年历史进行深入研究,对于促进改革开放、实现天津又好又快发展具有重要的现实意义。

历史是一部厚重的教科书,透过近代中国宏大的历史场景,我们看到的是一个个鲜活的历史人物。在天津近代历史的舞台上,他们与那些重大历史事件一起,共同勾勒了天津近代历史的脉络。在这里,许许多多革命先驱为了人民的解放事业浴血奋斗,留下了可歌可泣的英雄事迹;在这里,许许多多志士仁人为了救国图强,兴产业、办实业,为加快民族工业的发展付出了心血和汗水;在这里,汇聚了国内外许许多多专家学者、有志青年,在教育、科技诸领域构筑了国内人才的一个高地;在这里,涌现出许许多多知名的演员和艺术家,成为了民族文化的一方沃土。无数先进人物,在国难与民族危亡关头英勇献身的精神,在救亡图存的磨难与抗争中勇于探索、自强不息的精神,在近代天津的历史长河中永远闪烁着耀眼的光芒! 一部天津近代历史给我们留下的历史财富是极为宝贵的! 当然,天津也曾是为数众多的清末遗老遗少、军阀买办、达官显贵聚居之地,也是反动黑暗势力麇集的地方。

本书以马克思主义唯物史观为指导,以对历史的敬畏之心,从天津近代百年历史中选取了近千位具有代表性的历史人物编辑成传。这些人物涉及天津近代社会各党派、各阶层、各界别。在编辑过程中,我们牢牢把握三个原则:一是坚持实事求是的原则,注重史料的真实性,充分挖掘和运用第一手史料,参考了大量历史文献和最新研究成果,反复印证所选用的口述史料,对各类史料认真甄别,去伪存真、去粗取精,力求全面、真实地记述每一个人物的生平事迹。二是坚持客观公正的原则,注重撰述的客观性,一切用史实说话,不隐恶,不溢美,以期客观真实地反映入传人物的全貌及其对历史的影响,切实从人物的视角呈现一部客观真实的天津近代史。三是坚持严谨细致的原则,注重行文的规范性,确保传文结构合理、层次分明,文字表述精炼、准确、生动,参考文献与注释体系符合学术要求,力求使这部书成为一部集学术性、资料性和可读性为一体的史学著作。

本书编辑过程中,得到了市委、市政府的关心指导,得到了市有关单位的热情帮助,得到史学界专家学者的大力支持。这部书凝结着大家的心血和汗水,是集体智慧的结晶,在此,我们向各位领导和所有为本书做出贡献的同志们表示衷心的感谢!

由于水平的局限,以及史料的搜集和研究还有待进一步深入,本书需要进一步完善和提高,我们真诚地希望广大读者提出宝贵意见。

今后,近代天津历史研究中心要更好地聚合全市近代史研究人才,发挥好重要平台的作用,充分调动专家学者和全市史学工作者的积极性,进一步搞好天津近代历史的研究工作,讲好天津故事,努力扩大天津历史文化名城的影响力和知名度,切实为建设美丽天津做出新的更大的贡献。

天津市档案馆

近代天津历史研究中心

2016 年 7 月 18 日

序 二

　　《天津近代历史人物传略》即将出版,这是天津近代史研究领域的一项重要成果,是一部具有权威性的有关近代天津人物研究的著作,对于深入认识和研究天津近代历史具有较高的学术价值。

　　天津地处京畿,据通衢,扼海口,地理位置十分重要,以 1860 年被迫开放为标志,天津的历史进入近代时期。洋务运动、小站练兵、清末新政先后发端于天津,义和团运动、辛亥革命、五四运动、中共建党、抗日战争、解放战争在天津留下了史迹,还有九国租界的开辟,北方经济中心的确立,都深刻影响了近代中国的历史进程,故有"近代中国看天津"之说。

　　在这百年剧变的历史中,涌现出一大批中外历史人物,有革命者、实业家、作家、学者、艺术家、达官贵人、失意政客,等等。本书的编者不以传主的政治倾向和职位高低为标尺,坚持收录人物的客观标准,经过深入研究,从近代天津各个领域、各个阶层、各个党派筛选出值得一写的人物,有千人之多,其所涉近代人物的完整性、系统化,在天津近代历史研究领域还是首次。

　　在记述人物的生平事迹时,编者以马克思主义唯物史观为指导,怀着对历史人物客观公正之心,注重史料的真实性,充分运用第一手的档案史料,参考了大量历史文献和最新研究成果,反复印证所依据的口述资料,对选取的各类史料认真甄别,进行去伪存真的深入分析,确保了人物生平事迹的真实可信。一切用史实说话,不隐恶,不溢美,客观记述每一位传主的言行和作为、形象和面貌,以及对社会的影响,注意避免没有史料依据的主观评价。注重行文的规范性,传文结构严谨、层次分明,文字表述精炼、准确、生动,参考文献与注释体系符合学术要求。全书具有较高的研究价值,是一部精品之作。

这是一部集具学术性、资料性和可读性的大型工具书,以人物的活动反映了近代天津社会的方方面面,成为了解天津、认识天津、研究天津的史料宝库,肯定会受到读者的喜爱。近代中国看天津,读完这部书,你会感觉此言不虚。

魏宏运
2016 年 6 月 18 日

凡　例

一、本书定名为《天津近代历史人物传略》,是具有学术性、资料性和可读性的多卷本工具书。

二、本书收录人物时限,上自 1840 年 6 月 28 日第一次鸦片战争爆发,下迄 1949 年 10 月 1 日中华人民共和国建立。入编人物主要经历和重要事迹应在此时限之内。入编人物 1949 年后健在与否不限,但必须是在 1949 年前确已成名且有重要事迹可书者。凡属 1949 年前仅崭露头角,而 1949 年后始声名大显,或 1949 年前虽已知名,但与天津关系甚浅,而 1949 年后始长居天津者,一般不予收录。

三、本书中关于天津的区域范围,系以现在天津市的行政区划为准,凡属现天津市所辖区县之人物,符合收录标准者,予以收录。

四、本书收录人物以天津籍为主,包括祖籍天津但流寓外地者;或寄籍天津,出生成长以及长居、终老于天津者。外省市籍人物,视其与天津历史渊源之深浅,在天津具体活动及其影响之久暂大小为依据,酌量收录。

五、本书收录人物为近代天津在政治、军事、经济、文化、社会各个领域的知名人物,包括近代天津各个重要历史时期及历次重大历史事件中有重要活动、重要影响和重要贡献的中外历史人物。具体而言,军界为师长以上;政界为省、市厅、局长以上;经济界为历届商会会长,主要同业公会会长,著名工厂、商号、银行、钱庄的创业人或经理;文化界为大学与比较著名的中、小学创办人或校长,著名的教授、学者、科学家、工程师、文学家、书画家、音乐家、文物收藏鉴赏家,知名报社社长、编辑与记者,著名的演员、民间工艺艺人,主要医院院长、著名中西医师;社会人士为地方名流(乡绅、盐商、买办等),知名的法官、律师、寓津旧军政人员、前清遗老、宗教神职人员与居士、体育家、武林高手,以及三教九流中的代表人物等。全国性知名人物尤应重点收录。

六、本书传略以一人一传为原则,因资料缺少等原因也可同类数人合为一传。

七、本书人物传略以本名为主,其有习惯俗称,向以字、号、别名、艺名流行社会者,用其俗称。人物排列以姓氏汉语拼音字母为序,同音者以声调为序,同声调者以第一二笔的笔形为序。同姓者以名字的汉语拼音字母为序。末卷附有《人物姓氏笔画索引》和《人物分类索引》,以便检索。

八、本书人物传略正文,大体上包括生卒年、性别、字号、民族、籍贯、出身、学历、主要经历及在天津重要活动事迹诸项。生卒年均用公元纪年,括注于词目人物姓名之后。不详者以文字或"?"标注。卒年为空白者,表示其人健在。汉族一概不特为标注。籍贯一律用当时地名,必要者括注今名。叙事一律用公元纪年,必要时可标注清朝年号。对人物生平事迹,一般不作具体评论和评价。

九、本书人物传略撰写中所引用的文献资料,一般注明出处,并在传略正文后列出主要参考书目。

目　录

D

F

G

H

J

Y

Z

爱 莲 君

　　爱莲君(1918—1939)，天津人，出身贫苦，11岁时被转卖给开妓院的赵连琪夫妇作养女，取名赵久英，家住天津法租界老西开世昌里。

　　赵氏夫妇为人凶悍，性情暴躁，每天逼迫养女干繁重的家务，不知生身父母是谁的赵久英，在吃不饱穿不暖和非打即骂的家庭环境中熬过了一年，她看到老西开附近一些青楼女孩子学唱"落子"(评剧前身)，便央求养父母让她也去学唱。赵连琪夫妇权衡了利弊，最终安排她拜评剧艺人赵月楼为师，学演评剧，学期4年。

　　赵久英的师父赵月楼，是有着丰富舞台经验的老艺人，对徒弟要求严格。她立志刻苦学戏，学起戏来勤于思、苦于练，学唱腔、背台词，练基本功无不倾心投入。

　　经过赵月楼的悉心教育指导，仅一年多，赵久英就跟师父学会《双招亲》《花为媒》《吴家花园》等几出戏。赵月楼给她取了个"爱莲君"的艺名，安排她在谦德庄的小戏园子搭班唱"打子儿戏"(计时收费的演出形式，每隔10分钟，伙计到观众跟前敛一次钱)，声调柔媚，每使一句腔，常常博得观众喝彩声。赵月楼去世后，爱莲君继续跟赵月楼的徒弟王喜瑞学戏，学会一出演一出，又相继上演了《桃花庵》《杜十娘》《珍珠衫》《占花魁》等一些剧目。

　　爱莲君身材修长，扮出戏来苗条匀称，表演身段也妩媚可人。她的声腔宽厚适中，刚起唱时略带沙音，待嗓子遛开后越唱越婉转清亮(业内俗称"云遮月"嗓)。初期她多摹仿女演员李金顺唱法，在学人之长的同时，结合自己嗓音低哑宽厚的特点，运腔时调式转换灵活，善于使用鼻腔共鸣,把曲调装饰得韵味厚重。尤其是她在唱时常出现顿挫跳跃、强弱倒置、长短不齐,听来格外纤细轻巧、似断非断,业内人士称这种唱法为"疙瘩腔"。爱莲君所创造的"疙瘩腔"一改评剧早期粗犷激越的"大口"唱法,引导评剧女声唱腔朝着华丽的方向迈进了一大步,闯出了一条属于自己的艺术新路。

赵连琪夫妇见爱莲君一天天成熟起来,便创立爱莲戏社,由年仅14岁的爱莲君担任挑班主演。

爱莲君在爱莲戏社,一面应付繁重的营业演出,一面继续练功学戏,在频繁的演出实践中,艺术水平逐日猛进,声望也随之高涨,挑班后逐渐进入中型戏园演唱。那时她经常演的剧目又多了《十三姐进城》《老妈开嗙》《王少安赶船》《回杯记》《双招亲》《双婚记》《入洞房》等。她学演从师父那里继承下来的老戏,常常按照个人的理解在舞台上多有即兴发挥。

爱莲君虚心好学,勇于革新。她不但继承传统戏,还请来文明戏演员徐笑菊、李哈哈、刘鹤影等人,为她排演了《芙蓉花下死》《儿比父大一岁》《瓜田恨》《牢狱产子》《新茶花》《杨乃武与小白菜》等十几出令观众耳目一新的活词剧(也称幕表戏)。这些戏锻炼了她在台上灵活、机趣的即兴表演能力,也为她充分展示自己见景生情、自然应对的才能提供了用武之地。爱莲君在剧坛的地位日盛一日,没几年便成为备受社会观众瞩目的评剧明星。业内人士把她自成一格的唱法称之为"爱"腔,与李金顺、白玉霜、刘翠霞并列为评剧四大声腔流派。此后的评剧舞台上有许多新流派崛起,而声腔艺术大都是从李、刘、白、爱四大声腔派生出来的。

1935年5月,爱莲君带领爱莲戏社远赴上海闯市场,把充满北方文化意韵的评剧第一次带入上海滩。17岁的爱莲君又邀白玉霜、钰灵芝两位天津的评剧名伶南下。两个多月内,三位名角紧密团结,互相配戏,演出效果超出预想。天津评剧以强大的阵容和实力给上海群众留下美好的印象。

爱莲君一生有过三次灌制唱片的经历。在她16岁那年,应唱片商之邀赴日本大阪,将她所唱《花为媒》《一瓶白兰地》《苏小小》《烧骨记》《于公案《蜜蜂记》《庚娘传》《三赶樊梨花》《打狗劝夫》等戏里的唱段，灌制成唱片回国出售。

她19岁在上海演出期间，当地唱片商为她灌制了《刘翠屏哭井》《烧骨记》两张唱片。同年9月她载誉回津，这些唱片已经提前在天津发行。天津的一些广播电台、商店、影剧院每天播放她在上海灌制的唱片。1936年前后，天津的街头巷尾随处可闻爱莲君的"八月十五雁南飞"等唱段，爱派声腔风靡一时。

20岁那年，她疾病缠身极度衰弱，她那嗜财如命的养父母，逼迫她答应唱片商的要求，带着病到北京灌录了《烧骨记》《李香莲》《樊梨花》等唱片，这是她留下的绝唱，成为研究评剧"爱派"乃至评剧发展史的宝贵资料。

养父母视她为摇钱树，平日一天两场或三场演出，一年到头也难得休息一两天。她所赚的钱，全部控制在养父母手里。除排戏、演戏外，养父母不准她接触社会各界人士，更不准谈婚论嫁。爱莲君两次遇到情投意合的知音，均被养父母拆散。她几乎失去人身自由，长期精神郁闷，身心日益憔悴，最终百病缠身。在她病情日益恶化的日子里，她的养父母仍不给她调养身体的机会，还逼迫她登台挣钱。1938年冬，爱莲君在升平戏园演《珍珠塔》，反串演老旦（方卿之母），当场昏倒在台上。这是爱莲君最后一次与天津观众见面。

1939年夏，爱莲君辞世，终年21岁。

参考文献：

红兵：《评剧爱派创始人爱莲君》，《剧坛》，1982年第8期。

息国玲著：《评剧名家演唱艺术》，中国广播电视出版社，1988年。

陈钧著：《评剧音乐史》，中国戏剧出版社，1997年。

赵德明著：《评剧一代名伶莲小君传》，中国戏剧出版社，2010年。

（甄光俊）

白 玉 霜

　　白玉霜(1907—1942)，原姓卢，名慧敏，生于天津。因家境贫寒，幼年被其母卖给在同庆后桂花书院做跟班的李卜氏当养女，改名李桂珍。10岁时被送进同庆坤书馆，先学唱连珠快书、京韵大鼓，再跟评剧艺人孙凤鸣学唱评剧，和小桂花、小菊花一起学演"拆出落子"。

　　14岁的时候，白玉霜开始随班走码头演戏，刚出道就大受欢迎。当时在戏报上用的名字是李桂珍，后取艺名白玉霜。白玉霜和其他演员上午练功排戏，下午和晚上演出，每天十分辛苦。

　　白玉霜学戏之初，第一代评剧女演员李金顺在天津正当红，白玉霜对李派艺术十分痴迷，但是她的嗓子高音不够理想，达不到李金顺的音高，但是她中低音出众，丹田气息充足，演唱起来头腔、胸腔一起共鸣，膛音宽而且亮，发出的声音别具韵味。于是她采用低弦低唱，以中低音之所长避高音不足之短，在情绪需要时，用膛音稍一使劲，如异峰突起，轻而易举便能博得观众喝彩。此外，白玉霜特别注意唱、念、做的综合发挥，对水袖、形体及面部表情的艺术技巧，努力往深度追求，积以时日，终于形成特色独具的评剧旦角新流派，很快在天津脱颖而出，成为备受天津民众欢迎的评剧新人。

　　白玉霜勤奋好学，别人的艺术长处，哪怕是同辈演员，她认为是好的，总是千方百计地吸收、消化。她虚心借鉴评剧女演员爱莲君创作出来的"疙瘩腔"，化他山之石为己有，灵活地运用到自己的演唱中。为了得到好的剧目,白玉霜不惜花费重金买到了《朱痕记》《玉石坠》《孔雀东南飞》等京剧剧本,然后移植到评剧舞台上,并且吸收借鉴了程派的表演艺术。

白玉霜很看重评剧的完整性。从前评剧戏班排戏都是师傅口传心授,没有导演之说。白玉霜专门请了一位京剧科班毕业的先生,在她的戏班里当导演。上演老戏,她也一定要求导演帮她重新加工。她非常注意戏台上的四梁八柱(老生、小生、彩旦、老旦等)配搭整齐,并要求全班演员全神贯注地对待演出。有的演员误了场,一律按规定"罚香",掏腰包买来香到祖师爷牌位前认错。

1935年7月,白玉霜应上海恩派亚剧场之约,离开天津南下上海。到上海以后,白玉霜首先演出了《马寡妇开店》。这是一出宣扬妇女大胆追求幸福爱情的剧目,迎合了新文化运动背景下上海大众的心理需求。在艺术上,白玉霜的表演超越了一般艺人只注重情节的传奇性而不注重刻画人物个性的演法。白玉霜凭借此戏在上海滩一炮打红。此后,《马寡妇开店》成为白派演员共同的看家戏之一。1936年,白玉霜去武汉、无锡演出了一段时间之后,应正在上海演戏的另两位评剧坤伶爱莲君、钰灵芝之约,回上海同台合演《马震华哀史》《桃花庵》《珍珠衫》等新剧目,强强联合的阵容,在上海掀起一股评剧热。白玉霜在演出时,大胆地将传统唱念中使用的冀东口音,更改为普通京音。白玉霜在艺术实践中向前迈出了一大步,也对评剧做出了一大贡献。

白玉霜在上海期间,最大的收获是获得了田汉、欧阳予倩、洪深、安娥等新文艺工作者的同情与支持。他们看了她的演出,给予了许多指导,欧阳予倩为她提供了新编的《潘金莲》剧本,采用京剧、评剧"两下锅"的形式,使用京剧、评剧两支乐队伴奏,在上海天蟾舞台演了四五场,全卖满堂。回到恩派亚剧场后,又以纯粹评剧的形式再演《潘金莲》,连演了两个月,上座不衰。白玉霜演完这台戏,懂得了演戏不只是为了挣钱养家糊口,还肩负着对观众进行思想教育的责任。接着,她又在田汉、欧阳予倩的支持下,排演了全本《玉堂春》《阎惜娇》,演出也产生了轰动效应。

明星电影公司编剧郑小秋、导演张石川看了白玉霜的演出,接受洪深的建议,于1936年7月拍摄了一部反映评剧女艺人悲惨遭遇的电影故事片《海棠红》,白玉霜扮演女主角海棠红,电影演员舒绣文扮演小睿养母,王献斋、严工上、沈骏等扮演其他角色。白玉霜有着与剧中人物海棠红极为相似的人生经历,拍片时感情真挚、自然,进戏很快。影片里有一大段用评剧旋律谱写的"戏中戏",白玉霜演得更是得心应手,拍摄过程非常顺利。影片拍成后,白玉霜闻名全国。著名戏剧家洪深、欧阳予倩在报上著文,对白玉霜的表演艺术给予很高的评价。20世纪50年代出版的《中国电影发展史》第一卷,还使用了这部影片的剧照。电影《海棠红》的成功,使评剧艺人白玉霜一跃而成为电影明星,并且被报界誉为评剧皇后。

1937年春,白玉霜回到天津剧坛,身价倍增,在新明大戏院连演数月,上座率居高不下。

七七事变后不久,天津沦陷。在日本侵略者统治下,评剧艺人的日子更为难过,白玉霜苦心经营,仍难以维持剧团的生存。1937年8月,白玉霜领衔的玉顺班到北平开明戏院演出。玉顺班结束北平演出回到天津,车站宪警以戏班里的艺人有抗日嫌疑为借口,将戏班扣押,几经波折才放白玉霜回家。

1938年,北平开明戏院再次邀约白玉霜演出,《新民报》总编辑吴菊痴散席后在回家途中被抗日锄奸队开枪打死。敌伪当局了解到他刚刚离开白玉霜的筵席,遂将白玉霜和李卞氏抓到官衙,押了两周才释放。白玉霜在衙内吃了不少苦,还挨了打。

白玉霜常年在繁忙的演出中拼搏劳累,没有顾及身体健康。1941年10月在北洋戏院演戏期间,因体力不支,由每天日夜两场改为只演夜场。12月初,病情加重,不得已中断了演出,诊治半年有余。养母李卞氏把白玉霜当成摇钱树,不顾她身体一天天恶化。白玉霜身体刚有好转,李卞氏就逼迫她唱戏挣钱。1942年8月,病入膏肓的白玉霜,依然要在北洋戏院的台上演出《闺房劝婿》。那天,她到戏院演出,是由别人搀着上的车。

上装时她还愁眉苦脸,一到台上,又表现得精神抖擞,全身心投入剧中人物的感情,但终于病倒。8月10日,白玉霜在天津寓所里病逝,终年35岁。

参考文献:

1936年《申报》《大公报》。

《中国戏曲志》编辑委员会、《中国戏曲志·天津卷》编辑委员会编:《中国戏曲志·天津卷》,文化艺术出版社,1990年。

(甄光俊)

包 瑞 德

包瑞德(1892—1977),英文名大卫·D. 巴莱特(David D. Barrett),1892 年出生于美国科罗拉多州中央市,1915 年毕业于科罗拉多大学,后在一所高中任教。第一次世界大战爆发后,于 1917 年加入美国陆军。1924 年奉派来华,担任美国驻华公使馆助理武官。他是"两次世界大战期间活跃在军官队伍中为数不多的非西点军校毕业生成员之一"①。

包瑞德在北京期间,他的勤奋刻苦和语言天赋使其汉语水平大为提高。他还阅读了大量中国经典书籍。

1928 年,包瑞德结束在北京的汉语学习,回到佐治亚州本宁堡的步兵学校进修高级课程。在这里,他与马歇尔和史迪威相遇。

1931 年 10 月,包瑞德再次被派往中国,在天津担任美军第十五步兵团情报处参谋。美军第十五步兵团建于 1861 年,曾参加过八国联军对华侵略,镇压义和团运动。后以执行不平等条约《辛丑条约》为名,进驻天津,直到 1938 年被迫退出。第十五步兵团驻扎在天津租界区,作为当时北方最大的通商口岸,天津是中国社会的一个缩影,第十五步兵团的官兵借此直接搜集中国情报。

包瑞德在津期间,主要负责第十五步兵团的汉语学习计划。从 1933 年 2 月开始,他在团刊《哨兵报》上连载自己撰写的"汉语写作"课程内容,

---

① [美]阿尔弗雷德·考尼比斯著:《扛龙旗的美国大兵:美国第十五步兵团在中国,1912—1938》,刘悦译,作家出版社,2011 年,第 103 页。

以此为教学手段,旨在帮助士兵达到掌握 1000 个汉字的"切实可行的目标"。

包瑞德对天津怀有感情,他称天津是"令他感到激动"的"湿地天堂",尽管"中国不是那么美丽,还很脏乱",但这里却是他始终热爱的舒适家园。①

1934 年,包瑞德离开天津,两年后到北平的美国驻华使馆任助理武官,在史迪威手下工作。在天津和北平的驻守使包瑞德可以近距离观察日本对中国的侵略。他亲眼见证了卢沟桥事变。事变第二天他就与史迪威一起参加外国观察团到现场视察。抗日战争全面爆发后,他一度随国民政府迁往汉口,1939 年初转移到国民政府所在地重庆。1942 年 5 月,包瑞德接替史迪威升任驻华首席武官。

1944 年,世界反法西斯战争取得重大转折性胜利,然而国民党军队在豫湘桂战役中出现的大溃败促使美国总统罗斯福谨慎评估援助国民党政府的对华政策。美国驻华外交人员戴维斯为驻华司令史迪威准备了一份美国应向延安派出军事观察组的备忘录,引起罗斯福的高度重视。美国政府对不断开辟敌后战场、捷报频传的共产党抗日武装产生了越来越浓厚的兴趣,希望能与共产党领导人直接接触。

1944 年 3 月 24 日,包瑞德接到命令赴重庆执行临时任务,行前他并不知道这个任务就是率观察组去延安。由于蒋介石的阻挠,包瑞德在重庆滞留一个月后不得不返回桂林。同年 6 月,美国副总统华莱士奉罗斯福总统之命访问重庆,迫使蒋介石同意美方向延安派遣观察组的要求。经过重庆、延安和美军三方面协调,这个使团被正式定名为"美军中缅印战区驻延安观察组",简称"美军延安观察组",代号"迪克西使团"。包瑞德担任使团的第一任组长。早在天津的时候,包瑞德就观察到国民政府把很大力量用于镇压共产党人,而不是把全部力量都用于对日作战。在

---

① [美]阿尔弗雷德·考尼比斯著:《扛龙旗的美国大兵:美国第十五步兵团在中国,1912—1938》,刘悦译,第 105 页。

他看来,国民党称共产党为土匪是不负责任的和错误的。① 可以说,包瑞德对中国共产党抱有同情态度。

1944年7月22日和8月7日,迪克西使团一行18人分两批抵达延安,受到中共和延安各界的热烈欢迎。毛泽东在《解放日报》社论中指出:使团的到来是抗战后最令人兴奋的事情。

包瑞德领衔的美军观察组,其成员来自美国外交系统和海陆空三军,他们向美国政府提供了大量珍贵的情报,包括抗日根据地内人民的生活、共产党军队的作战能力、共产党的外交政策等,为美国政府制定对华政策提供了可靠的参考。

包瑞德在延安度过了约5个月的时间。1944年秋,中缅印战区总部授予包瑞德上校勋章,毛泽东、朱德、周恩来和延安各界代表参加了授勋仪式。

1944年底到1945年初,包瑞德就中国共产党对日作战能力问题提出了一项报告。他认为共产党军队是优秀的游击战士,应当给予共产党少量的步枪、机枪、迫击炮、反坦克炮和一些轻炮,②装备以适当的美国武器,使其能够参加正规的对日作战。由于蒋介石的激烈反对,包瑞德的建议没有被采纳。从整个战争和中美关系的角度来看,迪克西使团的一些真知灼见并未改变美国政府扶蒋反共的政策,但不可否认使团具有的历史意义。

日本投降后,包瑞德再次被任命为驻华助理武官。1950年2月,他前往台湾,担任美国派驻台湾的武官。1950年国庆,他策划了炮轰天安门事件。1960年,他受聘回母校科罗拉多大学任中文客座教授,担任新设立的斯拉夫及东方语言系首任主任。1977年,在美国旧金山病故,终年84岁。

---

① John N. Hart, *The Making of an Army "Old China Hand": A Memoir of Colonel David D. Barrett*, Berkeley, California: Center for Chinese Studies, U of California, 1985, pp. 13-14.
② [美]D. 包瑞德著:《美军观察组在延安》,万高潮等译,解放军出版社,1984年,第119—120页。

参考文献：

〔美〕D. 包瑞德著：《美军观察组在延安》，万高潮等译，解放军出版社，1984 年。

〔美〕阿尔弗雷德·考尼比斯著：《扛龙旗的美国大兵：美国第十五步兵团在中国，1912—1938》，刘悦译，作家出版社，2011 年。

John N. Hart, *The Making of an Army "Old China Hand"*: *A Memoir of Colonel David D. Barrett*, Berkeley, California: Center for Chinese Studies, U of California, 1985.

（张　畅）

边 守 靖

　　边守靖（1885—1956），字洁清，亦作洁卿，天津静海人。边家是静海望族，其父边仲三是清末举人，未参加会试即病故。边守靖由其叔父边锡三收养，边锡三亲自授其以诗书，边守靖得以考中秀才。

　　科举废除后，边守靖入天津中学堂读书，中学毕业后考入师范，几年后以优异成绩考取公费赴日留学资格，进入日本东京帝国大学法律科学习。在日本，边守靖受革命思潮的影响，加入了孙中山领导的同盟会。1910年回国后，边守靖到保定师范学堂任教，直到武昌起义爆发。

　　中华民国成立后，各省成立议会，边守靖以留日学生和同盟会会员资格当选为直隶省临时省议会副议长，次年当选为省议会议长。当时的边守靖锐意改革，与一部分议员商讨拟定了整饬吏治、整顿税收、疏浚河道、大办教育等十大议案，经省议会通过，咨请行政当局采择实施。这十大议案虽未能够全部实施，但各县议会遵照省命宣传鼓动，出现了一些新气象，在启发民智、广开言路、除旧布新等方面起了一些作用。

　　1913年国民党发动的"二次革命"失败，袁世凯勒令国民党自动解散。1915年下半年，袁世凯先后授予边守靖勋四位、二等文虎章、一等大绶宝光嘉禾章，边守靖加入劝进队伍，联络省议员以直隶省议会的名义向袁世凯上劝进书，拥护袁称帝。

　　1916年9月，直系军阀首领曹锟任直隶督军，督军公署驻保定，直隶省长公署和直隶省议会设在天津。作为直隶省议会议长的边守靖与曹锟、曹锐兄弟形成了良好的关系。

1916年10月,天津法租界当局擅自违约,扩占租界区域,将老西开一部分划入租界区,引起天津人民强烈反对,民众纷纷向省政当局及省议会请愿,请求维护国家主权,向法方交涉,退还强占土地。省议员在边守靖的领导下迅速召开特别会议,号召全体议员保卫国家领土主权,抵制法货,并发起组织公民大会。10月29日通电全国各省,呼吁共同斗争。经过天津各界的多次斗争,法方被迫让步。

1918年1月,曹锐署理直隶省长,次年7月改为实任。曹、边不久即结为金兰之交,互相支持。省公署交议之事,省议会无不通过;省议会欲办之事,省公署一一照允。

1919年五四运动爆发时,天津各界进行了罢课、罢市行动,积极响应、支持学生爱国运动。作为省议会议长的边守靖赞扬并支持爱国学生的行动。当时天津的爱国学生向各方呼吁揭发问题,常常需要拍发电报。边守靖把议会使用的电报记账本交给学生联合会使用,博得了学生们的好感,引起了北洋政府的不满。

边守靖得到曹氏兄弟的赏识与器重,有关军政要事也时常请边氏出谋划策。边守靖也竭尽才智为之筹划,甚获曹锟之欢心,被曹锟聘为直鲁豫巡阅使署高等顾问,继而又被两湖巡阅使吴佩孚聘为高等顾问。边守靖的才干也得到了大总统黎元洪、冯国璋等人的赏识,任他为甘肃省省长,被边守靖谢绝。在逼迫黎元洪总统下台、重金收买国会议员贿选曹锟为大总统的过程中,边守靖不仅是献策者,还是这些行动的指挥者、参与者。曹、边两家一直保持密切关系。

奉系军阀李景林、褚玉璞督直时,边守靖仍然任直隶省议会议长。1928年6月,国民革命军占领京津,直隶省改为河北省,取消省议会,边守靖退出政界,专心经营工商业。他出资经营的工商业较多,除恒源纺织厂外,还有信记银号、稻香村食品店、西服店、酱园、铁厂、浴池等。

20世纪30年代初,恒源纱厂负债累累,生产难以为继。日本商人企图乘机收买恒源纱厂。边守靖认为恒源纱厂是振兴民族工业的象征,坚决阻止了日本人的吞并企图,并及时与金城、中南、盐业等银行联系贷款,改为合作经营,由新成立的诚孚公司管理,产权仍归恒源纱厂所有,从而使恒源纱厂摆脱了困境。1935年,因边守靖曾任省议会议长多年,宋哲元请其出来主持冀察选举县参议会筹备处,边守靖任处长。后来又因边守靖曾督办过直隶治河事务,国民党全国经济委员会聘其为华北水利委员会委员。1936年,张自忠任天津市长,边守靖就任市政府首席参事。1937年,边守靖陪同张自忠赴日本访问。卢沟桥事变后,宋哲元离开北平,张自忠代理冀察政务委员会委员长一职,张自忠命边守靖代理天津市长。数日后,天津沦陷。

日军占领天津后,曾多次拉拢边守靖出任伪职,都遭到了他的拒绝。边守靖一心经营工商企业,绝口不问政事。日本钟渊纺织株式会社曾提出要对恒源纱厂实行中日合营,被边守靖拒绝。日本人意图采取从股东手中高价收购股票的方式控制恒源纱厂。由于恒源纱厂的股票是记名股票,股东出让股票,必须到董事会办理过户手续。边守靖察觉到此事后,立即召开董事会,并通过决议:股东在出让股票时,应由本厂股东优先收购,挫败了日本人的企图。日军对恒源纱厂实施了一系列的报复行动,他们以献铜献铁为名,拆走了恒源纱厂三分之一的设备,并断绝了原棉的供应。在这段最为艰苦的时期,边守靖想尽一切办法保全恒源纱厂,先是聘请日本人作为技术顾问,周旋于日伪之间,后派人赴各地自行收买原棉,使工厂渡过了难关。在北洋军阀官僚投资的纱厂中,恒源是唯一一个没有被日商吞并的工厂,在抗战胜利后的股东大会上,全体股东对边守靖维护恒源的功绩表示了衷心的感谢。

抗战胜利后,恒源纱厂依靠一部分美棉救济得以维持生产,因当时法币贬值,便趁机偿还了诚孚公司的债款,在1946年2月回到了自己经营的局面。当时由曹锐的孙子曹郁文任经理,刘晓斋任副经理,边守靖担任董事长。

中共地下党的工作和国民党政府的腐败,使边守靖思想上开始倾向共产党。天津解放前夕,边守靖与周叔弢、杨亦周、毕鸣岐等人,受天津人民的嘱托,到郊区会见解放军代表,努力谋求天津和平解放。

周恩来总理到津时,曾召见边守靖并设便宴,勉励他好好经营,要相信党的政策,为恢复经济做贡献,这使边极为感动。时任中共天津市委书记的黄火青对他也不断帮助启发,安排他为天津市政协常委,又选为工商联副主委,后又被任为中国人民救济总会天津分会副主委。1954年,恒源纱厂顺利完成公私合营,成为全国第一批实行公私合营的试点企业之一,也是天津第一家实现公私合营的企业,为天津的资本主义工商业改造树立了榜样。

1956年7月6日,边守靖病故于天津,终年71岁。

参考文献:

李新等主编:《中华民国史·人物传》第1卷,中华书局,2011年。

天津市政协文史委编:《近代天津十大实业家》,天津人民出版社,1999年。

河北省政协文史委编:《河北文史集粹·政治卷》,河北人民出版社,1992年。

天津市政协文史委编:《天津文史资料选辑》第95辑,天津人民出版社,2002年。

(高 鹏)

常 宝 堃

　　常宝堃(1922—1951)，满族，原籍北京，1922年5月5日生于河北张家口，艺名小蘑菇。其父常连安原是北京著名的京剧科班"富连成"学员，因嗓子倒仓而离开京剧行当，改学戏法、相声。1927年，常宝堃5岁，为生活所迫，已向父亲学会一些小戏法如"仙人摘豆"等，学会了几段相声如《反七口》等，并开始跟随父亲演出。由于他聪明可爱，相貌标致，相声说得逗，深得观众喜爱。张家口盛产蘑菇，人们便叫他"小蘑菇"。父亲也高兴观众这样的称呼，"小蘑菇"就成了他一生的艺名。以后，他的二弟、三弟、四弟的艺名分别是"二蘑菇""三蘑菇""四蘑菇"。

　　1929年，常宝堃随父亲来到天津，依然撂地①卖艺。天津是北方曲艺重镇，集中了北方主要曲艺形式的领军人物，尤其是相声，名家云集。此时的常宝堃虽只有7岁，但已经会了近20个相声段子，而且表演得像模像样。1930年，常宝堃被相声的领军人物、"相声大王"张寿臣收为徒弟，经其指教，技艺猛进。天津相声艺人众多，但能够进园子(茶社、茶馆、小剧场)演出的却极少，更多的艺人是撂地演出。而常宝堃只8岁，就已经进入海风茶社表演。后又应邀进入山泉茶社、义顺茶社、聚英戏院、小广寒影院等处演出。

　　1933年，常宝堃应邀赴南京，在著名的鸣凤杂耍馆演出，父亲常连安

---

　　① 在露天场地表演。

为他捧哏。年仅 11 岁的常宝堃已经排在"倒二",即压轴①的位置。1935年,常宝堃返回天津,就开始在中高档曲艺演出场所演出,如中原游艺场、上平安影院、燕乐、庆云等,还应邀在中华电台演播。自此,"小蘑菇"这个名字家喻户晓。当时他只有 13 岁,还是个孩子。

常宝堃表演的相声节奏快,废话少,笑料多,包袱响,表演活泼,火炽热闹,尤善于临时抓哏。他虽嗓音欠佳,但字句清楚,韵味十足。尤其在学、唱方面有着非凡的才能,如在《闹公堂》中学刘文斌、于瑞凤等人的演唱,几近真人;学乞丐叫街并用叫街的嗓音说话,堪称一绝;在"倒口"(学地方方言)活中,学山东、山西、河北的方言惟妙惟肖。他多才多艺,反串京剧时,擅演净、丑,如演《连环套》的窦尔墩、《法门寺》的刘瑾、《拾玉镯》的刘媒婆等,颇得观众好评,还饰演过旦角宋巧姣。他的相声,清新、机敏、滑稽并略带有顽皮,更加贴近生活,关注现实。

常宝堃与赵佩茹合作,请赵佩茹给他捧哏。赵佩茹长常宝堃 7 岁,从艺也早,是张寿臣的师弟焦少海的徒弟,捧哏艺术非常出色。常宝堃非常尊重、倚重赵佩茹,名义上是赵佩茹捧哏,其实是二人互为捧逗,有些段子常宝堃主动提出自己捧哏,由赵佩茹逗哏。二人对艺术都很较真,每次演出前都认真排演,以达到台词、口风、神气、眼神等完全默契。1940 年,18岁的常宝堃与赵佩茹在几家电台演播,曲目有一百多段。

1940 年 8 月,常宝堃创建了"天津兄弟演艺剧团"(1946 年 4 月更名为"兄弟剧团"),自任团长。这是第一个由相声艺人组建的曲艺团体。剧团先后集结了相声名家赵佩茹、佟浩如、马三立、苏文茂;"程派"河南坠子创始人程玉兰及王宝霞;相声、太平歌词名家秦佩贤;京韵大鼓名家林红玉、小映云;单弦名家王剑云、张剑平、张伯扬;"高派"山东快书创始人高元钧;魔术师陈亚南、陈亚华等。剧团每天下午、晚上演出两场,上座率很高。他们还进行反串京剧演出。

除此之外,常宝堃还别出心裁地组织、演出笑剧。当时话剧初兴,笑

---

① 倒数第二个节目,倒数最后的节目称"大轴"。

剧借用话剧的演出方式,其分场、话白、布景、灯光、服装、道具等,基本与话剧相同,但有大量的唱段。编剧采用文明戏"幕表戏"的做法,只写出场次、人物和情节的详细提纲,台词、对白都由演员根据剧情临场发挥。其表演吸收文明戏及传统戏曲的程式,还大量采取相声、魔术等艺术手法。剧中人物借鉴话剧语言说国语,一些特定的人物说天津、河北、山东或江南方言。剧团初期,在曲艺演出前演出笑剧,至1943年改为以笑剧演出为主,前场加演曲艺,将笑剧的发展推向高潮。常宝堃还为笑剧的排演专设编导一职,特聘对文明戏等多种表演形式都有所了解的张鹤琴担任。他与张鹤琴等人一起,把拆唱八角鼓、彩唱莲花落、相声、双簧、滑稽表演等种种产生笑料的手法和魔术,以及曲艺艺人在反串京剧中正剧加滑稽的手法等等,都运用到笑剧中来,从而创造出这种天津所独有的曲种。笑剧为以后出现的相声剧奠定了基础。

常宝堃多次在舞台上抨击日本帝国主义。比如他与赵佩茹表演《耍猴儿》,台词中有耍猴儿敲锣的句子,他临时加了一句"今天我可没带锣来"。赵佩茹马上问:"你的锣呢?"他说:"都献铜了。"原来,当时日本侵略者为制造军事武器,大肆搜刮铜铁,他对日寇的这一所为进行了抨击。一次说《卖估衣》,他一上台就说:"各位是不是都看到了,很多商铺大甩卖,写了'本日大卖出'的牌子。这几个字要倒过来念就难听了:出卖大日本!"由于对日本帝国主义的抨击讽刺,他曾两次被捕,被抓到日本宪兵队,关押数月,受尽毒打和折磨。日本投降后,国民党倒行逆施,祸国殃民。天津竟然出现过桥也要打票的情况,他编演了《打桥票》进行揭露讽刺,也因而又一次被捕。

1949年1月15日天津解放,几天后常宝堃就创作表演了《新对联》《新灯谜》等新相声,热情歌颂中国共产党、中国人民解放军。随后他加入红风曲艺团,成为主要演员之一。1950年10月,抗美援朝战争爆发。1951年3月16日,第一届中国人民赴朝鲜慰问团总团赴朝演出,其中有一支由86人组成的"曲艺服务大队",常宝堃任第四中队队长。4月23

日,他在演出后遭敌机轰炸,光荣牺牲,年仅 29 岁。

1951 年 5 月 15 日,天津市马场道第一公墓殡仪馆举行了常宝堃公祭,前来参加公祭的有天津市市长黄敬、文化名人田汉等各界人士三万多人。天津市人民政府追授常宝堃"人民艺术家""革命烈士"称号。

参考文献:

罗扬主编:《中国曲艺志·天津卷》,中国 ISBN 中心,2009 年。

(高玉琮　刘雷)

常 连 安

常连安(1899—1966),满族,北京人。本名常安。7 岁时父亲去世,8岁时去东北学习京剧,能唱净角、老生,艺名小鑫奎。后回北京,14 岁时进"富连成"科班专学京剧老生。因他与马连良、于连泉等都是"连"字辈,所以改名为常连安。后来,他的嗓子倒仓后没有恢复好,无法再学京剧。他不得不改学变戏法、相声,在张家口撂地卖艺。1922 年长子常宝堃在张家口出生,到常宝堃三四岁时,常连安便开始教他戏法、相声,带他到处卖艺养家糊口。

1929 年,常连安携妻儿到了天津。天津是个曲艺重镇,艺人众多,名家云集。常连安带着儿子搭戏法艺人万傻子的班,变戏法、说相声。1930年,常宝堃被张寿臣收为徒弟,张寿臣在收常宝堃时,还代替自己的师父、"相声八德"之一的焦德海收常连安为徒。①

常连安很有说相声的天分。他立志要把几个儿子都培养成优秀的相声艺人,他先后亲自给大儿子、二儿子和三儿子捧哏。

1940 年,常连安在北京西单商场中部创立了启明茶社,专门演出相声,解决了许多相声艺人的撂地问题,同时也旗帜鲜明地倡导起文明相声。常连安规定,无论名气多大、辈分多高的艺人,只要说了涉"黄"内容,不但不给分文报酬,而且以后再不准在此演出。因在启明茶社,相声提高

---

① 相声行称此举为"代拉师弟"。

了品位。

常连安的主张得到了相声界的支持,众多的优秀艺人都愿意在启明茶社演出。当时的多位名家都曾在这里演出自己最拿手的段子。由于段子干净,名艺人多,名段子多,这里的观众很多,京剧表演艺术家马连良、荀慧生、言菊朋、金少山等,电影艺术家白光、石挥、谢添、欧阳莎菲、李翰祥等,以及后来成为相声名家的马季、李文华,台湾相声的奠基人吴兆南、魏龙豪都是这里的常客。常连安创办的启明茶社被誉为“中国相声大本营”。

新中国成立后,曲艺艺人迎来了新生。1951年4月23日,常宝堃在朝鲜战场牺牲,对常连安是一个沉重的打击。但他抑制住悲痛,继续投入相声表演中,先后为张寿臣、赵佩茹捧哏。他努力钻研单口相声和太平歌词,不仅常演一些传统曲目,还把《山东二黄》《空城计》《杂学唱》《哭笑论》等对口曲目改为单口,把“柳活儿”(学唱)对口段子改为一人说,每次演出都很受欢迎。他还整理了一些中篇相声,如《解学士》《君臣斗》等,特别是加工演出了新曲目《追车》和《大师兄闹衙门》等。他的单口相声表演轻松活泼,口锋轻俏,神态逼真,动作幅度较大,善于和观众互动交流,不是简单的“讲述”,而是别具一格的“演述”。他演唱过太平歌词《刘伶醉酒》《白猿偷桃》《雷峰夕照》等传统曲目,还演唱过《抗日英雄赞》等新曲目。

1951年12月,天津市文化局批准成立天津市曲艺工作团,京韵大鼓名家骆玉笙、铁片大鼓名家王佩臣、山东快书名家高元钧及相声名家张寿臣、马三立、赵佩茹、张庆森、常宝霖、常宝霆、白全福、苏文茂等均是该团演员。常连安担任团长一职,统筹全团业务。他在繁忙的事务工作之余仍然参加演出,既说单口又说对口,一个月要演出一百场左右,但他从不索取额外报酬。

常连安是个多面手,会的多而且门门精通。1960年代初期,他参加了天津市魔术会演,他的“手彩”如“九连环”“罗圈当当”“仙人摘豆”等,加上表演前的“铺纲”(说话)包袱多,受到观众的热烈欢迎。1957年,他参加天津市第一届曲艺杂技会演,演出了他挖掘的濒临消失的民间曲艺形式"什不闲"。

他为相声做出的一大贡献是开创了"常氏相声"。1961年,天津市文化局举办了"常氏相声"专场演出。由文化主管部门为一个家族举办专场演出,这是第一次。

1963年,常连安随天津市曲艺团到南方演出,积劳成疾。1966年,常连安在天津病逝,终年67岁。

参考文献:

《中国曲艺志·北京卷》编辑部编:《中国曲艺志·北京卷》,中国 IS-BN 中心,1999年。

（高玉琮　曲庆涛）

陈 光 远

陈光远(1873—1939),字秀峰,直隶武清县崔黄口人。陈家人口众多,陈光远行八,陈氏兄弟中除个别经商外大多在家务农。陈光远幼年时在本乡粮店学徒,17岁时,家中将他送到北京一家玉器铺学习雕琢手艺,因陈光远非常调皮,不久即被掌柜辞退。①

19岁时,陈光远考入天津武备学堂二期学习军事,毕业后在武卫右军任队官。袁世凯在天津小站编练新军时,非常器重武备学堂的毕业生,陈光远为袁世凯所赏识,先后担任督操、北洋常备军军政司总务处总办、第四镇第八协统领等职,成为袁世凯亲手建成的北洋六镇的骨干力量。②辛亥革命时,他跟随冯国璋南下武汉,参与镇压武昌起义,与王占元、李纯部攻陷了汉口、汉阳。因镇压革命军有功受到清廷嘉奖,陈光远被晋升为第四镇统制,以冯国璋为首领,王占元、李纯、陈光远为骨干的直系军阀集团逐渐形成。1914年,袁世凯成立军事模范团,自任团长,任命陈光远为副团长。1917年他兼任京津警备司令。张勋复辟时,陈光远因讨逆有功,被任命为绥远都统。1917年8月,代总统冯国璋调陈光远任江西督军,以加强直系对长江中下游的控制力。他与江苏督军李纯、湖北督军王占元牢牢控制长江中下游,并称"长江三督",一时直系力量大增。

1920年,江苏督军李纯去世。1921年,湖北督军王占元下野,长江三

---

① 周俊旗主编:《建筑 名人 城市》,天津社会科学院出版社,2012年,第119页。
② 郭长久主编:《五大道的故事》,百花文艺出版社,1999年,第101页。

督风光不在。冯国璋去世后，曹锟成为直系领袖，陈光远素来与曹锟关系不睦。1922年，广东政府派北伐军进攻江西时，陈光远得不到直系势力的及时支援，部队节节败退。1922年6月，陈光远被曹锟免职，后寓居天津英租界。

陈光远深知军队就是他的政治资本，领兵时以不吃空名、不喝兵血、不克扣军饷闻名，这在当时的军阀中是不多见的，但他在敛财方面颇有心机，在江西督军任内，他的第十二师和第九混成旅是国家正式编制的部队，其服装费用均由陆军部每年按季拨给款项承做，有时不能如期领到，就需要催拨。陈光远借着这个理由，以先自筹措为名，由财政厅负责筹齐款项，一年180万元。在他任内大约五年期间，单是这笔款项就有约八九百万元，大多流入了他的私囊。① 陈光远在江西对厘金收入亦十分重视，凡往来行旅货物皆抽重税，即"携带火柴一包，亦须交税，然国库所得则不过十分之一二，其余均饱私囊"②，江西省也就有了"穷了江西一省，富了武清一家"的民谣。

陈光远与龚心湛为儿女亲家，他的大量资金通过龚心湛投资到北洋企业中，在华新纺织公司、耀华玻璃厂、启新洋灰公司、滦州煤矿公司、中国实业银行等企业中都有股份。陈光远的资本成为这些企业的重要资金来源。在天津租界做寓公的陈光远，以研究黄金行情的涨落为消遣，金价落时他必购进，他的银行存款大都购成黄金现货囤积起来，而不受货币贬值的影响。③

陈光远在天津广置房地产，不仅在英租界购置了大量房产，成立了振德房地产公司，还在河北锦衣卫桥大街、日纬路、律纬路、昆纬路、小王庄等地购地建房，收取租金。他以振德堂的名义在南市权乐茶园后盖了一

① 齐协民：《我所知道的陈光远》，载全国政协文史委编：《中华文史资料文库》第10卷，中国文史出版社，1996年，第1641页。
② 任启圣：《陈光远事迹概述》，载全国政协文史委编：《文史资料存稿选编》晚清·北洋（下），中国文史出版社，2002年，第689页。
③ 齐协民：《我所知道的陈光远》，载全国政协文史委编：《中华文史资料文库》第10卷，第1641页。

片楼房,取名为振德里。除此之外,他在北京、大连等地广有房产。在北京旧刑部街有一所住宅,在天桥有几百间房产用于出租。[1] 他在家乡武清也购置 15889 亩土地,全部出租给农民耕种,共涉及 661 家佃户。[2] 此外,陈光远还在天津开设了德丰银号,用妻妾的名义开设了两处当铺,一为德华当,在天津西门里路北,一为辑华当,在天津毛贾伙巷口,两个当铺各拥有资本 20 万元。

陈光远在英租界寓所中过着安逸舒适的生活,他最亲近的朋友是曾任湖北督军的王占元,两人从小站练兵时就意气相投,有几十年的交情,因此往来比较频繁。

1939 年 8 月,陈光远病逝于天津寓所,终年 66 岁。

参考文献:

朱汉国、杨群总主编,杨群本册主编:《中华民国史》第 6 册,四川人民出版社,2006 年。

《江西省志·人物志》编纂委员会编:《江西省志·人物志》,方志出版社,2007 年。

王俯民编著:《民国军人志》,中国广播电视出版社,1992 年。

(郭登浩)

---

① 齐协民:《我所知道的陈光远》,载全国政协文史委编:《中华文史资料文库》第 10 卷,第 1641 页。
② 天津市和平区政协文史委编:《近代天津名人故居》,天津人民出版社,2001 年,第 233 页。

陈 士 和

　　陈士和（1887—1955），北京人，字兰亭，本名建谷，后改固本。其父为清庆亲王府厨师。陈固本13岁参加义和团，干过多种杂役，义和团失败后他到庆王府随父亲做帮厨。当时贝勒衍杰爱听评书，尤其是张致兰演说的《聊斋志异》（下文简称《聊斋》）。陈固本工余时常听评书，对评书产生了浓厚的兴趣。1912年，他正式拜张致兰为师，取艺名为陈士和，开始学习评书。

　　张致兰曾考取秀才，精通古文，学识渊博。他说《聊斋》，是逐字逐句译成白话，说书如同讲学，原原本本，但有声有色，听众评价为"书馆成学馆，说书兼对书"。陈士和决定在继承师父衣钵的同时，还要对师父"照本宣科"的说书方式加以改变。他常听田岚云、群福庆、王效廉、李长采、双厚坪等名艺人说的书，博采众家之长，在师父讲述的基础上，变"坐谈今古式"讲说为"现身说法式"的演说，以爱憎分明的感情、渊博的社会知识和生动活泼的语言对故事进行了再度创作。他首先选择了《画皮》，第一次演出非常成功，得到了张致兰的支持和赞赏，陈士和从此开始了独具特色的《聊斋》评书生涯。

　　评书的特点是"评"，"评"的方法之一是结合社会现状。陈士和改编《聊斋》，所加入的"评"大多是对社会生活真实又客观的评价，因此主题显豁、贴近现实。由于陈士和的再创作和表演都很精彩，对于听惯了老《聊斋》的听众来说，有了耳目一新的感觉，同时他也把众多从未阅读过《聊斋》的听众带入了一片新的艺术天地,成为说《聊斋》的评书艺人中的佼佼者。1925年春,天津永福茶楼因地处偏僻,上座率不高。为了扭转局面,特去北京邀请陈士和来说书。他到天津后,先说《席方平》。第一天上八成座,次日就爆满了。很快,"陈士和"这个名字就为更多的听众所知晓,一些书场、茶楼竞相邀约,他也从此在天津定居,偶尔去北京演出。

陈士和在天津说的《聊斋》,曾向田岚云、潘诚立、王致廉、群福庆等学过说书中的武功,在说《崔猛》《田七郎》《向杲》《老饕》等《聊斋》段子时,穿插一些武术身段,抬手动脚,潇洒洗练,赢得了"武《聊斋》"的赞誉。他在说书中经常针砭时弊。20世纪30年代,蒋介石倡导所谓"新生活运动",这时他说《考弊司》,讲到一进考弊司衙门大堂,看见迎面一对石碣上的刻字,原文一副四字联,他又各加上两个小字,改为"孝悌忠信,未必;礼义廉耻,不准",对时弊进行了辛辣的讽刺。陈士和多才多艺,能够说相声,唱太平歌词,并且在几家广播电台录音播出。他还会反串京剧,擅演丑角,扮演《女起解》中崇公道,很多观众误以为他是京剧艺人。张寿臣创作新评书《白宗魏坠楼》《枪毙刘汉臣》即听取过他的意见。他也把张寿臣相声里的包袱"化"在他的评书书目里,因此,他的《聊斋》时时抖个包袱,效果极佳。

1938年,天津著名戏园"大观园"邀约他演说评书,与"白派"京韵大鼓创始人白云鹏、"荣派"单弦创始人荣剑尘、"相声大王"张寿臣、"金派"梅花大鼓创始人金万昌等众多曲艺名家同台献艺。他演说《聊斋》中的片段,在众多名家中占有重要一席。他在天津多家电台连续播讲评书,深受行内外的一致赞许。1947年的《中南报》和《天津民国日报》分别刊登了陈士和讲述过的《聊斋》书目的目录,有《西湖主》《念殃》《庚娘》《霍女》《贾儿》《马介甫》《张鸿渐》《仇大娘》《辛十四娘》《邵女》《青娥》《小谢》《江城》《荷花三娘子》《仙人岛》《白于》《彭海秋》《道士》《胭脂》《田七郎》《宫梦弼》《云萝公主》《嫦娥》《邢子仪》《菱角》《莲香》《成仙》《寄生》《老饕》《锦瑟》《金生色》《素秋》《王桂庵》《珊瑚》《神女》《吕无病》《陈云栖》《霍去病》《火焚沉香床》,加上已经录音的书目,共计53部。

　　1950年9月17日,天津市文艺工作者联合会正式成立。陈士和在首届文代大会上被选为文联委员。1952年,陈士和应邀参加了电影《六号门》的拍摄,扮演了大恶霸马金龙的父亲马八辈儿。此前他从未接触过电影,初上银幕就非常成功地塑造了一个老恶霸、老混混儿的形象。在拍摄期间,他还专为长春电影制片厂的演职员表演了评书《王者》《梦狼》等。1953年,陈士和作为天津市代表参加了第二届全国文代会,周恩来发现他白须飘洒、气派非凡,便询问他的来历,并请他为大家表演。他在现场表演了《梦狼》,受到中央领导和代表们的一致好评。周恩来称赞他为"老英雄",祝贺他在口头文学方面所取得的成就,并希望他回天津后把评书《聊斋》传给下一代。

　　1954年10月,天津市组织了以何迟为首的班子,对陈士和的《聊斋》书目进行抢救性整理,拟出书目50多部。可惜他说到第14部《崔猛》的一半时,因身体不适而停止,《崔猛》后半段由弟子补齐。

　　1955年1月16日,陈士和因病逝世,终年68岁。

参考文献:

罗扬主编:《中国曲艺志·天津卷》,中国ISBN中心,2009年。

（高玉琮　刘雷）

陈 诵 洛

陈诵洛(1897—1965),名中岳,字诵洛、颂洛,号侠盦、侠堪,浙江绍兴人,祖父以文雄一邑。父陈子慎,著有《息影草庐吟剩》。

1912年,陈诵洛进入浙江省立第五中学学习。1913年秋,与屠钦樾、杜尔梅等同学发起成立文艺团体叕社,参与编辑《叕社丛刊》,在该刊发表小说《此中人语》。[①] 1914年4月,为韩天啸创办的《亚东小说新刊》撰写发刊词,并在第一期发表小说《碎琴记》。这一时期,陈诵洛的创作以旧体诗词和哀情小说为主。1916年秋,陈考入浙江省立法政专门学校。1919年6月,任杭州学联会长,在上海大东旅馆参加全国学联成立大会。1920年6月,由浙江省立法政专门学校法律本科甲等毕业,毕业前与黄维时编辑了《离声》,在其上发表了《雨》《清道夫》等新诗。1920年9月,任直隶高等审判厅民一庭书记官。1921年,任磁县承审员。是年,加入天津城南诗社,常参与社务,亦曾任社长。城南诗社1921年由严修倡建于天津城南之八里台,主要成员多是朝野名流、地方文人,每次集会,必有许多题赠唱和。1924年,城南诗社编印了第一部诗歌选集《城南诗社集》,此后又编印过多部诗歌选集,一时引领天津文坛风气。陈诵洛是较早加入城南诗社的社员,与诗社核心人物严修、赵幼梅等人交往甚密,严修曾作《次韵酬陈诵洛》,盛赞陈氏之诗"济济城南社,君诗格最尊"[②]。赵元礼论及

---

① 杜尔梅:《叕社沿革志略》,《叕社》,1916年第3期。
② 严修:《次韵酬陈诵洛》,载《陈诵洛集》,江苏广陵书社,2011年,第599页。

城南社友之诗时，认为诵洛诗"其意极挚，其气极清，其骨极健，同时流辈中所不及也"①。评价甚高。

1922 年，陈诵洛在直隶省公署任职。1926 年，《侠庵随笔》《侠庵诗存》出版，《侠庵随笔》类多论诗之作，《侠庵诗存》为其诗歌专辑。王守恂《侠庵诗存·序》称诵洛诗"古诗近汉魏，律诗近盛唐"，又说"先生诸作，诚无愧于斯言。诵洛为先生同乡后起"②。1928 年 6 月，华北灾赈会成立，陈诵洛任文牍股主任。后任直隶满城、肃宁、三河、玉田等县县长。

1930 年 2 月，任密云县长。12 月，调任磁县县长。1932 年 9 月，改任蠡县县长。是年，《今雨谈屑》《南归志》《转蓬集》出版。《今雨谈屑》由赵幼梅、任传藻题词，收录 54 篇给《汉文泰晤士报》的投稿，记录了很多天津城南诗社的轶事。《南归志》，赵幼梅作序，为笔记体诗话，内容主要是作者从天津回浙江时的见闻和随感，共 77 篇。诗集《转蓬集》由天津大公报馆印行，徐世昌题签，王守恂作序，赵幼梅题词，吴寿贤作跋，收录了 1926 年至 1932 年间的诗作 267 首，其中多为咏史之作。赵元礼在《藏斋诗话》中说："诵洛自识杨昀谷先生后，诗境一变。"③所谓"诗境一变"，指的是此时陈诵洛的诗风已经由唐入宋了。

1933 年 1 月 5 日，《蟫香馆别记》开始在天津《广智星期报》连载，署名"陈诵洛"。《蟫香馆别记》后于同年出版，赵元礼、刘赓垚作序。1933 年 5 月，陈诵洛任天津水西庄遗址保管委员会委员，致力于水西庄遗址的保护。9 月 1 日，陈诵洛接任天津县长，着手进行市县划界工作。是年，陈诵洛编校的《严范孙先生古近体诗存稿》（三卷）由天津协成印书局出版。1934 年 1 月，拟定了海河放淤办法，任整理海河委员会放淤区域土地征收委员会委员兼土地股主任。1935 年 8 月，陈诵洛整理的《杨昀谷先生遗诗》（八卷，补录一卷）出版。9 月 1 日，陈诵洛在金钟桥南岸参加

---

① 赵元礼：《藏斋诗话》，载张寅彭编：《民国诗话丛编》（二），上海书店出版社，2002 年，第 265 页。
② 王守恂著：《侠庵诗存·序》，1926 年铅印本。
③ 赵元礼：《藏斋诗话》，载张寅彭编：《民国诗话丛编》（二），第 265 页。

南运河疏浚委员会竖碑典礼。9月28日，被任命为天津区行政专员，仍兼天津县长。1936年4月，任河北省第四区行政督察专员。不久离开天津，由河南去四川。

抗战时期，陈诵洛辗转四川、河南、广西、陕西各地，历任自贡市政筹备处副处长、财政部河南盐务办事处处长、粤西盐务管理局局长、大同银行分行经理等职。其间，他编印了北行诗稿《北再行杂诗五十首》，作有《自长安归重庆僦居歌乐山途次杂诗》《山中寓庐滞雨不能出成七绝句》等诗，编印了雍社唱和集《偕梅集》。

1946年夏，陈诵洛任平津沪盐务专员，回到天津，受到久别的朋友和当地士绅连续数月的热情宴请。9月，辞去盐务专员一职。1947年12月，参加于右任招集的紫金山天文台重阳雅集。1948年3月，在南京太平商场开设中国文物馆。1949年重阳节与汪辟疆、沈剑如、李蔬畦、陈器伯、章行严等人在南京鸡鸣寺豁蒙楼雅集。

1950年，陈诵洛由南京迁居上海，在一所中学任语文和历史教员。

1965年6月，陈诵洛病逝于浙江，终年68岁。

著有《侠龛诗存》《侠龛随笔》《南归志》《今雨谈屑》《转蓬集》《北再行杂诗五十首》《邂逅轩诗录》等，辑有《两汉书歌谣辑》《晋书歌谣辑》《蟫香馆别记》等。后人辑有《陈诵洛集》《陈诵洛集续编稿》。

参考文献：

《陈诵洛集》，广陵书社，2011年。

张元卿著:《陈诵洛集续编稿》，文汇出版社，2014年。

张元卿著:《陈诵洛年谱》，天津古籍出版社，2015年。

（张元卿）

陈 炎 仲

陈炎仲(1901—1940),名燊寿,字炎仲,以字行,四川合江人。1913年考入北京师范大学附中,他"天资过人,性好美术,对于中西绘事,莫不细心研讨"①。

1919年,陈炎仲考入北京铁路管理学校铁路管理系,毕业后曾任北京正阳门、唐山新河等车站站长。因"鉴于国家公私建筑事业初兴,而设计绘图者,皆系外人,每引为遗憾"②,陈炎仲于1923年赴英学习建筑学,1925年考入伦敦建筑学会建筑专门学校——建筑联盟学院美术建筑学专业(A. A. School)。求学期间,陈炎仲在伦敦苏斯特设计绘图所和非伯建筑工程事务所实习。

1928年,陈炎仲毕业回国,任天津市工务局技士、建筑科科长。1929年,陈炎仲受阎子亨之邀,担任中国工程司咨询建筑师,与阎子亨合作设计了很多建筑工程项目,主持设计的茂根别墅、茂根大楼等,代表了陈炎仲的设计水平。

陈炎仲为天津的近代建筑教育做出了重要贡献。1930年,陈炎仲被聘为天津河北工学院教授。1934年夏,他应天津工商学院院长华南圭之邀,担任天津工商学院土木工程系建筑学及建筑绘图教授。1935年9月,陈炎仲加入中国建筑师学会。

---

①② 《天津工商学院二十九年班毕业纪念刊》,1940年。

天津工商学院是1921年创办的一所教会学校,创办之初分工、商两科,工科以土木工学教育为主。1937年,在陈炎仲的办学理念及建议下,工商学院将工科分为土木工程系和建筑工程系,并对两系课程设置进行了大规模的调整,使该校建筑工程系与当时主流建筑院校相比,更加偏重于工程实践,陈炎仲被聘为建筑工程系首任系主任。

关于创办建筑工程系的原因,陈炎仲认为:"以国内建设日兴,需要专门人才日盛,故国内各工学院无不就各院环境及设施之特殊情形,分别扩充或添加专门学系,以应付国内各地需要专门人才之孔急……而近来公私建筑日趋繁盛,对于建筑之设计、美术、工程、设备等,日渐讲求,故建筑师之需要,不容稍缓。虽然中国之建筑师,年来因需要而增,但以毕业于国外大学者为多,故国内大学之应添设建筑系自属切要。"[1]正是在这种历史背景下,陈炎仲受工商学院院长华南圭、教务长暴安良的委托,积极筹备并创办了建筑工程系。

关于建筑工程系的办学宗旨,陈炎仲提出:"建筑学科,为近代专门以上学校所研究学科之一种,因其范围甚广,为研究方便精专起见,又分为二种,一为关于美术及设计之建筑学科;一为关于工程构造之建筑学科。二者所专究之课程,既不甚相同,因之所造就之人才亦异,故专门建筑设计者,称为建筑师。专门工程构造者,称为工程师。"[2]由于建筑学的技术与艺术的双重属性,陈炎仲认为建筑系应分为两种,建筑美术系和建筑工程系。工商学院建筑工程系"将以上两种合并为一,并特别注重工程方面"[3],使其以工程技术和实践为重心的教学宗旨得以确定。

关于建筑工程系学制方面,陈炎仲与工商学院其他教师研究讨论,将法国教育体系转向美国教育体系。他们认真研究美国各大学及国内工学院的课程表,建筑工程系是当代美国所首创的,综合建筑与工程于一炉,

---

① 陈炎仲:《工学院现在及将来》,《工商学生》,1937年第1卷第4期。
② 陈炎仲:《建筑学概论》,《工商学志》(特刊),1934年第6期。
③ 陈炎仲:《工学院现在及将来》,《工商学生》,1937年第1卷第4期。

在课程设置上,宗法于美国建筑工程系。"有鉴于此,尤以华北建筑人才缺乏,1937年,采用美国制度,成立建筑工程系;熔美术建筑师与工程师之优点于一炉,对于美术、计算,同时并重,以期造就完善的建筑专门人才,以适应社会的需要。"①

陈炎仲十分重视优秀教师的引进,先后为天津工商学院建筑工程系招揽了一批著名建筑师前来执教,包括基泰的张镈、杨宽麟,华信工程司的阎子亨等,使得天津工商学院建筑工程系成为中国近代建筑教育的先驱之一,自1937年成立起,为中国尤其京津地区培养了大批优秀的建筑人才。

1940年2月,陈炎仲因病英年早逝,终年39岁,天津建筑界失去了一位优秀的建筑师和建筑教育家。

参考文献:

陈炎仲:《建筑学概论》,《工商学志》(特刊);1934内部印行。

陈炎仲:《建筑工程系简介》,《工商学生》,1937年第1卷第4期。

温玉清:《桃李不言,下自成蹊——天津工商学院建筑系及其教学体系述评(1937—1952)》,载张复合编:《中国近代建筑研究与保护》(三),清华大学出版社,2003年。

张晟著:《京津冀地区土木工学背景下的近代建筑教育研究》,天津大学,2011年内部印行。

(宋昆　张晟)

---

① 许屺生:《工商建筑系介绍》,载《工商向导》1940年版,第41页。

褚 玉 璞

褚玉璞（1887—1929），字蕴山，山东省汶上县人，出生于汶上县城西七十里褚庄。其曾祖父曾任都司、守备等武职，其父时家道中落。褚玉璞少年时曾两次投考保定陆军军官学校未被录取，转而投身绿林，做了土匪，被清政府清剿时，褚玉璞远遁他乡。1912年，上海都督陈其美在沪招募新兵，褚玉璞投充陈其美的民军，被编入光复军张宗昌的骑兵团任连长。1913年8月随张宗昌投靠军阀冯国璋，参与镇压国民党发动的"二次革命"。

1918年春，褚玉璞在张宗昌任旅长的江苏暂编陆军第六混成旅任营长，后该旅扩编为暂编陆军第一师，张宗昌任师长，褚玉璞任第一旅第二团团长。1921年3月，张宗昌所部被直系江西督军陈光远的重兵围困，张宗昌化装出逃，褚玉璞返回鲁苏交界的丰县、沛县一带。1922年春，褚玉璞追随张宗昌出关，逃往沈阳，投靠奉系张作霖。最初，二人亦不为张作霖所重视，张宗昌仅被委以宪兵营长之职，褚玉璞为连长。1922年，前吉林督军孟恩远的外甥高士傧联合土匪卢永贵起兵反张作霖。张宗昌携褚玉璞率宪兵营前往讨伐，高、卢被杀，张宗昌乘机收编高、卢旧部三个团，由是见重于张作霖，被委为绥宁镇守使，并升任吉林省防军第三旅旅长，褚玉璞任第五十五团团长。同年冬，万余沙俄军队携带大量枪炮、马匹及铁甲车逃入中国境内，被张宗昌收容，奠定了张宗昌、褚玉璞日后发展的军事基础。

1924 年 9 月,张作霖发动第二次直奉战争,褚随张宗昌入关作战。张宗昌、褚玉璞部在玉麟山与直军董政国所属的第三路军时全胜、第六路军阎绍堂等部交锋。褚玉璞率部猛攻,血战数昼夜,将时全胜部击溃,董政国、阎绍堂败退冷口。张、褚乘胜追击,褚玉璞率先锋军抵达直隶滦州,直军全面崩溃,被张、褚俘获改编者不下七八万人。不久,张作霖任命张宗昌为第一军军长,褚升任旅长、副军长,率军南下,攻取江苏。苏北镇守使陈调元,避战让出徐州,张、褚所部直趋浦口,江苏督办齐燮元弃职逃走。张、褚部进驻上海后,褚玉璞以副军长名义,率领 3 万人驻防宜兴。1925 年初,张作霖授意段祺瑞任命张宗昌为苏皖鲁三省剿匪总司令,驻节徐州,不久改任山东省军务督办,褚任第六军军长、前敌总指挥,驻守济宁。孙殿英率土匪队伍投奔张宗昌,被编入褚玉璞的第六军。

1925 年 10 月,孙传芳联合冯玉祥反奉,自浙江进攻苏、皖,直抵徐州,冯部国民一军张之江进攻直隶李景林,国民二军岳维峻进攻山东。战役从徐州开始,张宗昌以褚玉璞为前敌总指挥,双方战斗非常激烈,战斗中褚玉璞肺部受伤,被送往青岛福柏医院医治。李景林兵败,被国民军逐出天津,逃往济南向张宗昌求救。1926 年 1 月,张宗昌、李景林组织直鲁联军,褚玉璞任前敌总指挥、直鲁联军副司令、第十五军军长,配合奉军进攻冯玉祥的国民军。此时褚伤未痊愈,带病作战,由津浦路北上。在击败国民军后,3 月 23 日,直鲁联军攻占天津,3 月 29 日,褚玉璞代理直隶军务督办,李爽垲代理直隶省长。4 月 7 日,褚玉璞就任直隶省保安总司令兼省长之职,军政大权集于一身。5 月 10 日,李景林与直鲁联军各军师旅长发表联合通电,公推张宗昌为直鲁联军总司令、褚玉璞为副总司令。

褚玉璞就任直隶省军务督办后,利用手中的权力大肆敛财。1926 年 5 月,褚以直隶保安总司令部名义训令长芦盐务稽核分所,要求截留盐税。褚玉璞此令一出,触动了五国银行团的利益,立即引起轩然大波。银行团代表为此向伦敦银行团发电,建议将保护盐税问题列入华府关税附加谈判 。5 月 3 日,日本、英国、法国驻天津总领事就长芦盐税一事致函直隶保安总司令部。褚玉璞令长芦盐运使会同外交部特派直隶交涉公署查核办理。6月10日，英、日、法三国公使致电本国政府报告讨论长芦盐税被扣经过，并建议武装干涉。后经双方妥协，议定每月由长芦盐款项下拟付直隶省协款30万元，并分期拟付前欠直隶省协款45万元，要求直隶省不干涉盐务，予以盐务协助，不施行任何不合法之盐斤加抽。7月，直隶保安总司令部给财政部盐务署发文予以确认，并承诺切实履行。至此，褚玉璞截留盐税风波方告平息。1927年5月、1928年四五月间，褚玉璞又两度截留长芦盐税，后双方经过协商达成妥协。

褚玉璞肆意安插亲信乡党，培植势力。汶上县曾有不少无业游民、官僚政客、地主豪绅等投褚从军或谋官，而褚的乡土观念较重，也乐于任用同乡，所以当时直隶有"学会汶上话，便把洋刀挎"的说法。褚军队里的下级军官如排、连、营长及军需、副官等多系汶上人，地方官吏中如天津市的局长、所长、县长、道尹等，汶上人也为数不少。据当时统计，汶上人在直隶任道尹者2人，任县长者30多人。

督直期间，褚玉璞还大肆镇压革命运动。1926年10月16日，褚玉璞以直隶保安总司令、直隶省长公署名义，发出查禁赤党密令，制定了租界内之稽查、清查户口、严密盘查闲散旅客、防止及遏乱之法、用宣传法劝导法、各军警机关协助法等六条办法。后又多次发文要求各地严密查禁。1926年11月22日，褚玉璞派人破坏了中共设在天津英租界义庆里40号的地下组织，逮捕了共产党干部江振寰等15人，并于1927年4月15日将这些革命者在天津南开广场公然枪杀。褚玉璞还破坏了中共设在英租界的天津地委机关，并于1927年11月18日下午，杀害了中共天津市委书记李季达、组织部长粟泽及青年团员、天津地毯三厂工人姚宝元。

1927年国民革命军北伐时，褚玉璞任安国军前敌司令，率部南下山东。1928年4月，第二次北伐，直鲁联军被击溃，奉系失败。张宗昌、褚玉璞率残部盘踞河北滦东。9月，张学良令奉军与桂军白崇禧部配合，将直鲁联军残部包围缴械，褚玉璞化装成老百姓，亡命大连。1929年2月，张宗昌、褚玉璞从日本驻大连领事馆领取枪械 5000 多支,带领旧部万余人乘船抵达龙口港,收罗旧部,伺机东山再起。此时驻守胶东一带的刘珍年部原属直鲁联军,已被改编为国民革命军。张、褚遂决定先消灭刘珍年部,然后西征,但不久即兵败,张宗昌逃往海上,褚玉璞率残部向西败走,后在福山县被刘珍年活捉。

1929 年 8 月 20 日,褚玉璞在牟平县被枪决,终年 42 岁。

参考文献:

王志民主编:《山东重要历史人物》第 6 卷,山东人民出版社,2009 年。

山东省政协文史委编:《山东文史集粹·军事卷》,山东人民出版社,1993 年。

张宪文等主编:《中华民国史大辞典》,江苏古籍出版社,2001 年。

王新生、孙启泰主编:《中国军阀史词典》,国防大学出版社,1992 年。

李新等主编:《中华民国史·人物传》第 1 卷,中华书局,2011 年。

(王　进)

崔古柏夫

崔古柏夫(D. Tricuboff)(1898—?)，又名德雷古柏夫，1898年生于俄国，犹太人。1917年十月革命后流亡哈尔滨，靠做中介维持生计。

1929年崔古柏夫来津，初期穷困潦倒，1935年与美籍商人路易加帝在英租界青岛路开设德盛洋行，经营呢绒、布匹、绸缎、皮革等，生意有了起色。

七七事变前，崔古柏夫大量走私并包销私货牟取暴利。天津沦陷后，日军禁止商民收用军用皮革，并设立皮革加工业统制会及皮毛统制协会加强物资管制。崔古柏夫与日军勾结，多次向日军驻津第一八二〇部队、日军华北皮毛统制协会低价献卖皮革。为便与日军联络，他以重金聘用日本人丰川担任洋行顾问。

1941年初，崔古柏夫通过银行贷款从美国进口大批西服面料，后又以货物作为抵押，多次套购，囤积居奇。太平洋战争爆发，货币贬值，物价暴涨，崔古柏夫以高价抛售囤积货品，赚取暴利。他先后在天津和北平开设多家洋行，参股大阔饭店、大利餐舞厅，在天津、北平、北戴河等地广置房产20多处，成为在津最大的外国人暴发户。

抗战胜利后，崔古柏夫向日商大量收购皮货、猪鬃、皮革等伪产，数额高达千万元之巨。他将货物藏匿于英租界的仓库内，妄图出口国外，牟取暴利。1946年1月，河北平津区敌伪产业处理局天津办事处收到一封署名张文敏的举报信，告发崔古柏夫在抗战胜利后大量收购晖东制靴株式会社的敌伪产业。后经办事处派人调查取证,情况属实。9月9日,河北高等法院天津分院将其拘捕收押,以汉奸罪对崔古柏夫提起公诉。

1947年2月8日,河北高等法院天津分院列举了崔古柏夫人量犯罪事实,证据确凿,做出判决:崔古柏夫犯罪事实成立,判处有期徒刑5年,剥夺公权4年,财产除酌留家属必须生活费外全部没收。崔古柏夫不服,上诉最高法院。由于苏联驻津领事顾德夫介入,1947年7月初,此案由南京最高法院发回更审。崔古柏夫请求易更审,最高法院予以核准。同年8月25日,南京最高法院做出"崔古柏夫无罪"的终审判决。崔古柏夫当庭释放,并发还其财产。

1948年8月12日,崔古柏夫离开天津,经上海赴澳洲,12月3日转至以色列。

参考文献:

周利成、王勇则编著:《外国人在旧天津》,天津人民出版社,2007年。

(周利成)

德 日 进

德日进(1881—1955)，法文名皮埃尔·泰亚尔·德·夏尔丹(P. Teilhard de Chardin)，法国人，耶稣会士，天主教神父。1881 年 5 月，生于法国奥维涅省萨尔斯纳镇一个信仰天主教的贵族家庭。1892 年，就读于耶稣会开办的蒙格雷圣母中学。1899 年加入爱克斯-普罗旺斯耶稣会初修院成为修士。1911 年晋升为神父。1912 年，受巴黎博物馆古生物学教授玛瑟兰·蒲勒的影响，德日进开始对古生物学产生兴趣，并开始了专门研究。第一次世界大战爆发后，1915 年德日进应征入伍，科研工作被迫中断长达 5 年。1919 年德日进取得巴黎大学植物学、动物学等学科的学士学位。1920 年在巴黎天主教学院讲授古生物学和地质学。1922 年获古生物学博士学位。德日进于 1923 年至 1946 年间多次来华进行科学考察，足迹遍及北京、天津、河北、河南、山东、山西、内蒙古、陕西、宁夏、甘肃、青海、辽宁、吉林、黑龙江等地，对中国旧石器时代考古学的开拓和奠基，对中国地层学、古生物学和区域地质研究做出了重要贡献。

德日进在华学术活动主要分为三个阶段。第一阶段是 1923—1929 年，他以北疆博物院(天津自然博物馆前身)为依托，与法国神父桑志华合作进行了一系列的考古发掘。北疆博物院是近代中国北方的第一座博物馆，也是中国古人类学创建初期的主要研究机构。其由献县教区专拨天津英租界马场道南侧的一处空地兴建而成，作为天津工商学院附设的教学和研究机构。在院长桑志华的主持下，收藏和陈列了大量采集自黄河流域等北方广阔腹地的古生物、地质、矿物、动植物及民俗类标本。

1922年,桑志华在内蒙古萨拉乌苏河发掘了十分完整的披毛犀骨架化石,还意外发现了古人类牙齿化石,经加拿大人类解剖学家布达生鉴定,为旧石器晚期人类,定名为"河套人",这是在中国境内首次发现的有可靠地点和地层记录的古代人类化石。1923年5月,在法国巴黎自然历史博物馆、法国科学院及法国教育部资助下,以德日进为首的"法国古代生物考察团"来华进行为期两年的考察。考察团首先对桑志华采掘的标本进行整理研究。之后,德日进应桑志华邀请,赴鄂尔多斯高原一带考察。他们以包头为起点,沿黄河左岸西行,穿过乌拉山到狼山东麓,后折向西南,在蹬口附近东渡黄河,之后又傍黄河右岸向南到银川市东南的横城,到达今宁夏回族自治区灵武县的水洞沟。在被旧河床切割的黄土剖面中,发现了一处内容丰富的旧石器时代晚期遗址。同年7月,德日进与桑志华在陕西榆林油房头、靖边小桥畔及宁夏三圣宫等地,发现了与水洞沟属同一时期的石器200多件。1924年,德日进与桑志华合写了《关于内蒙和陕北第一次发现旧石器文化初步报告》,对上述考察成果进行了总结。1926年,德日进在纽约美国自然历史博物馆的《自然历史》杂志上发表文章,介绍了内蒙古萨拉乌苏河和宁夏水洞沟以及陕西油房头的旧石器时代考古发现。这是德日进在中国考察活动所取得的第一项重要成果。

1924年,德日进先后去河南、热河、察哈尔等地采集化石标本。桑志华观察了这些标本后,决定与德日进及美国地质学家巴尔博等人一起到阳原县的桑干河畔进行考察。同年9月,他们在泥河湾村红色的黏土层内,发现了大量的哺乳动物化石,包括象、犀、马、羊、牛、猪、驼、麋、鹿、狐、貉、犬、熊、鼬、獾、水獭、鼠虎、猞猁、刺猬等。第二年,他们又多次来到泥河湾,采集了大量的动植物标本。巴尔博将盆地内的河湖沉积物命名为"泥河湾层",从而拉开了泥河湾盆地科学研究的帷幕。1930年,德日进与皮维窦发表了《泥河湾哺乳动物化石》一文,他们把三趾马红土以上、马兰黄土以下这段地层里采集到的哺乳动物化石,定为泥河湾动物群,并认为此动物群可与欧洲维拉方期动物群相对比。德日进对泥河湾哺乳动物化石的研究,对于中国古生物学的发展起到了重要的推动作用。后来,经过几代科学家的努力,泥河湾已逐步形成了集旧石器时代遗迹、哺乳动物化石群及第四纪地层标准剖面为一体的综合性的第四纪文化遗址。

1925年,由于在巴黎天主教大学传授进化论思想,德日进被迫离开教职。桑志华请求以耶稣会中国北方教区(献县教区)的名义引进德日进为北疆博物院服务。1926年,他们先后到陕西潼关、山西洪洞一带进行考察。1927年4月,德日进与桑志华一起赴绥远、察哈尔、热河等地考察,之后又到周口店进行考察。这一年,德日进完成《神的境界》一书的撰写工作。1929年,德日进与桑志华一起去东北进行补充调查。德日进的研究成果也提高了北疆博物院在国际学术界的地位。

德日进在华学术活动的第二阶段是1929—1937年。1929年,随着中国地质研究所新生代研究室的成立,德日进以研究室顾问的身份,与裴文中、步达生、杨钟健、贾兰坡等人合作,参与了北京周口店遗址的发掘工作。1929年12月2日下午4时,裴文中发现了第一个"北京人"头盖骨,此外还发现了人工制作的工具和用火遗迹,成为震惊世界的重大考古发现。这一时期德日进的主要任务是对周口店遗址的发掘及研究工作进行科学指导,配合野外发掘工作,负责地层古生物的鉴定和研究。

这一阶段是德日进在华野外地质调查的主要时期,他有计划地在晋陕、秦岭东段、三峡、两广及长江下游地区开展新生代地质考察。1930年,德日进与杨钟健一起撰写了《山西西部陕西北部蓬蒂纪后黄土期前之地层观察》论文。1931年,德日进以地质顾问身份参加了法国雪铁龙公司组织的横跨欧亚大陆的"黄色远征"系列活动。1932年,德日进去山西考察,之后返回法国。1933年6月,德日进与我国著名学者丁文江及美国地质学家葛利普同赴华盛顿出席第16届国际地质大会。1934年,到南京、重庆、成都、河南等地考察。1935年,到广东、广西考察,继而赴印尼爪哇等地考察。1936年6月,由德日进撰写的《周口店第九地点之哺乳化石》刊载在由国民政府实业部地质调查所、国立北平研究院地质研究所主办的《中国古生物志》丙种第七号第四册上。

1937年7月,随着抗日战争全面爆发,德日进在华学术活动进入到第三阶段。1938年,由于日本军队封锁了天津的英、法租界,桑志华的考察活动被迫终止,他任命法国人罗学宾为北疆博物院副院长后,便只身一人回到法国,这使得德日进在华考察活动也受到影响。1939年,第二次世界大战爆发,德日进受困于北京。1940年,罗学宾在北京建立北京地质生物研究所,德日进任名誉所长。太平洋战争爆发后,罗学宾与德日进在中国的考察活动被迫终止,一直到1946年6月,德日进返回法国。

回到法国后的德日进先后到美国、南非等地进行考察。1950年,德日进当选法国科学院院士。由于长期持进化论思想,不容于教会,德日进在1951年被迫移居美国。1955年4月10日,德日进病逝于纽约,终年74岁。

参考文献:

[法]黎桑(桑志华)著:《黄河流域十年实地调查记目录》,民国时期天津法文图书馆印行。

[法]德日进、杨钟健:《山西西部陕西北部蓬蒂纪后黄土期前之地层观察》,《地质专报》甲种第8号,农矿部直辖地质调查所1930年5月内部印行。

[法]德日进:《周口店第九地点之哺乳化石》,《中国古生物志》丙种第七号第四册,实业部地质调查所、国立北平研究院地质研究所1936年6月内部印行。

陈锡欣编:《天津自然博物馆八十周年》,天津科学技术出版社,1994年。

孙景云编:《天津自然博物馆建馆90周年文集》,天津科学技术出版社,2004年。

(侯福志)

杜 建 时

杜建时(1906—1989)，字际平，天津武清人。生于武清县杨村镇，7岁进入武清县杨村模范小学读书。13岁考入天津南开中学。17岁考入北京大学政法预科班。1925年，19岁的杜建时考入东北讲武堂北平分校，后随校到沈阳。毕业后，他在炮兵教导团任团副，不足半年便升为连长，一年后升为营长。

九一八事变后，东北军入关，东北讲武堂解散。1931年，杜建时考入陆军大学，毕业考试获全校第一名。1934年，蒋介石指派杜建时出国深造，在美国堪萨斯陆军大学读书。毕业后，蒋介石写信给他说："世界大战即将爆发，我们将领中懂得国际关系的人太少，你要再入一个学校学习国际关系……"①杜建时遂又考入美国加州大学攻读国际关系学，毕业时获得法学博士学位。

杜建时在1939年自美国学成回国，相继担任第九战区参谋处处长、副参谋长。1940年，杜建时兼任中央陆军军官学校长沙分校主任，培训初、中级干部，以应抗战中补充干部的需要。自1941年初，复兼任湖南省干部训练团教育长，对地方党、政、军干部加以轮流培训，以提高干部素质。1942年，杜建时出任陆军大学教务处处长。不久，任国防研究院副主任(正主任为蒋介石)，负责筹建国防研究院，培养陆、海、空各军种高级

---

① 沉度、应列等编：《国民党高级将领传略》，华文出版社，2005年，第371页。

统帅和幕僚人员。

在此期间,美国派以马格鲁德为首的军事代表团来华协商对华军事援助事宜,蒋介石委任杜建时兼任军委会委员长侍从室中将高级参谋及国民政府参军处中将参军,协助委员长侍从室主任商震与之谈判。太平洋战争爆发后,美国派史迪威来华担任中国战区参谋长,杜建时任翻译。后来,杜建时一直从事蒋介石委派的对外军事联络工作,充当重要幕僚。

1943年夏,罗斯福、丘吉尔在华盛顿发起会议,讨论地中海、缅甸作战与美国空军在中国战区的使用问题,蒋介石派宋子文偕杜建时代表参加。在会上,杜建时、宋子文反复说明中国战场急需优势的空军力量,以防日军继续深入,提议中印航运集中7、8、9三个月的运力为十四航空队输运汽油和武器,此提议为罗斯福所采纳。1943年11月20日,商震、王宠惠率领包括杜建时在内的重要幕僚飞抵开罗,从事开罗会议准备工作。11月23日至26日,中、美、英三国在埃及开罗召开会议,蒋介石、罗斯福、丘吉尔出席,杜建时作为蒋的幕僚参加了这次会议。1945年,作为中国代表团成员之一,杜建时参加了在美国旧金山召开的联合国成立后的第一次大会。

1945年9月,杜建时回到重庆。蒋介石特派他到天津担任第十一战区驻津、唐、榆代表。为了指挥上的便利,又任命杜为北宁线护路司令兼天津市副市长。杜建时任职期间,多次与美军海军陆战队司令洛基中将举行会谈,协商军事作战、交换情报等事宜。当时先后集中到天津的日俘、日侨约有28万人,经杜建时与洛基商定,利用美国舰艇遣送日俘、日侨,用4个月时间全部遣运回日本。北宁线护路司令直属于东北行营。从1945年11月到1946年7月,先后接应第一军、第六军、第四十九军、第六十军、第九十三军、第七十一军、第五十军等,通过海路在秦皇岛、葫芦岛登陆,开往东北。

1946年11月,杜建时被擢升为天津市市长。就任市长职后,为了稳定时局,杜建时宣布了四条施政方针:一是"实行地方政治",二是"增进市民福利",三是"扶助工商业",四是"转移社会风气"。① 1947年初,上海黄金、美钞波动甚剧,影响到天津。杜建时决定对黄金、美钞紧急管制,以行政力量强制停止黄金、美钞交易,并亲自到黑市交易所去压制取缔,缓解了短时的通货膨胀。

1946年12月24日,美军海军陆战队士兵在北平强奸北京大学女生沈崇事件发生后,南开大学学生举行游行示威。杜建时面嘱警察局长李汉元:"学生上街游行,应派徒手警察沿街维护,不可干涉。"②当学生游行到市府前时,要求面见市长,他在市府礼堂接见学生,表示同情他们的爱国行动,斥责美国士兵的违法乱纪,并声明向美军驻津司令提出抗议,学生们表示满意。他还规定,治安人员未经他批准,不准任意逮捕学生和其他人员。

任天津市市长期间,杜建时筹集地方财力,构建永久城防工事,共构筑大型碉堡1000多个,小型碉堡群500多个。他按照蒋介石的意图劝说傅作义放弃绥远,集中兵力于平津,以确保出海口,傅作义未予采纳。1948年10月,解放军向张家口发起猛烈攻击,傅作义以其主力往援张家口,致使芦台、杨村空虚,塘沽、天津暴露在解放军直接攻击之下。国防部参谋次长李及兰、总统府参军罗泽闿、联勤总司令部参谋长吴光朝特地乘专机来津,劝杜建时率天津现有兵力突围到塘沽,从海上逃走。但警备司令陈长捷说:"你(指杜)如把部队带走,我只有自杀。"③杜只得放弃突围计划,听天由命。一天,杜建时的老友李烛尘来访,动员他向解放军投降。杜说:"我受国民党和蒋介石多年栽培,不能'忘恩负义',我是军人,军人是不能投降的,但可以尽最大努力,将天津完整地交给共产党。"④蒋介石通知杜建时离津,并两次派飞机来接他,杜都让飞机返回南京。天津解放前夕,杜建时保护了工厂、档案,并拟定了"和平宣言",于1月15日晨在

---

① ② 沉度、应列等编:《国民党高级将领传略》,第372页。
③ ④ 河北省政协文史委、河北省档案局编:《毛泽东与河北》下卷,河北人民出版社,2006年,第212页。

天津电台进行广播,对减少城市破坏和人员伤亡起到了一定作用。1949年1月14日,解放军对天津市发动总攻,经过29个小时的战斗,全歼守敌13万,俘虏了陈长捷等军事要员。1949年1月16日,杜建时主动到天津市人民政府,向秘书长吴砚农同志呈交"市长""市府"印鉴,向解放军自首。

杜建时于1961年获得政府特赦,1962年被安排为全国政协文史资料委员会专员,后担任副主任。1983年,杜建时当选为全国政协委员以及国民党革命委员会中央委员、监察委员,此后参加了更广泛的社会活动。同年,最高人民法院认为根据当年解放天津的具体情况,对杜建时不应以战犯看待,遂撤销了1961年对他的特赦书。

1989年11月7日,杜建时因病在北京逝世,终年83岁。

参考文献:

胡必林、方灏著:《民国高级将领列传》,解放军出版社,2006年。

杜建新:《回忆族兄杜建时》,载天津市政协文史委编:《天津文史资料选辑》第111辑,天津人民出版社,2008年版。

陈德仁编著:《天津战役研究》,天津古籍出版社,2003年。

郑杰:《杜建时同志生平》,载天津市武清县政协文史委编:《武清文史资料选辑》第4辑,1990年内部印行。

（欧阳康）

段 祺 瑞

段祺瑞(1865—1936),字芝泉,曾用名启瑞,晚号正道居士,安徽合肥人,生于1865年3月6日。段祺瑞出身于清末官宦家庭,祖父段佩官至淮军统领。因父亲早亡,段祺瑞自幼随祖父读书军中。

1881年,段祺瑞投山东威海军营为哨官。1885年考入天津武备学堂炮兵科,1889年毕业后,被派到旅顺监修炮台,赴德国学习军事,在克虏伯炮厂实习。1890年回国后,先后任北洋军械局委员、威海随营武备学堂教习。1896年,段祺瑞被袁世凯调到天津小站筹练新军,任炮兵统带兼随营学堂监督。1899年,段祺瑞随袁世凯赴山东任职。1901年,在袁世凯的保奏下,段祺瑞以知府仍留山东补用,并加三品衔,兼任武卫右军学堂总办。

1901年底,袁世凯升任直隶总督,段祺瑞随袁赴保定任职。1902年6月,段祺瑞出任北洋军政司参谋处总办,负责编练北洋常备军,不久升为补用道员。因镇压直隶广宗县景庭宾起义而赏戴花翎,加"勇"号。1903年,清廷成立新军编练处,袁世凯任会办大臣,经袁的保荐,段祺瑞出任编练处军令司正使,加副都统衔,成为编练北洋新军的骨干,与冯国璋、王士珍并称"北洋三杰"。1904年,段祺瑞兼署常备军第三镇翼长,次年2月调任第四镇统制,任河间秋操北军总统。1906年初,段祺瑞调署第三镇统制,兼北洋武备学堂监督。同年3月,补授福建汀州镇总兵,仍留北洋效力,并为北洋保定军官学堂总办。后又任会考陆军留学毕业生主试大臣等职。1909 年 12 月,调充第六镇统制,1910 年署江北提督,加侍郎衔,驻江苏清江浦。

　　1911 年 10 月辛亥革命爆发。清廷重新起用袁世凯,同时召段祺瑞入京,授第二军军统职,派往湖北镇压革命。袁世凯于 11 月入京组阁后,派段祺瑞署理湖广总督,并任第一军军统兼领湖北前线各军,驻孝感。12月,南北议和会议在上海召开,段祺瑞不断对革命党人施加军事压力。当清皇室在退位问题上迟疑不决时,段祺瑞于 1912 年初率北洋将领 46 人两次致电清廷,请立定共和政体,否则率全军将士入京,与王公剖陈利害。① 清帝被迫于 2 月 12 日宣布退位。袁世凯就任中华民国临时大总统后,任命段祺瑞为陆军总长。

　　1913 年,段祺瑞一度代理国务总理,镇压孙中山等人领导的"二次革命"。后署理湖北都督,兼领河南都督,镇压了白朗起义。1914 年 5 月,袁世凯创设"海陆军大元帅统率办事处",将陆军部权力收归自己直接掌握。段祺瑞遂将部务交给陆军部次长徐树铮,不再到部办事。为了安抚段祺瑞,袁世凯于 1914 年 6 月授他将军府建威上将军,兼管将军府事务。因段祺瑞对袁世凯实行帝制的行为持消极态度,8 月 29 日,袁世凯将其免职并软禁。

　　1916 年 3 月 22 日,袁世凯迫于形势取消洪宪帝制,重新起用段祺瑞收拾局面。3 月 23 日,段祺瑞出任参谋总长,4 月代理徐世昌为国务卿兼陆军总长。5 月 8 日,袁世凯撤销政事堂,恢复国务院,段祺瑞任国务总理。

　　1916 年 6 月 6 日,黎元洪继任大总统,段祺瑞任北京政府国务总理。黎、段二人的矛盾不断激化,演成了"府院之争",经徐世昌调解,矛盾一度缓和。1917 年春,一次大战的参战问题成为双方矛盾的焦点,段祺瑞主张对德宣战,黎元洪在国会的支持下则表示反对。3 月 3 日,段祺瑞内阁通过对德绝交案,4 日段率内阁成员到总统府,要求黎元洪签发公文,遭

---

① 《段祺瑞致内阁代奏电》,载中国史学会主编:《辛亥革命》第 8 册,上海人民出版社,1957 年,第 173、179 页。

到黎元洪的拒绝。当晚，段祺瑞上书辞职，出走天津。后经冯国璋的斡旋，黎元洪表示不再反对，段于 3 月 6 日复职。5 月，段祺瑞试图通过对德宣战案，遭到国会议员的抵制。段祺瑞要求解散国会，改制宪法，国会则呈请黎元洪免去段的国务总理职务。黎元洪乘机于 23 日下令免去段祺瑞国务总理兼陆军总长职。段以总统令无总理附署为由不予承认，并赴天津策动督军团解散国会。5 月底，各省督军纷纷通电宣布独立，汤化龙与"研究系"议员也对黎元洪罢免段祺瑞的行为采取抵制态度。31 日，国会众议院议长汤化龙辞职。黎元洪于 6 月 1 日召张勋入京"共商国是"，张勋提出以解散国会为条件。12 日，黎元洪下令解散国会。张勋进京后，于 7 月 1 日拥清废帝溥仪复辟。2 日，黎元洪避入日本使馆。

段祺瑞得知张勋复辟的消息，在天津与梁启超、曾毓隽、徐树铮等人决定武力讨伐复辟，并由曹汝霖筹集款项，派傅良佐联络天津马厂驻军第八师师长李长泰。在李长泰的支持下，段祺瑞于 7 月 1 日①晚在天津北站乘专列秘密前往马厂军中，傅良佐等人随同前往。7 月 2 日，梁启超等人也到达马厂军中，梁随即起草了讨逆通电，并连夜发出。7 月 3 日，段祺瑞在天津马厂举兵讨伐张勋，自任"讨逆军"总司令，12 日，讨逆军分三路攻入北京城内，张勋避入荷兰使馆，溥仪再次宣布退位。14 日，段祺瑞回到北京，黎元洪通电去职。8 月 1 日，冯国璋继任大总统，4 日国务会议通过对德宣战案，中国正式加入协约国集团。

对德宣战后，段祺瑞多次向日本借款，其中最著名的为"西原借款"。日方通过借款加强了对中国政治、军事、经济等方面的控制，还夺取了德国在山东的特权。段祺瑞在重新组阁后，意图推翻《中华民国临时约法》，并将"武力统一"作为施政重点。1917 年 9 月 10 日，孙中山在广州就任海陆军大元帅，组织军政府，领导"护法运动"。段祺瑞发动了"武力统一"全国的战争，以北洋武力镇压护法运动，南北战事再起。11 月 14 日，湖南前线直系将领王汝贤通电全国要求停战，直、鄂、赣、苏四督军联名通电

---

① 7 月 2 日凌晨到达。

响应,段的武力统一计划受阻,于 11 月 16 日通电提出辞呈,冯国璋在 22 日予以批准。12 月 18 日,冯国璋任命段祺瑞为参战督办。1918 年 1 月 18 日,冯国璋发布讨伐令,进军湖南,南北战事重起。3 月 19 日,曹锟等人联名致电,请段祺瑞出山。23 日,冯国璋发表段祺瑞组阁令。段祺瑞组阁后继续实施"武力统一"政策。1918 年 5 月,段祺瑞内阁先后与日本签订了《中日陆军共同防敌军事协定》《中日海军共同防敌军事协定》。

1918 年,冯国璋大总统任职期将满,段祺瑞为了排斥冯国璋,指使亲信王揖唐等人组织安福俱乐部。安福俱乐部以金钱贿赂操纵选举,获得新国会 384 个议席,占两院议席的 81.36%,这届国会被称为"安福国会"。8 月 12 日,国会开会,冯国璋和段祺瑞相约同时下野,徐世昌被选为大总统。段祺瑞仍任南北战事参战督办,他手中掌握着参战军的武力,还掌握着国会的大部分席位。1918 年底,第一次世界大战结束,段祺瑞仍扩大参战军。1919 年 2 月,南北双方代表在上海举行和平会议,南方代表要求解散参战军,废除与日本订立的军事协定。1919 年 7 月 20 日,徐世昌下令裁撤参战处,改设督办边防事务处,段祺瑞任边防督办,改参战军为"西北边防军"。段祺瑞的亲信徐树铮任西北筹边使兼西北边防军总司令,督办外蒙古善后一切事宜。皖系获得了西北各省区的权力。1919 年秋冬之际,直系、奉系组成七省反皖同盟,以"清君侧"为名反对徐树铮。1920 年初,吴佩孚提出撤防北归,河南督军赵倜加入反皖同盟。

1920 年 4 月 9 日,曹锟在保定召开八省反皖同盟会议,商定军队撤回原防地,解散安福国会。5 月 22 日,吴佩孚所部自衡阳撤防北返,奉军也借口入关。7 月 4 日,徐世昌下令解除徐树铮西北筹边使及西北边防军总司令之职。8 日,段祺瑞召开军政会议,决定起兵讨伐曹锟、吴佩孚。9 日,段祺瑞在北京团河组织定国军总司令部,自任总司令。14 日,直皖战争爆发。战争历时 5 天,皖军全线溃败,徐树铮遁逃。19 日,段祺瑞引咎辞职,全家移居天津。

1924 年 9 月,第二次直奉战争爆发。10 月 23 日,冯玉祥发动"北京政变"。26日,冯玉祥等人请段祺瑞出山。11月10日,冯玉祥、张作霖、段祺瑞在天津召开会议,并推戴段为中华民国临时执政。24日,段祺瑞正式就任中华民国临时执政,取消总统府、国务院,总揽军务政务,统率海陆军。临时执政名义上总揽全国军政事务,实际上只是奉系军阀和冯玉祥国民军暂时妥协的结果。段祺瑞于1925年2月组织召开善后会议,通过《军事善后委员会条例》《国民代表会议条例》《财政善后委员会条例》。

1926年初,直奉军阀联合进攻冯玉祥的国民军,日本联合《辛丑条约》八个缔约国,向段祺瑞提出最后通牒,威逼国民军撤退。北京的大中学校师生数千人于3月18日在天安门广场举行"反对八国最后通牒国民大会",会后举行游行。游行队伍到达执政府门前时,遭到段祺瑞卫队枪击,酿成"三一八惨案"。直奉联军逼近北京时,段祺瑞准备联合张作霖驱赶国民军出北京。4月9日,国民军先发制人,包围了临时执政府,段祺瑞逃入东交民巷。国民军退出北京后,段祺瑞未能与张作霖达成一致,于4月20日宣布下野,结束政治生涯,寓居天津,号"正道居士",每天吃斋、礼佛。

1931年九一八事变爆发后,日本帝国主义欲请段祺瑞出山成立傀儡政权,遭段拒绝。1933年,段祺瑞移居上海。1936年11月因病去世,终年71岁。

参考文献:

彭秀良著:《段祺瑞传》,中华书局,2015年。

朱汉国、杨群总主编,杨群本册主编:《中华民国史》第6册,四川人民出版社,2006年。

白寿彝总主编,王桧林、郭大钧、鲁振祥主编:《中国通史》第12卷《近代后编(1919—1949)》(下),上海人民出版社,2015年。

中国社会科学院近代史研究所中华民国史组编:《中华民国史资料丛稿·人物传记》第3辑,中华书局,1976年。

(高　鹏)

范 竹 斋

　　范竹斋(1869—1949),名安荣,字竹斋,以字行,天津东郊范家庄人。他出生于贫寒农家,父亲范华生因谋生由范家庄迁居城里,以挑担走街串巷卖糖面角为业。而后生意越来越兴旺,成为城厢鼓楼西一带有名的"面角范"了。范竹斋幼年曾读过私塾,1886 年进入天津双福成广货庄做学徒。双福成是经营腿带、丝线等物的杂货铺,因需从上海采购货物,便将范竹斋派驻上海,经常往来于津沪之间。1893 年,范竹斋进入天津庆盛成洋布庄任职,一年后转入天津义成裕洋货铺。1897 年,范竹斋担任景德和棉纱庄驻上海的代理人,1900 年任天津景德和棉纱庄经理。

　　1906 年,范竹斋和潘耀庭、金贵山合作开设瑞兴益棉纱庄,任经理。1913 年,范又与上海大丰纱厂创办人徐庆云、上海统益纱厂创办人吴麟书在天津合股经营同益兴棉纱庄,任经理。不久,其他股份先后退出,同益兴棉纱庄转为独资经营。原瑞兴益百分之九十职工随范由估衣街迁至北门外竹竿巷内,进了同益兴纱布庄。1919 年,由瑞兴益、同益兴发起,联合同业隆聚、隆顺、敦庆隆、万德成、庆丰义和永昌银号,集资二百万元,组织创办北洋纱厂,瑞兴益号经理吉士簠任北洋纱厂首任经理。吉病逝后,范竹斋继任北洋纱厂经理。范竹斋在其经理任期内,对籽棉采购、储备、调度管理有方,使北洋纱厂扭亏为盈。

　　1928 年,范竹斋独家创办靖源隆纱布庄,后又筹办嘉瑞面粉厂。1929 年,独资创立福安信托股份有限公司,任董事长兼经理。1932 年,应

54

法商东方汇理银行聘请,任华账房总管。同时,还在天津法租界梨栈大街和法国菜市之间,出资收买大片地皮,迅速建起竹远里、大安里、大庆里等多处铺房和住房。此外,在城厢鼓楼西大街建筑了铺店、住房百余间。1933年,与张钰生合资开设余姓原、余丰厚纱布庄。仅同益兴从开业至1929年,在17年的经营过程中,共盈利三百万元。范竹斋以其在绸布商中的财产实力和社会声望,成为民国初年天津绸布商"新八大家"之一,在当时纱布业中名声显赫。

范竹斋酷爱书画。1930年,范竹斋在津特地拜访了青年画家张大千,从此他们互有往来。1937年,68岁的范竹斋特约张大千作画,张大千对范竹斋的要求甚为重视,很快完成了《华岳高秋》《松树高士》《行乐图》《华山》四幅作品,并且在《华岳高秋》中为范竹斋挥毫题词。张大千于当年3月又在颐和园为范竹斋挥笔作了《仿唐宋元各家十二条山水画》。

范竹斋非常热心慈善事业。他深感国家之贫弱、教育之落后,遂多方面资助教育,如资助范家庄小学每年经费三百元。1919年,农村粮食歉收,范竹斋出资向家乡范家庄和妻子王氏的家乡刘安庄放赈。两个村子不分姓名,凡属贫户,大口小口,每人三斗粮食,还发放了单衣、棉衣等物品。1924年第二次直奉战争期间,范家庄"天合当"遭到士兵骚扰,面临倒闭绝境。范竹斋购置了当铺旧址,嘱咐他的子女们在家乡建筑学校。1931年,范竹斋任天津福安信托股份有限公司董事长。他和石长印、赵玉洪等慷慨解囊,资助公善水局。1938年,因年景欠佳,范竹斋再向范家庄放赈。此外,范竹斋还一直念念不忘要为家乡建学校。1947年,他告诉子孙们,老家范家庄当铺旧址地皮约四亩要盖中学。当年,他与范家庄杨万生、范作雨等知名人士取得了联系,但因种种困难而搁浅。1949年1月15日天津解放。范竹斋交出"天合当"旧址和范庄子村南"阎场子"千亩耕地的地契,并表示希望建中学,并愿将天津"大安里"作为奠基筹金,但终因困难重重未能实现。

1949年,范竹斋逝世,终年80岁。

参考文献：

天津市东郊区政协文史委编:《天津东郊文史资料》第 2 辑,1990 年
内部印行。

（张慕洋）

冯 国 璋

　　冯国璋(1859—1919),字华甫,一作华符,直隶河间人。1859年1月7日,冯国璋出生于河间县诗经村一户没落地主家庭,在其祖父冯丕振时期,家境尚属富裕,其父冯春棠科举落榜,家道逐渐中落。在兄弟四人中,冯国璋行四,7岁入本村私塾读书,5年后入其外公家所在地三十里铺毛公书院读书,1876年结业,考试成绩名列前茅。在堂叔冯甘棠的资助下,冯国璋于1881年到保定莲池书院进修两年,因家境困难,1883年辍学回家。

　　1884年,冯国璋经叔父介绍,赴天津大沽口投军。1885年,冯国璋入淮军直字营当兵。6月,北洋武备学堂在天津创办,冯国璋成为武备学堂第一期步兵学员。1888年,冯国璋参加科举,考取秀才第一名,后参加顺天乡试未中,仍返回武备学堂继续攻读步兵科。1889年7月,冯国璋从该校以优异成绩毕业,并留校任教习。1893年春,冯国璋入聂士成军中做幕僚,忠于职守,得到聂的器重。他协助聂士成编撰《东游纪程》,详细记述了东北三省边境见闻。甲午战争期间,他随聂士成赴朝鲜及东北前线作战,战后他得到了候补知县并加五品顶戴的虚衔,被派管理军械局,不久由聂士成推荐担任中国驻日本使臣裕庚的军事随员。在日本,他与日军将领福岛安正和青木宣纯等结识,留心考察日本军事,编成兵书数册。1896年初回国,先呈送聂士成,未被重视,又转呈袁世凯。袁视为

"鸿宝",赞赏他"军界之学子无逾公者"①。当时,袁世凯在小站创办新建陆军,遂留冯国璋担任督操营务处帮办兼步兵学堂监督,不久升任督操营务处总办,主持编写兵法、操典、营制、勋章及各项图说,"新军兵法操典多经其一手修定"②。

1899 年新建陆军改称武卫右军,袁出任山东巡抚,武卫右军开往山东,冯国璋也随军入鲁。在山东,冯国璋奉命改编山东旧军,组成武卫右军先锋队 20 营。因参与镇压义和团有"功",次年由袁世凯奏保以补用知州升为补用知府。1901 年底,李鸿章去世,袁世凯继任直隶总督,在保定创设军政司,下辖兵备、参谋和教练三处,冯国璋任教练处总办,负责创办将弁学堂、武师范学堂及测绘学堂等。

1903 年底,清政府在顺天府设立练兵处,作为督练考察全国新军的机关。经袁世凯举荐,冯国璋担任军学司司长,仍常驻保定,督理北洋各武备学堂,兼北洋陆军速成学堂和陆军师范学堂督办,培养了一大批北洋系军官,并输送到北洋六镇和各地新军中。1906 年,冯国璋署正黄旗蒙古副都统兼陆军贵胄学堂总办,在任期间,冯和满族亲贵建立了较为密切的关系。1907 年 7 月至 1911 年,冯国璋一直担任军咨使,负责办理军咨处(后改为军咨府)的日常事务。1909 年初,载沣以袁世凯"患足疾"为借口,命他"回籍养疴"。冯国璋亦屡次请辞,均未获准。

1911 年 10 月 10 日,武昌起义爆发,清廷派陆军大臣荫昌率第一军南下镇压革命,派冯国璋组织第二军增援。但冯和北洋系各将领不愿服从荫昌指挥。冯在湖北按兵不动,有意拖延。清廷迫不得已,被迫起用袁世凯并授其军政全权。袁出山后,奏请冯国璋接替荫昌担任第一军总统,冯国璋率军与革命军激战四夜,于 1911 年 11 月 1 日攻陷汉口。冯国璋指挥第一军由蔡甸和驼罗口渡过汉水,于 11 月 27 日攻陷汉阳,并隔江炮轰武昌,使新成立的革命政府受到严重威胁。清廷赏给冯国璋二等男爵

---

① 《故代理大总统冯公事状》,载张一麐著:《心太平室集》卷 4,1947 年刊本。
② 李宗一著:《袁世凯传》,国际文化出版公司,2006 年,第 55 页。

爵位。当时冯国璋欲乘胜渡江攻取武昌,被袁世凯制止,北洋军与革命军呈相持状态。由于冯国璋没有理解袁世凯的真正意图,12月,袁命令段祺瑞代替冯统率湖北各军,调冯为察哈尔都统。12月15日冯离开汉口北上,抵京后,奉命留京统筹京畿防务,兼充禁卫军总统。冯国璋掌握了禁卫军的武装后,按照袁的旨意,对满族少壮军官进行恫吓和利诱,使得禁卫军官兵同意清廷"逊位",由袁世凯组织"临时政府"。

袁世凯当上民国临时大总统后,冯国璋仍统领禁卫军,兼充总统府军事处处长。1912年9月,冯国璋出任直隶都督兼民政厅长。二次革命爆发后,冯国璋任江淮宣抚使兼北洋军第二军军长,指挥北洋军沿津浦路南下镇压,于1913年9月2日攻占南京,扑灭了二次革命。12月16日,冯国璋接替张勋出任江苏都督,同年晋升陆军上将,后又授以宣武上将军,仍坐镇南京,成为雄踞东南的实力派。1913年底至1915年初,冯国璋多次发出通电,支持袁世凯解散国会、撕毁约法,攻击责任内阁制,主张实行总统制。但他对袁世凯企图称帝并不支持,并于1915年6月22日谒见袁世凯试探消息,得到了袁不会称帝的表态。后来局势的发展,使冯国璋深感自己受了袁的欺骗,不肯再为帝制出力,引起了袁世凯的顾虑。12月18日,袁世凯下令调冯国璋任参谋总长,意图使其脱离部队与地盘。冯国璋托词"害病"拒不进京。

云南护国军发动讨袁行动后,贵州、广西等省相继响应。袁世凯让冯国璋代替段祺瑞兼理征滇总司令,他托病未上任。12月21日,袁世凯封其为一等公。1916年3月19日,冯国璋联络长江巡阅使张勋、江西将军李纯、山东将军靳云鹏、浙江将军朱瑞,联名发出了致各省将军的密电(史称"五将军密电"),征求各省对撤销帝制的意见①,对袁世凯产生了很大的影响。袁世凯被迫于1916年3月22日取消帝制,但仍想通过冯国璋出面联合各省将军,挽留其继续做大总统。5月11日,冯国璋、倪嗣冲、张勋三人联名通电发起召开未独立各省代表会议。18日,十五省区代表

---

① 季宇著:《段祺瑞传》,安徽人民出版社,1992年,第174页。

齐集南京开会,最终未达成一致意见。

1916 年 6 月 6 日袁世凯死后,黎元洪继任大总统,10 月 30 日经过国会补选,冯国璋当选为副总统,仍兼江苏督军,在南京办公。此后,随着北洋集团分裂为皖系、直系,冯国璋成为直系首领。1917 年 7 月,大总统黎元洪与国务总理段祺瑞的府院之争引发张勋复辟,为段祺瑞所镇压。黎元洪辞职,段祺瑞派人南下迎副总统冯国璋赴北京代理大总统(任至 1918 年 10 月 10 日期满),段祺瑞复任国务总理。为了维护直系在长江中下游各省的实力,入京前,冯国璋安排李纯担任江苏督军、陈光远担任江西督军。冯国璋于 8 月 1 日抵京就职。

不久,冯国璋和段祺瑞的矛盾便尖锐起来。冯国璋主张和平统一全国,反对段祺瑞的"武力统一"。在讨伐广州护法军政府的过程中,冯国璋暗中指使直系军队消极怠战,曹锟、李纯、陈光远、王占元等直系督军相继发表主和通电,段的"武力统一"政策严重受挫,于 11 月先后辞去陆军总长和国务总理职务,冯派王士珍继任。段祺瑞唆使皖系督军团要挟冯继续对南方作战,奉系军阀张作霖也派兵入关,支持皖系。在内外形势的逼迫下,冯国璋只得派曹锟兼两湖宣抚使,率军进攻湖南,并准王士珍辞职,复任段为国务总理。

段祺瑞上台后,继续推行"武力统一"政策。冯国璋表面支持,暗中唆使李纯、曹锟等直系将领与西南军阀接洽和谈。1918 年 8 月 12 日,新国会(安福国会)开幕。段祺瑞声明要辞职,迫使冯国璋于 8 月 12 日也声明不参加大总统竞选。9 月 4 日,安福国会选举徐世昌为新任大总统。10 月 10 日,徐世昌正式就任大总统,同时与冯国璋行交替礼,冯国璋和段祺瑞同时下野,直皖两系的冲突日趋剧烈。为了平息冯的不满,徐世昌特准冯国璋仍节制北洋十五、十六两师。这两个师是由禁卫军改编而来,师长刘询、王廷祯都是冯的亲信。

下野后,冯国璋于 1919 年春返回家乡河间县经营家业。他除了在诗经村有千余亩土地外,在苏北还与张謇合办盐垦公司,占地七十万亩;在北京、天津和南京拥有几个钱庄,其中较著名的有华通银行、华充银号。此外,在开滦煤矿、启新洋灰公司、中华汇业银行等处还有大量投资。同年10月,冯国璋回到北京,12月初,感染风寒,医治不愈。

1919年12月28日,冯国璋病逝于北京帽儿胡同冯宅,终年61岁。

参考文献:

李新、孙思白主编:《中华民国史资料丛稿·民国人物传》第2卷,中华书局,1978年。

吕伟俊、王德刚著:《冯国璋和直系军阀》,河南人民出版社,1993年。

杨雯著:《冯国璋研究》,四川大学出版社,2011年。

潘荣著:《冯国璋家族》,金城出版社,2000年。

杨颖奇主编:《民国政治要员百人传》,南京出版社,2014年。

（欧阳康）

高 凌 霨

高凌霨(1870—1943)，字泽畲，晚年号苍松，天津人。先祖原籍山东，明永乐年间迁天津。高凌霨生于 1870 年 9 月 12 日（清同治九年八月十七日），1894 年甲午科举人。

1900 年，高凌霨以捐班知府分发湖北候补，1904 年以候补知府任湖北督练公所兵备处帮办。1908 年，经湖广总督张之洞保奏，以湖北候补道任湖北提学使①。1910 年 9 月，又经张之洞保荐，擢升湖北布政使。

1911 年 10 月武昌起义爆发后，高凌霨辞官避居上海。1912 年任共和党干事。1913 年 3 月，高凌霨奉北洋政府命令督办改组各省银行、推行纸币及开办金库等事宜。3 月，共和党与民主党合并为进步党。7 月31 日，熊希龄以进步党名誉理事的名义出任国务总理，高凌霨被任命为直隶省财政司司长，兼直隶征税调查处、国税筹备处处长。时曹锟任陆军第三师师长，驻防保定，高凌霨主动与之结交，过从甚密。1914 年 4 月，高凌霨辞去直隶省财政司长等职，受聘于奉天省张锡銮为高等顾问。

1917 年 11 月，皖系军阀段祺瑞等人成立新国会（安福国会），成立临时参议院，高凌霨被推选为直隶籍参议院议员。1918 年 8 月，新国会正式成立，高凌霨任参议院议员。1920 年 8 月，靳云鹏再次组阁，高凌霨任农商部次长。

---

① 照例进士出身者才能担任提学使，高以举人身份出任，实属少见。

1921 年 1 月,高凌霨获二等大绥嘉禾章。同年 7 月任农商银行副总裁。是年靳云鹏第三次组阁,高凌霨由曹锟力荐于 10 月 28 日继任财政总长。同月,获颁一级大绥嘉禾章。11 月以财政总长兼任盐务署督办、币制局督办。12 月 17 日,靳云鹏被迫辞职,外交次长颜惠庆暂代国务总理,高凌霨改任内务总长。12 月 24 日梁士诒出任内阁总理,高凌霨仍任内务总长。

1922 年 1 月 7 日,高凌霨由内务总长兼任赈灾事务督办、京师市政督办和长江水利讨论委员会会长等职。同年 3 月,获一等文虎章。4 月底,第一次直奉战争爆发。5 月,奉军战败退出关外,直系军阀掌握了政府实权,叶恭绰、梁士诒、张弧等人被免职,高凌霨兼代交通总长。6 月初,曹锟、吴佩孚迫使"安福国会"选出的大总统徐世昌辞职。6 月 11 日,黎元洪暂代大总统职权,任命颜惠庆署内阁总理,谭延闿为内务总长(未就职)。18 日,直隶省长曹锐称病辞职,由高凌霨继任直隶省长。9 月 19 日,黎元洪任用吴佩孚亲信王宠惠担任内阁总理,高凌霨改任农商总长。10 月,高凌霨获一等大绥宝光嘉禾章。是时,直系内部本居中调处的"保派"曹锟在急进分子的鼓动下动摇,他唆使以曹锐为首的"津派"积极扳倒黎元洪,迫不及待地想要登上大总统的宝座。对此,吴佩孚"洛派"明确表示反对。两派就"先选总统后制宪"和"先制宪后选总统"展开了激烈争斗,互相掣肘。王宠惠内阁核心成员均属"洛派",仅高凌霨一人属"津派",对此曹锟策动倒阁运动,企图改派高凌霨为内阁总理。大总统黎元洪对双方均不敢得罪,11 月 29 日,提出由汪大燮继任王宠惠出任总理,高凌霨改任内务总长。然而,此事遭到各派势力的反对。高凌霨也以生病为由拒不就职。在骑虎难下之际,吴佩孚、黎元洪屈从曹锟,"保派"内阁形成。

1923 年 1 月 4 日,张绍曾出任内阁总理,高凌霨仍任内务总长。2月,兼任长江水利讨论会委员长。曹锟指使高凌霨等人秘密收买国会议员,紧锣密鼓进行倒阁以逼走黎元洪。6 月 6 日,高凌霨在内阁会议上抨击黎元洪独断专行,侵越内阁职权,胁迫内阁总理张绍曾辞职。6月13日,黎元洪被逼去职。第二天,高凌霨以内务总长身份暂代国务总理并摄行总统职权。随即高凌霨便开始为曹锟操办总统选举事宜。6月16日,高凌霨与吴景濂、张伯烈密商,由其出面致送每位议员"节敬"500元,共发出600多份。6月底7月初,高凌霨等人分别宴请各省议员,为曹锟疏通。并多次为曹锟贿选发出支票,贿款共计1300万元之多。10月5日,国会举行选举,曹锟以480票当选。同日,摄政内阁通电全国,宣布曹锟当选总统。10月10日,曹锟白保定到北京在怀仁堂就职。为表彰高凌霨有功,曹锟于10月12日任高凌霨兼代国务总理。

曹锟当选总统后,直系内部的"津""保"两派矛盾凸显,国会议员对曹锟亦多有不满,高凌霨内阁倒台。高后在孙宝琦、颜惠庆两届内阁中任税务督办、农商总长。1924年9月,第二次直奉战争起。10月,直系冯玉祥倒戈,发动北京政变,曹锟被囚,高凌霨感到大势已去,离京赴沪。

1926年,高凌霨回到天津,隐居在日租界姚山街。宦海沉浮多年的高凌霨开始与亲日派密切来往,加入日本驻屯军控制的"中日同道会",逐渐成为日军侵华战争的同谋。九一八事变爆发后,日军开始图谋分离华北,日本僧人吉井芳纯来津设立"中日密教研究会",亲日的皖系首领段祺瑞任会长,高凌霨、王揖唐任副会长,以研究佛教为掩饰,秘密进行政治活动。高凌霨获取日本军政方面的消息,与伪满洲国外交大臣张燕卿互通款曲。

1932年,南京国民政府通令各省重修省志,高凌霨任河北省通志馆馆长,搬到天津河北宙纬路南的通志馆内居住。时日军策动汉奸制造所谓"华北特殊化",唆使一些亲日分子大肆活动,以"经济提携"为名,组织各种公司、协会进行经济渗透和掠夺。1935年9月,高凌霨等人听命于日本关东军司令部、满铁株式会社以及中日实业公司,发起成立"救济华北经济委员会"。日军又成立"东亚经济协会",推举高凌霨等15人为理事。1935年12月,冀察政务委员会在北平成立,宋哲元为委员长,高凌霭是委员之一。

七七事变爆发后,7月25日,天津日本驻屯军特务头子茂川秀和召集张弧、高凌霭等人,在日租界福岛街召开在津建立伪组织的预备会。27日,茂川秀和与高凌霭在茂川公馆具体研究组织伪天津市治安维持会事宜,由高凌霭推荐具体人选。29日,日军占领天津后,首先在高凌霭宅(河北省通志馆)前设立岗哨进行保护。1937年8月1日,伪天津市治安维持会正式成立,高凌霭出任会长。高凌霭随即发表了《天津市治安维持会市政工作报告》及《天津市治安维持会章程》,事无大小均需请示日本驻津陆军特务机关长裁定。

1937年12月14日,伪中华民国临时政府成立,高凌霭为议政委员会委员。伪临时政府成立后,各地伪治安维持会解散,伪天津特别市公署成立,高凌霭成为首任伪天津特别市市长,兼任伪河北省省长。

1938年1月7日,伪天津市市长一职被宿怨潘毓桂取而代之,高凌霭只任伪河北省省长职务。1938年5月,高凌霭因出任伪职遇刺。1939年3月,伪河北省署由天津迁往保定,高凌霭因之辞职,后避居北平。1943年2月因病去世,终年73岁。

参考文献:

天津市政协文史委编:《天津文史资料选辑》第20辑,天津人民出版社,1982年。

李新等主编:《中华民国史·人物传》第2卷,中华书局,2011年。

杨大辛主编:《北洋政府总统与总理》,南开大学出版社,1989年。

谷丽娟、袁香甫著:《中华民国国会史》(下),中华书局,2012年。

(夏秀丽)

高 桐 轩

高桐轩(1835—1906),字荫章,天津人,1835年(清道光十五年)出生于天津杨柳青。画室别名"雪鸿山馆"。父亲经营绸布生意,家境比较富足。

高桐轩年幼聪慧,曾入村塾学习,深爱绘画。高桐轩白天下地干活,晚上读书画画或是为街坊邻居画像。后师从本地的张姓画师,由此习得一套传真技巧、年画作法,并临摹大量画谱。当时著名的年画作坊齐健隆画店,离高家不远,高桐轩经常往来此处,长期的耳濡目染,使其学到了作坊中的刻板、套色、印刷、开脸等一系列技法工序,技艺大为精进。

高桐轩20多岁时,父亲去世,高桐轩做瓦工木匠艰难度日。30岁后,高桐轩才开始挂笔单卖画,画一些扇面、灯画或是年画新稿赚钱谋生。

1866年,清廷如意馆总管管金安奉命到杨柳青诏画师为慈禧画像,高桐轩被选中入宫。所绘《仙山渔隐图》得到慈禧赞赏,并获得赏银。自此,高桐轩经常供奉如意馆,名声大振,求画像者络绎不绝。从入京起至60岁之前,高桐轩主要以画像为主,往来于京津之间。他曾把传真画像概括为:追容法、揭帛法、绘影法、写照法、行乐图五种。[①]

高桐轩为慈禧所绘《仙山渔隐图》,尺幅不大,画中慈禧着蓑衣戴草笠,坐于一叶扁舟之上,神态自若。从太监处得知慈禧喜欢奉佛诵经,高

---

① 王树村著:《高桐轩》,上海人民美术出版社,1963年,第48—50页。

桐轩特意以南海瀛台为背景,瀛台位于南海中央,三面绿波环绕,台上轩阁巍峨,犹如蓬莱仙境。①

《行乐图》是高桐轩为其好友的写真画作。画家牢牢抓住了静象在写诗作对时寻觅佳句、抬头冥思的那一霎那。画中人物的眼神刻画微妙,炯炯有神而又飘渺不定,诗人遨游于内心的精神世界之中,真可谓"目送飞鸿",令观赏者神往。桌上摆放着厚厚的书,以及砚台、水盂等文房用具,书香之气扑面而来。左上方不起眼的几片树叶,更增添了画面的无穷意趣。

高桐轩根据南北方人物的骨骼形神差异,陆续绘制成《追容像谱》一册。像谱共绘人像 20 页,面形依据甲、田、申、由等骨法各举一例,凡女子发髻、男子须眉具作苏浙人像之面容,且依据胖瘦宽窄、净润斑麻、男女老壮等人物典型的特点绘制而成,是研究传统肖像画重要的参考资料。②

高桐轩 60 岁后,开始专心于年画的创作,并开设雪鸿山馆画室。高桐轩所绘年画,题材丰富,形式多样,如表达幸福生活和子孙昌盛等吉祥美好寓意的题材;新春大喜、庆贺佳节、庆祝丰收、加官进爵等题材;历史小说中的故事情节等。他晚年的年画创作,将绘、刻、印、染,合于一体,技艺精湛。

《庆贺新年》(三裁年画)③画面,农历除夕,妇女们在焚香点烛,添馅做饺子宵夜,两个儿童在玩升官图,整幅画面洋溢着一派喜庆欢乐。上面题字"庆贺新年",旁有"兰闺同守岁,兄弟对升官",反映了对家庭和美欢乐的美好愿望,也是当时家庭生活的真实写照。

《瑞雪丰年》(贡尖年画)④图绘寒冬腊月,雪停放晴,三五童子在庭院中堆雪嬉戏的场景。大雪为亭阁及远山裹上了一层亮丽的银装,厚雪积压下的松、竹劲挺有姿。画中的色调主要以红、绿、白三种颜色为主,色彩

---

① 王树村著:《高桐轩》,第 14 页。
② 王树村著:《高桐轩》,第 17 页。
③ 三裁:一种体裁尺幅,即一整张粉帘纸三折割开,面积通常是 61 厘米×37 厘米。
④ 贡尖:一种体裁尺幅,即整张粉帘纸尺幅大小,纵 117 厘米、横 183 厘米。

搭配和谐,对比强烈。远景平静与近景喜庆热闹的场面形成鲜明的对比,极富丰年乐岁之诗意。画上还题了诗。

《二顾茅庐》(贡尖年画)取材历史小说《三国演义》。图绘刘备、关羽、张飞三人再访诸葛亮未得,怅然失意,诸葛均送客出门,不远处黄承彦迎面而来的情景。远景中的深山古寺、松竹泉石烘托出隆中"猿鹤相亲,松篁交翠"的寂静境界。画中的人物神情各异,顾盼生姿。画家通过人物的不同姿态传达出不同人物的性格。无论是故事情节的选择,还是章法布局都达到了较高的艺术水准。

在民间,羊象征着吉祥,古"祥"字与"羊"字通。《吉羊如意》(贡尖年画)图中绘两童子坐在羊车之上,后面一妇人挈一手举金磬如意的幼童,步行于桥上的情景。盖取"羊"与"如意"之谐音,传达出一种美好的愿望。

此外他还创作有《荷亭消夏》《春风得意》《四美钓鱼》等优秀年画作品。

高桐轩喜好搜集古今名画,尤其喜欢钱选、唐寅等文人画作品,他曾以五百金的高昂价格,购得唐寅的一幅画,认真反复地展观临摹。他认为仇英的画娇娆妍媚,久习令人笔姿骨软。[1] 高桐轩画作吸收了文人画的长处,以写生的方式来传写人物神态,并且将身边所见的景物移入画面,带有浓厚的生活气息。他所绘人物形象有突破一般类型化的追求,以生动的形象刻画来加强年画的感染力,给人耳目一新的感觉,推动了杨柳青年画的发展。

高桐轩勤于绘画的同时,也极其重视画法理论的探求。他将自己知道的民间年画理论知识,以及自己多年丰富的生活经验和创作实践系统地总结出来,整理抄录记载,并由他的儿子高翰臣补充修订完成《墨余琐录》。《墨余琐录》关于画诀、画论方面的论述,是后人研究民间绘画的重要资料。

1906 年,高桐轩卒于杨柳青,终年 71 岁。

---

[1] 王树村:《民间画师高桐轩与他的年画》,《文物》,1959 年第 2 期。

参考文献：

王树村著:《中国民间美术史》,岭南美术出版社,2004 年。

冯骥才:《天津年画史述略》,《民间文化论坛》,2009 年第 1 期。

郭因:《中国绘画美学遗产中的一颗珍珠——民间画工高桐轩的绘画美学思想》,《河北大学学报》(哲学社会科学版),1980 年第 4 期。

徐湖平主编:《明清肖像画选——南京博物院珍藏系列》,天津人民美术出版社,2003 年。

（孟雷　华克齐）

龚 心 湛

龚心湛(1868—1943),本名心瀛,字仙舟,亦作仙洲,安徽合肥人。1868 年 6 月 2 日出生于安徽合肥一个没落的官宦世家,兄弟七人中,龚心湛行三。1877 年,因家境贫困,龚心湛随堂兄由合肥到上海,投奔时任苏淞太道的三伯父龚照瑗。龚照瑗对这个侄儿非常喜爱,安排他与自己的儿子一起入国学为监生,但龚心湛仰慕西学,不久便独自转到金陵同文馆学习新学,①他刻苦学习英语,为他后来跻身外交界奠定了基础。

龚心湛毕业后,适逢薛福成出任清政府驻英特命钦差大臣,他作为薛福成的随员出使英国。1893 年,薛福成任满回国,继任者为龚照瑗,龚心湛以随员身份继续留任,先后辗转清政府驻英、法、意、比等国公使馆,升职为参赞。龚心湛在欧洲停留 8 年,对欧洲各国的政治、经济、社会状况及风土人情有了深刻的了解。

1896 年 9 月,龚照瑗得知孙中山已从纽约来伦敦,他试图依照中国香港、缅甸引渡条款,缉拿孙中山送回国内,被英国外交部拒绝。为了向清政府邀功,龚心湛建议:"委托'司赖特侦探社'窥探孙中山行踪,然后再作决定如何。"②龚照瑗采纳了这个办法,孙中山刚到英国,就被英国的侦探盯梢,他们协助清政府驻英使馆秘密绑架了孙中山。在英国外交部、内务部的斡旋下,最终由龚心湛出面宣布恢复孙中山的自由。来接孙中山

---

① 杨大辛主编:《北洋政府总统与总理》,第 313 页。
② 李联海、马庆忠著:《一代天骄:孙中山传记》(上),重庆出版社,1986 年,第 117 页。

离开使馆的英国外交部特派专员等应龚心湛"给我公使馆一个面子"的请求,未走正门,而是从侧门悄然步出清使馆。1898年,龚照瑗任满归国,龚心湛也一起回国。经广东布政使岑春煊保荐,龚心湛以知府衔晋京陛见,分发广东省任命。时任两广总督的李鸿章与龚家是世交,两家都是合肥的名门望族,龚心湛一到广州就被任命为广州知府兼洋务局会办。1901年,龚心湛任广州府试主考官时,恰逢汪兆镛、汪兆铭(汪精卫)兄弟二人同时应试,文章写得都不错,按常理,录取时应遵照兄先弟后的顺序,但龚心湛认为,兄长的文章不如弟弟的,他力排众议,一锤定音:"抡才大典,论文不论长幼"①,录取汪兆铭为第一,汪兆镛第二。

1912年,担任财政总长的周学熙推荐龚心湛任中国银行汉口分行行长。1913年秋,安徽北部旱灾严重,龚心湛参与筹办安徽省赈抚事宜,并任赈抚局督办。袁世凯称帝后,龚心湛辞职,寓居天津。袁世凯死后,北洋军阀分裂为直、奉、皖三大势力,皖系掌控北京政权。由于周学熙的提携,龚心湛成为"安福系"的重要一员,1918年任安徽省省长,不久调任财政总长。1919年6月,大总统徐世昌任命龚心湛暂代国务总理。此时,全国掀起拒签《巴黎和约》的请愿高潮,6月21日,山东省七团体代表到北京请愿,时逢大雨滂沱,代表们跪在新华门外号啕大哭,坚决要求拒签《巴黎和约》,收回胶澳权益。28日,龚心湛答复山东请愿代表:山东问题"不能保留,即拒绝签字";顺济、高徐路约"力图收回,断不继订正约"。②这在一定程度上满足了请愿代表的要求。暂代国务总理的龚心湛,上任以来一直处于外交、学潮、内政、南北和谈以及各派系争斗倾轧的矛盾中,遂于9月辞去本兼各职。

龚心湛与财政总长周学熙有同乡之谊,又是旧识。周学熙见龚心湛闲居无聊,主动辞去中国实业银行总经理之职,推荐龚心湛担任总经理,

① 安徽省政协《安徽著名历史人物丛书》编委会编:《政界人物》,中国文史出版社,1991年,第106页。

② 杨大辛主编:《北洋政府总统与总理》,第314页。

并让他参与到周家主办的各项企业之中。从此龚心湛与周学熙开始长达多年的合作。周学熙认为龚心湛性情温和,善于理财,特别是不擅专权,与许多股东交谊深厚,可以由他出面化解各种矛盾与争端,因而举荐龚心湛先后担任通益味精公司董事长,启新洋灰公司总经理、董事长,耀华玻璃公司总董、开滦矿务局议董长,大陆银行、中孚银行、永宁水火保险公司董事,江南水泥公司常务董事等职。由于受到周学熙的器重,龚心湛逐渐在天津实业界崭露头角,成为实力派人物。1924年10月,冯玉祥发动北京政变后,段祺瑞入京任临时执政,龚心湛出任内务总长兼赈务督办,1925年改任交通总长,1926年"三一八"惨案后,内阁总辞职,龚心湛从此脱离政坛。

龚心湛对佛学颇有研究,除参加企业的经营活动外,在家烧香礼佛,过着居士的生活。1940年,龚心湛与周叔迦、靳云鹏等居士共同发起"复兴大悲院"之举,前后奔波,与有关方面交涉,收回大悲禅院。同时,多方筹划,向社会广泛募捐,交倓虚法师主持扩建大悲禅院,经过7年的经营,完成了大悲殿、配殿及大雄宝殿的修建工程。龚心湛积极捐款,为弘扬佛法做了大量基础性的工作。徐蔚如在天津创办刻经处及佛教功德林时,龚心湛都给予资助,并担任功德林的首任林长。

龚心湛还致力于社会福利与救济事业。1937年卢沟桥事变后,大批难民为躲避战火逃到天津市区,龚心湛积极筹款救济,并组织伤病难民救济会,由医生进行治疗。1939年天津遭水灾时,全市成为一片泽国,龚心湛积极成立临时医院,收治急症病人。当时天津处于日伪统治下,粮价昂贵,民不聊生,龚心湛发起成立临时急赈会,邀集各界人士募款数百万元,赈济饥民。①

龚心湛非常重视教育事业。日伪统治时期,教会开办的工商学院一度财政紧张,难以维持。龚心湛挺身而出,自任工商学院的董事长,捐赠巨款,并多方募集,缓解学院财政紧张的局面,使学院得以继续开办。

---

① 安徽省政协《安徽著名历史人物丛书》编委会编:《政界人物》,第110—111页。

日军占领天津后，大肆网罗旧官僚与下野寓居天津的军政要员，组织汉奸伪政权，由于龚心湛的社会地位与社会威望，他也在日本侵略军网罗的范围之内。1940年3月，汪精卫在南京成立伪中央政府，原设在北平的伪临时政府改称"华北政务委员会"，日伪要员积极动员龚心湛出山，担任"委员长"，请他主持华北伪政权。在民族大义面前，龚心湛不因威逼利诱而动摇，坚决不出任伪职，保持了晚节。后来，他被强行扣上伪华北政务委员会咨询委员的头衔。①

龚心湛拒不合作的态度，令日本侵略者恼羞成怒，他们把报复的目标对准龚心湛经营的工商企业。日本轻工业株式会社在军队的支持下，强行拆走江南水泥厂的电机、钢磨等设备，龚心湛多方奔走，要求归还被拆物品，却无济于事，该厂直至抗战胜利后才恢复生产。启新洋灰厂是当时华北仅有的大型水泥企业，日军多次想实行军管，龚心湛出面与日方交涉，使启新洋灰厂保有一定的经营权益。1943年，日军对水泥的需求量增加，强行对启新洋灰厂实行军管。龚心湛不顾自己七旬高龄，以衰老之躯亲往北京与日方进行交涉，孰料反遭日方的羞辱。身心俱疲的龚心湛积劳成疾，回到天津后一病不起，在病中仍备受日本侵略者的迫害和侮辱。

1943年12月，龚心湛病逝于天津寓所，终年72岁。

---

① 张炳如：《华北敌伪政权的建立和解体》，载全国政协文史委编：《文史资料选辑》第39辑，文史资料出版社，1980年，第126页。

参考文献:

卞孝萱、唐文全编:《辛亥人物碑传集》,团结出版社,1991年。

天津市和平区政协文史委编:《近代天津名人故居》,天津人民出版社,2009年。

陈娟、乔晓玲编著:《总理的炎凉:北洋政府总理的最后结局》,华文出版社,2006年。

天津市档案馆、天津市和平区档案馆编:《天津五大道名人轶事》,天津人民出版社,2008年。

（郭登浩）

谷 钟 秀

　　谷钟秀(1874—1949),字九峰,直隶定县人,光绪年优贡,出生于直隶定州马家寨。少年时就读于保定莲池书院。1898 年,考入京师大学堂,后于 1901 年赴日本早稻田大学攻读政治经济学。留日期间,谷钟秀结识孙中山等革命党人,加入中国同盟会。1902 年,在"废科举、兴学堂"的维新思潮影响下,定州知州王忠荫接受州绅王振尧、谷钟秀和定武书院绅董王延伦、王维新等人建议,改"定武书院"为"定武学堂",不久,定名为"定州官立中学"。1906 年,袁世凯在天津设立自治局,谷钟秀同孙洪伊等人组织"天津自治研究会"。

　　1908,谷钟秀从早稻田大学毕业,[①]回国后曾任教于直隶师范学堂,后任直隶总督署秘书、浙江巡抚署宪政筹备处科长、顺直咨议局议员等。1911 年辛亥革命爆发,谷钟秀被推举为直隶省代表,参加各省都督府代表联合会武汉会议和南京会议,选举孙中山为中华民国临时大总统。1912 年 4 月 11 日,谷钟秀偕同吴景濂等创立统一共和党,次年并入国民党。1913 年 4 月,第一届国会成立,谷钟秀任国会众议院议员、宪法起草委员会委员,参与起草《中华民国宪法草案》。由于宋教仁被刺杀,二次革命失败,1913 年 11 月袁世凯下令解散国民党。谷钟秀联合原国民党人张耀曾、杨永泰等组成民宪党,以国会为阵地,反对袁世凯独裁统治。袁

---

　　①　李正东:《谷钟秀与〈正谊〉杂志》,《教学交流》,2010 年第 11 期。

世凯解散国会后,谷钟秀于 1914 年 1 月创办《正谊》杂志,并开始在《正谊》杂志上连载《中华民国开国史》。1914 年 5 月,谷钟秀与陈独秀、章士钊等人在东京创办《甲寅》月刊。1914 年 8 月组织并参加在东京成立的欧事研究会(后改名政学会)。1915 年 10 月,他与杨永泰、徐傅霖等人到上海创办《中华新报》,任主笔,大力进行各种反袁宣传活动,并参加了 1916 年反对袁世凯称帝的"护国战争",任"广东军务院驻沪委员"。

袁世凯死后,1916 年 7 月,谷钟秀任段祺瑞内阁农商总长兼全国水利总裁。之后,谷钟秀南下广州,参加孙中山领导的"南方政府",还与张耀曾、李根源等组织政学会。因在派系斗争中失利,1923 年返回北京,仍为国会议员,任收回铁路筹备处总办一职。[①] 1925 年辞职后寓居天津。

1927 年谷钟秀任冯玉祥顾问、豫陕甘三省建设委员会主任委员等职。1930 年中原大战时,任冯的代表驻太原。1933 年冯玉祥组织抗日同盟军时,曾应邀前往,任参赞军务。1936 年任河北省政府委员兼井陉矿务局局长。抗战胜利后,曾任北平市参议会议长、北平文物整理委员会主任委员、河北省政府民政厅厅长、河北通志馆馆长。著有《中华民国开国史》《世界地理》等。

1949 年 12 月 25 日,谷钟秀病逝于北京,终年 75 岁。

参考文献:

闵杰编著:《晚清七百名人图鉴》,上海书店出版社,2007 年。

刘国铭主编:《中国国民党百年人物全书》上册,团结出版社,2005 年。

河北省地方志编纂委员会等编:《河北近现代历史人物辞典》,亚洲出版社,1992 年。

吴成平主编:《上海名人辞典》,上海辞书出版社,2001 年。

(万亚萍)

---

① 梁梓主编:《历代中国政要秘书高参档案》下册,金城出版社,1998 年,第 2398 页。

关 颂 声

关颂声(1892—1960)，字校声，号肇声，广东番禺人，1892 年 8 月 29 日生于天津。祖父关元昌是注册牙医。父亲关景贤为关元昌六子，做过清廷御医，常年居住天津。关景贤娶妻张氏，育有五男六女，关颂声是家中长子。

关颂声曾就读于上海圣约翰大学，后考入清华留美预备学校，1913 年毕业。1914 年入美国麻省理工学院建筑系学习，1917 年获建筑学学士学位，1918 年入哈佛大学市政研究院学习市政管理一年。曾入美坚尼等工程师事务所实习。1919 年回国，先后任天津警察厅工程顾问、津浦路考工科技正、内务部土木司技正、北宁路常年建筑工程师等职。曾协助监理北平协和医院建筑工程。[①]

1920 年，关颂声在天津创建天津基泰工程公司，设计永利制碱公司、天津大陆银行和中国实业银行大楼。

1923 年，毕业于美国宾夕法尼亚大学建筑系的朱彬[②]与关颂声的二妹结婚，同年加入基泰公司，任建筑工程师。朱彬后来成为设计工作的主力，关颂声则抽身专事经营。朱彬主持设计了北京西交民巷大陆银行、天

---

① 《基泰工程司及合伙人介绍》，《申报》，1933 年 10 月 10 日。

② 朱彬(1896—1971)，1918 年毕业于清华学校，1918—1922 年在美国宾夕法尼亚大学建筑系学习，1922 年获学士学位，1923 年获硕士学位。回国后曾任天津警察厅工程顾问、天津特别一区工程师、天津特别三区工程科主任。1923 年起任基泰工程司建筑工程师。1949 年后赴香港，主持香港基泰工程司。

津大陆银行货栈、天津中原公司大楼等。1926年前后，公司实行合伙人制，改名为天津基泰工程司。

1927年，留美归来的杨廷宝[①]加入天津基泰工程司，成为第三位合伙人。1928年，杨宽麟[②]和关颂坚成为第四、第五位合伙人，天津基泰工程司如虎添翼，日益壮大。关颂声与五弟关颂坚主管外业，负责社会活动、承揽业务；朱彬作为二把手管理内业，负责经济计算、内务管理；杨廷宝和杨宽麟分别作为总建筑师和总结构师掌管图房。1927—1928年，基泰大楼在关氏家宅址上建设，由关颂坚、杨廷宝设计。大楼主体首层是商业店铺，二、三层为出租公寓，第四层是基泰工程司的办公用房，附建关家自宅。这成为基泰工程司走向兴盛的标志。

通过时居天津的张学良的门路，关颂声开始承接奉天的设计项目，并成立了基泰工程司辽宁事务所。

1924年4月国民政府建都南京后，国家的政治、经济重心从京津转向沪宁。关颂声将天津基泰工程司交关颂坚负责，自己和朱彬分别开拓南京和上海市场，成立了基泰工程司南京事务所和上海事务所。关颂声逐渐将天津事务所的主要设计力量调至南京，公司更名为基泰工程司，去掉了"天津"字样，突破了地域性。

关颂声和朱彬南下以后，基泰工程司天津总部由关颂坚负责，北方的设计项目主要由杨廷宝和杨宽麟承担，其中以沈阳和北平的项目居多，又以东北大学和清华大学为多。但关颂声对天津公司并未完全放手，合同和图纸仍由关颂声审核盖章。

---

① 杨廷宝（1901—1982），1921年毕业于清华学校，1921—1924年在美国宾夕法尼亚大学建筑系学习，1924年获学士学位，1925年获硕士学位。1927年回国加入天津基泰工程司。1949年后任南京大学工学院（1952年改为南京工学院）建筑系教授、系主任，历任中国科学院技术科学部委员、中国建筑学会第五届理事长、国际建筑师协会副主席等职。

② 杨宽麟（1891—1971），1909年毕业于圣约翰大学土木工程系，1912年受清华庚款资助赴美留学，1915年获美国密歇根大学土木工程专业学士学位，1916年获硕士学位。1917年回国，执教天津北洋大学土木工程系，1920年创办华启工程司。1928年加入天津基泰工程司。新中国成立后历任北京市建筑设计研究院、北京市城市规划管理局结构总工程师、中国土木工程学会副理事长等职。

1928 年起,作为建筑师的关颂声与时任中央大学建筑工程系主任的刘福泰、东北大学建筑工程系主任的梁思成,共同参与全国大学工学院分系科目表的起草和审查工作。1930 年 6 月,关颂声加入了中国建筑师学会,后任常务理事。

关颂声在清华学校读书时曾是体育健将,[①]这使他与体育建筑结下不解之缘,主持设计了多座中国早期的体育场建筑。1931 年,关颂声主持设计了南京全运会的首都中央体育场。1934 年,为在天津举办第十八届华北运动会,河北省政府在天津宁园东侧选址兴建河北省体育场(今北站体育场),其规模和条件在当时的远东地区屈指可数。基泰工程司承担了设计工作,关颂声特意回天津主持该项目。

1935 年初,旧都文物整理委员会委托基泰工程司对天坛进行全面修缮,基泰工程司为此专门成立了北平事务所。其间,关颂声和杨廷宝都加入了营造学社,关颂声还成为了营造学社理事会成员,并多次资助营造学社的研究工作。

1937 年七七事变爆发后,北平、天津相继被日军占领,平津地区的建筑业落入低谷,基泰工程司总部由天津迁至南京,平津事务所主要设计人员调往南京,关颂坚独自留守天津租界。1938 年初,关颂声随国民政府撤至重庆,并创办了重庆基泰工程司总所。1941 年 1 月,关颂坚离开基泰工程司。关颂声委任张镈接管平津地区的基泰工程司,并将天津事务所与北京事务所合并称为华北基泰工程司,天津事务所成为华北基泰工程司分所。

1945 年 8 月日本投降,关颂声将基泰工程司总部由重庆迁回南京。1948 年 11 月,平津战役打响,关颂声派张镈安排天津事务所的善后工作,然后紧急转移到上海,华北基泰工程司至此终结。

1949 年关颂声去往台湾,创建台湾基泰工程司,继续从事建筑设计。曾任台湾建筑师公会理事长、台湾田径协会理事长,对台湾的社会福利和

---

① 1913 年,关颂声参加马尼拉远东运动会,获两枚银牌。

体育事业也做出重要贡献。

关颂声于 1960 年 11 月 27 日病逝于台北,终年 68 岁。

参考文献：

高仲林著:《天津近代建筑》,天津科学技术出版社,1990 年。

赖德霖主编:《近代哲匠录——中国近代重要建筑师、建筑事务所名录》,中国水利水电出版社、知识产权出版社,2006 年。

武玉华著:《天津基泰工程司与华北基泰工程司研究》,天津大学出版社,2010 年。

关颂声等修撰:《关氏元昌公家谱》,1937 年。

（宋昆　武玉华）

韩 慎 先

韩慎先(1897—1962),本名德寿,字慎先,以字行,别署夏山楼主。出生于北京,少年时代在天津读私塾,后来定居天津。其父韩麟阁,曾为清廷吏部官员,一生喜好京剧,与戏曲界众多名家交往甚密。韩慎先从小耳濡目染,受到京剧熏陶,业余时间观戏学唱,日积月累,心得甚多。

韩慎先从十几岁开始粉墨票戏,在舞台实践中对唱、念、做、舞孜孜以求,二十几岁时票戏的水平已不亚于专业艺人,尤其是唱功,嗓音高、亮、脆、劲具备,能用"正宫"调演唱。运腔圆润流畅、高低自如,以嗓音虚实相生为特色。

20世纪20年代,韩慎先经陈彦衡推荐,相继在上海的高亭公司、开明公司、百代等唱片公司灌制唱片。高亭公司的唱片有:《定军山》(陈彦衡操琴)、《朱砂痣》(陈彦衡操琴)、《举鼎观画》(杨宝忠操琴)、《洪羊洞》(杨宝忠操琴)、《卖马》(杨宝忠操琴)、《武家坡》(杨宝忠操琴);开明公司的唱片有:《打鼓骂曹》(陈彦衡操琴)、《乌龙院》(陈彦衡操琴)、《托兆碰碑》(陈彦衡操琴);百代公司的唱片有:《八大锤》(郭仲霖操琴)、《捉放曹》(郭仲霖操琴)。1931年长城公司又为他录制唱片,多系他进入中年后的得力之作。其中包括《洪羊洞》(杨宝忠操琴,杭子和司鼓)、《二进宫》(杨宝忠操琴,杭子和司鼓)、《汾河湾》(杨宝忠操琴,杭子和司鼓)、《乌盆记》(杨宝忠操琴,杭子和司鼓)、《战太平》(杨宝忠操琴,杭子和司鼓)、《探母》(杨宝忠操琴,杭子和司鼓)、《搜孤救孤》(杨宝忠操琴,杭子和司鼓);中国唱片公司的唱片有:《鱼肠剑》(郭仲霖操琴,杭子和司鼓)、《桑园寄子》(郭仲霖操琴,杭子和司鼓)、《李陵碑》(郭仲霖操琴,杭子和司鼓)。韩慎先早年录制的唱片共21张之多,这些唱片已成为十分珍贵的京剧录音资料,不仅具有很高的欣赏价值,而且对于后人研究谭派声腔艺术甚至是研究京剧发展史,都具有重要的参考价值。收藏者视其如珍宝,影响遍及海内外。

有人说韩慎先表演方面的造诣与余叔岩不相伯仲,唱功在言菊朋之上。韩慎先不仅在京、津、沪的伶票两界享有很高知名度,而且蜚声海外。北京的名角每到天津演出,一般都要登门拜访韩麟阁、韩慎先父子。王瑶卿、王凤卿到津,必然下榻韩家。

新中国成立后,1953年天津人民广播电台为韩慎先演唱的京剧节目录音保存,计有《卖马》《宿店》《打渔杀家》等剧唱段,均为郭仲霖操琴。韩慎先晚期的演唱录音,嗓音虽不及青壮年时期,韵味却远胜往昔。1961年,韩慎先与吴小如、王慧祯(韩慎先的女弟子,应工老生,亦唱旦角)合作,赴北京在中国唱片社灌录了三出戏,制成密纹唱片发行。

韩慎先对京剧艺术孜孜以求,多有贡献。而京剧艺术只是他业余爱好的一个方面,他还致力于文物收藏、书画鉴定。

韩慎先自幼秉承家学,博览群书,爱好广泛,诗文、书画、音韵皆学有渊源。他十几岁即涉足古玩交易,20世纪20年代初在天津达文波路开设一古玩店,自主经营,久之对文物慧眼独具,尤其精于书画鉴定,从笔墨流派、名家题跋到收藏著录,乃至纸绢、印章辨别真伪,都有深入研究。他常从旧物中发现珍品,"赝品"中发现真迹。他在北平琉璃厂发现一幅绢本古画,系元代大画家王蒙(号黄鹤山樵)的山水《夏山高隐图》,在天津友人处见到清初王石谷临《夏山高隐图》挂幅,他力排众议,果断收藏。后来,这两幅画都被行家看好,并辗转入藏故宫博物院。韩慎先遂以这两幅画的画题取"夏山楼"为斋名,号"夏山楼主"。

他在天津市文化部门任职期间,为国家搜集了大量文物,其中尤以宋人张择端的《金明池夺标图》最为珍贵。在此以前,张择端的传世作品仅有《清明上河图》一件。他从著名文物收藏家张叔诚收藏的真伪并存的宋人杂画册中,识出了此画,以及马远的《月下把杯图》、杨补天的《梅花》等宋画稀世珍品。1961年他在北京宝古斋选画,宝古斋傅凯臣、靳伯声、张采臣等人,把真伪混杂的大批书画提供给韩慎先过目,挑出了不少真迹,其中还发现了画史上未见记载的万邦正、万邦治等明代院体画家的作品,填补了中国美术史一项空白。

经韩慎先鉴定的书画作品,还有宋代苏东坡的《古木怪石图》(无款),宋拓黄山谷《此君轩诗碑》(现存中国国家博物馆),明徐青藤《墨葡萄》(现存故宫博物院),宋拓佛遗道经(现存天津博物馆)等。1950年,韩慎先被天津市文化事业管理局特聘为顾问,负责文物检查、鉴定工作,后被任命为艺术博物馆副馆长。

1962年韩慎先因病逝世,终年65岁。

参考文献:

寇丹:《1947年的天津剧坛》,《综艺》第1卷1期,1948年。

姚惜云:《票友和房票》,载天津市政协文史委编:《天津文史资料选辑》第21辑,天津人民出版社,1982年。

张强:《夏山楼主二三事》,《剧坛》,1983年第3期。

许姬传著:《七十年见闻录》,中华书局,1985年。

佚名:《老生名票韩慎先》,载天津市政协文史委编:《京剧艺术在天津》,天津人民出版社,1995年。

(甄光俊)

何　迟

　　何迟(1920—1991),本名赫福昆,北京人,满族,其父赫春林,青年时代先中秀才后入选拔贡,曾任小学校长,他热爱戏曲、曲艺、话剧、电影,家庭环境对幼年的何迟产生一定的影响。

　　何迟 4 岁识字,5 岁上学,7 岁开始跟一位老秀才学读《龙文鞭影》《幼学琼林》《论语》《孟子》。上中学时,经常到西单商场听相声,陆续听会几十段,逐渐由喜爱进而进行表演。同时,他还受到果戈理、莫里哀等外国剧作家的影响。这些经历,为他后来从事文艺创作奠定了坚实的基础。

　　1935 年,何迟参加了"一二·九"运动。1936 年夏,由于家庭生活日益穷困,何迟考入陇海铁路客车招待生训练所。1937 年卢沟桥事变爆发后,他从招待生班毕业,分配到陇海铁路的列车上做客车招待生。当时,中国共产党在这里建立了支部,并领导了救亡团体车上服务团,何迟积极参加服务团组织的活动,开始接受共产党的抗日主张。1938 年秋,党组织送他到延安抗日军政大学学习。他在抗大业余剧团参加了《油布》《矿工》《红灯》《弟兄们拉起手来》等剧目的演出。

　　1939 年,何迟调入华北联合大学文艺工作团,开赴晋察冀敌后抗日根据地,成为革命队伍里的专业文艺工作者。他初到解放区,与张煌合作,把《八扇屏》《对对子》《八大改行》《拉洋片》等传统相声段子加以改编,加入了揭露日军凶恶本质、反映沦陷区人民大众凄惨生活、歌颂解放区战斗英雄、表现共产党领导下边区军民丰富多彩的社会生活等内容。旧的艺术形式装进新的内容,在文化生活相当匮乏的边区各地,令群众耳目一新。

何迟被解放区军民如火如荼的斗争生活所激励,他深入人民群众中去观察、体验生活,积累素材,创作出一批流行于时的戏剧作品。何迟创作于1940年的话剧《我还是我》,讲述一个贫苦农民的儿子被抓当了伪军,经过被俘的两名抗日干部的宣传教育,毅然放走两名抗日干部,最后与成群的敌人同归于尽。1942年何迟创作的《喜讯》刊载于《晋察冀戏剧》,把传统相声语言、莫里哀式喜剧手法、地方戏曲的某些程式综合成一种戏剧新样式。解放区军民称之为相声剧,很受观众欢迎。同年,何迟针对某些干部作风方面存在的问题,创作了形式轻松活泼、主题严肃的相声剧《某甲乙》,用以配合在解放区开展的整风运动。剧作者又是剧中主角扮演者的何迟,用他独具特色的舞台语言和滑稽有趣的肢体动作,逗得全场观众捧腹大笑。何迟所开创的相声剧,人物少,道具不多,很快就在解放区流行开来。

1943年,晋察冀部队在平西地区相继拿下敌人的许多据点,随即建立起人民政权。当地老百姓从未接触过共产党、八路军,长期受敌人反革命宣传影响。为了戳穿敌人的阴谋,让人民群众对共产党、八路军有正确的了解,以巩固这些新建立的人民政权,何迟及时写出《眼睛亮了》和《东西庄》两出戏,还创作了反映为保护群众牺牲的烈士事迹的长篇鼓词《复仇》。

抗战时期,何迟以"为中国百姓所喜闻乐见的中国作风和中国气派"为标准,运用革命的戏剧感染军民群众,激发群众抗日热情。他反复比较近代的相声艺术同古代参军戏之间在形式方面的渊源与异同,搜集到140多段传统相声和1000多则民间笑话。他虚心向晋察冀边区民间艺人学习,在延安和晋察冀边区工作期间,先后创作、导演、出演河北梆子、京剧、评戏、吹腔和话剧,盛行于解放区的歌舞剧,以及由他独创的相声剧等各类作品有五六十种。这些文艺作品,深刻反映了边区社会的时代精神和风貌,剧中人物形象源于解放区热火朝天的斗争生活,作品主题思想有感而发,爱憎鲜明。1942年何迟被批准加入中国共产党。

1945年抗战胜利后,边区各地出现了青年人踊跃报名参军的场面,为此他创作了评剧《赶路相遇》。他借鉴传统戏曲《桑园会》的表现形式和程式动作,运用误会手法,真实地反映出解放区青年农民争先当兵、英勇杀敌,后方亲人加紧生产支援前方的生动情景,在宣传群众、教育群众方面起到很好的作用。1948年1月,他根据真实故事写出独幕戏《别敲鼓》,通过具体的舞台形象,有针对性地宣传土地改革中保护合法工商业者利益的政策。何迟在解放区创作的戏剧作品,还有河北梆子《包估》,话剧《两个包袱》《血衣》《二大伯》和对口相声剧《鸡》《二五减租》。他与胡可、韩塞合作创作了《姐妹顶嘴》《十女夸夫》《双十纲领》等解放区歌舞剧。他的戏剧作品通俗而富于哲理,形象生动,好学好唱,很快就在边区民众中间流行开来。

1949年1月,何迟随人民解放军进入天津,担任军管会文艺处旧剧科科长。新中国成立后,历任市文化局秘书主任兼党组成员、天津人民艺术剧院副院长、天津影剧公司经理、中国戏剧家协会天津分会副主席、中国曲艺家协会天津分会副主席、天津文联副主席兼党组成员,1956年天津戏曲学校创建,兼职首任校长。他依旧把文艺创作当作自己的神圣职责,创作、改编了京剧剧本《二两银》《三喜图》《碎玉记》《仁义北霸天》(与王久晨合作),评剧剧本《乌鸦告状》《杜十娘怒沉百宝箱》(与陈元宁合作)、《刘伶醉酒》《范玉莺》《白蛇传》(与林彦合作)、《王二姐思夫》《蝴蝶杯》等。其中的《杜十娘怒沉百宝箱》,已成为评剧的经典剧目。他编导的舞台艺术影片《杂技艺术表演》,现已成为研究新中国杂技艺术发展历程的珍贵资料。

何迟精力充沛,戏曲、话剧、电影剧本及相声、幽默小品、鼓词,乃至诗歌、杂文、艺术评论,他无所不写,尤其擅长喜剧作品。新中国成立后的喜剧作品,与他在战争年代的创作实践相比较,艺术性方面更趋精到。他创作相声二十多段,诸如《买猴儿》《开会迷》《今晚七点开始》《新局长到来之后》《统一病》等,语言犀利、幽默,格调雅俗共赏,富有深刻的社会意义。他在《买猴儿》里塑造的典型艺术形象"马大哈",已经成为专用词语,大江南北家喻户晓。他编写的电影脚本《不拘小节的人》(长春电影制片厂出品)、《马大哈进北京》《孝子》(与吴同宾合作)等,喜剧效果强烈。这些作品热情讴歌伟大的时代和人民,赞美社会生活中的真、善、美,鞭笞假、恶、丑,引导人民积极向上。

何迟在1957年的反右运动中被错划为"右派分子","文化大革命"期间又遭到严重冲击和折磨,导致他长期瘫痪在床。他强忍病痛折磨,在病榻上继续文艺创作,先后出版了《何迟诗选》《何迟相声选集》《舞台艺术的真实感》《何迟自传》等,撰写了数以百计的文艺作品和研究文章。

1979年春,何迟"右派分子"的问题被彻底平反,恢复党籍、原职、原薪。他激动地在病床上赋诗一首:"欣逢盛世锁眉扬,身欲奋飞病在床。老马嘶风为呐喊,衰牛犁土不彷徨。推敲好句歌红日,结构乱弹战黑帮。荡垢涤尘喜展望,阳光普照耀八荒。"抒发了老骥伏枥的壮志。

1979年冬,在中国文学艺术工作者第四次代表大会上,何迟当选为中国曲艺家协会常务理事。1991年1月何迟病逝,终年71岁。

参考文献:

古立高:《怀念喜剧作家何迟》,《新文学史料》,1994年第1期。

(甄光俊)

华 粹 深

　　华粹深(1909—1981),满族,出身于清宗室爱新觉罗家族,其祖父宝熙曾任清政府学部侍郎,其父任北洋政府陆军部科员。少年时代他在北京汇文中学读书,后考取东北大学,1931年九一八事变后,流亡入关,转入北平清华大学中文系,受业于俞平伯、朱自清。

　　华粹深自幼酷爱戏曲,大学期间利用课余时间参加昆曲社,从学于京剧和昆曲研究家、票友溥侗(别署红豆馆主),潜心精研昆曲的文学曲词和关汉卿、汤显祖等人的名著,并对京昆源流、名家师承、艺术特点,乃至各行当著名演员的表演技巧、戏班戏社更迭演变等戏剧史料作深入研究。在清华大学中文系读书期间,写成京剧剧本《哀江南》。这部剧作的初稿曾得到朱自清的指点,是京剧史上第一部正面描写南唐后主李煜国破身亡悲惨际遇的剧本,展露了华粹深编剧方面的才华。

　　1935年从清华大学毕业后,华粹深先在北平的一所私立中学当老师,未久,应邀进入程砚秋、焦菊隐等人创办的北平中华戏曲专科学校出任国文教员。这期间,他经常到剧场里观摩名角演出,即时撰写评论文章送交《晨报》《新民报》刊登。后来汇编为文集《听歌人语》出版发行。这些戏曲评论直言不讳,对马连良等红极一时的名角也是如此。

　　1940年,中华戏曲专科学校停办,在伪满州国做官的宝熙,屡召华粹深前往东北任职,他断然拒绝,自甘在故都过清贫的教书生活。后在中国大学、北京大学任教。

1947年，华粹深被南开大学文学院聘任为教授，主教明清文学史的戏曲部分，他从此落户津门。

1949年1月15日天津解放后，军管会文教部抽调华粹深进入华北人民革命大学政治研究院短期班作学员，接受培训。新中国成立初期，文化部指示全国各地的文化界、戏曲界，立即开展改人、改戏、改制的"戏改"运动。在南开大学担负繁重教学任务的华粹深，以实际行动积极响应，带领学生整理旧戏、编写新剧本，把课堂教学与社会实践相结合，受到学生们欢迎。军管会文教部推举他为天津市剧艺协会副主席，参与筹建天津市戏曲改进委员会。委员会成立后，华粹深当选主任委员兼戏剧编导委员会委员、剧目编辑委员会副主编。华粹深陆续在天津的《益世报》《天津日报》《新晚报》等报刊上，发表戏曲评论和剧坛的轶闻掌故，为戏曲史研究留下了许多珍贵资料。

华粹深创作、改编的剧本有30多部，如抗战时期发表的京剧剧本处女作《哀江南》，解放战争时期所写《陈胜吴广》，抗美援朝时期所写《窃符救赵》《正义援邻》，无不贯穿爱祖国、爱人民的宗旨，富有一定的现实意义。他创作、整理、改编的戏曲剧本还有很多，诸如京剧《青陵双蝶》《智赚解差》《虎皮井》(与许政扬共同创作)、《大泽乡》(与吴同宾共同创作)；河北梆子《窦娥冤》(根据关汉卿《感天动地窦娥冤》改编)、《打金枝》《秦香莲》《教学》《杀江》(根据老艺人口述改编)；昆曲《牡丹亭》(剧本经俞平伯校订，1959年10月由北京昆曲研习社作为国庆十周年献礼节目，演出于北京长安大戏院)。华粹深去世后，其最具代表性的9个剧本被编成《华粹深剧作选》，于1984年由中国戏剧出版社出版。

1952年10月，第一届全国戏曲观摩演出大会在北京举行，华粹深受命担任天津代表团团长，率领河北梆子演出团、曲艺剧《新事新办》演出队赴京参演。

1956年，华粹深兼任天津市戏曲学校副校长、教研室主任。他组织成立了南开大学中文系小说戏曲研究室，把全部精力投入戏曲研究和教学工作中,为戏曲研究培养了后备力量。

1959 年,南开大学中文系小说戏曲研究室与河北省戏曲研究室、天津市戏曲研究室合作,共同抽调力量组成河北梆了剧种史编写组,华粹深为负责人之一。在他的指导下,编写组搜集到河北梆子老艺人口述的很多传统剧目,诸如《打渔杀家》,与同一题材的京剧在情节上、艺术处理上差别很大,丰富了戏曲史研究的内容。

华粹深酷爱收藏唱片,有空就流连于各专卖店,广泛搜罗。各个时期唱片社所灌制的戏曲唱片,他大都成套收藏,总计多达千余张,其中很多为戏曲唱片珍品,包括谭鑫培、余叔岩,京剧四大名旦、四小名旦,乃至于清代最早出版的唱片,不管是哪家公司出版的哪种版本,几乎无一遗缺。其他诸如汉剧余洪元、陈伯华,昆曲周传瑛、朱传敬、沈传芷等名角灌制的唱片,他也收藏很多。

"文革"结束后,南开大学中文系恢复小说戏曲研究室。1979 年,华教授抱病接受聘任,继续担任该室主任。他带领四位研究生,专攻戏曲史研究。次年,华教授不顾病魔缠身,接受有关部门聘请,兼任《中国大百科全书·戏曲曲艺卷》编委会委员。

华粹深是天津市第二届人大代表,曾担任中国剧作家协会天津分会副主席。

1981 年 1 月 22 日,华粹深在天津逝世,终年 72 岁。

参考文献:

佚名:《著名剧作家——华粹深》,《南开学报》(哲学社会科学版),2012 年第 5 期。

(甄光俊)

华 南 圭

华南圭(1876—1961),字通斋,1876年4月4日生于江苏无锡。华氏为无锡荡口镇的望族。华南圭早年接受传统教育,考中秀才。后入以新学著称的苏州沧浪亭中西学堂(后为江苏高等学堂)学习,掌握了法语。1896年华南圭考中举人。

1902年京师大学堂师范馆招生,华南圭被江苏省选送进入京师大学堂学习,成为师范馆的第一届学生。1904年,华南圭以优等成绩被派往法国公立工程大学(Travaux Publics)学习土木工程,成为该校第一位中国留学生。1908年夏初,华南圭获得了工程师学位,后入法国大北铁路实习。这期间,华南圭在巴黎与波兰人华罗琛女士结婚。1910年,华南圭夫妇一同回到中国,任京汉铁路工程师。

1911年,华南圭通过了清政府学部游学毕业生考试,列最优等,授工科进士。同年又获廷试一等,授翰林院编修。1913年始协助詹天佑创办中华工程师学会。1919年詹天佑去世后,华南圭继续主持学会,曾先后担任副会长、总干事和会务主任,直至1931年该会与其他类似学会合并为中国工程师学会。

1913年起华南圭任北洋政府交通部技正,其间协助交通部部长叶恭绰创办了天津扶轮中学,并在交通部交通传习所(今北京交通大学前身)创建了以中、英、法、德四国语言教授的土木科,任教务长。为了在教学中加强对实践能力的培养,华南圭还创设了交通博物馆,广制轨道、机车、车站设备、桥梁等各种模型，而所有配件均以实物陈列。1914年协助朱启钤修建天津中山公园。

1921年，任京汉铁路总工程师的华南圭协助叶恭绰将交通部所属的北京、上海、唐山各校合并成立交通大学。1928年10月，北平大学艺术学院创办了建筑系，华南圭兼职教授建筑工程和材料耐力学课程，1929年被聘为建筑系主任，[①]直至1930年艺术学院停止招生而离任。

1928—1929年，华南圭担任北平特别市工务局局长期间，提出了疏通平津运河的计划。疏浚通航之后，西山的煤、石、砖、灰、菜、药等，均可从北平通县运至天津，天津输入北平各货，也可由水路而来北平。[②]

1929年，华南圭任北宁铁路局总工程师，对于平津地区铁路的发展建设颇多建树。他所承担的较大工程项目有天津东站雨棚天桥、滦河边新站新桥等。为将平津快车行车时间由3小时减为2小时，他主持特别修改轨道，加固道碴与枕木，采用路签自动交换机，并由号志专家汪熙成规划设计，一律装设电气号志。

1930年，华南圭任天津特别市政府设计委员会专门委员、古物保管委员会天津分会委员，并以顾问工程师的身份参与编订了《天津市公私建筑规则》。1931年，华南圭应北宁铁路局局长高纪毅之邀，参与规划设计了天津市北宁公园扩建工程。1932年，华南圭任天津市整理海河委员会主任，倡议并主持了海河挖淤工程。

1933年8月，天津工商大学更名为私立天津工商学院，分工、商两科。按照教育部相关规定，必须由华籍人士主掌，学院遂聘请华南圭为院长兼铁路工程学教授。

华南圭的办学思想彰显出注重实践和强调技术的特点，他最早将法国大学中先进的"实习"理念引入中国教育。他亲自带领学生去工厂实习，让学生有机会把学到的理论知识与实践相结合。工商学院的教师聘

---

① 《艺术学院建筑系聘华南圭为主任》，《北平日报》，1929年3月9日。
② 白陈群：《发展北平之根本政策》，《中华工程师学会会报》，第16卷。

任分专任和兼职两种,专任教师要求"富于学历经验,而时间充裕者担任之",大多为"名宿"。兼职教师则"以富于实习经验,而自身有相当职业者担任之",大多为"工师",使学生"获得学理及实习双方之利益"①。

华南圭不仅重视知识的传授,还注重人格的培养。他在工商学院校刊上为学生题词:"君子小人之辩,端在廉与不廉;进退究何所凭,视乎能与不能;廉能俱是空名,苟非济之以勤;社会财力有限,公私皆应崇俭;吃白食最腼颜,食力须先康健。"②而华南圭一生都在践行着"廉、能、勤、俭、健"的箴言。

华南圭担任工商学院院长的四年中,竭尽全力办学,推动学院的发展。为使学生所学更为专长,并适合国家建设需要,将工学院计分土木工程系与建筑工程系。1937年秋,建筑工程系正式开学。

华南圭具有民族气节。七七事变后日军占领华北。1938年夏冬之间,北宁铁路成为南满铁路附庸,华南圭遂辞职归田。1939年春,日伪华北交通公司邀华南圭为理事,利诱威胁,华南圭被迫离开工商学院流亡法国。1946年,华南圭回国,任京汉铁路顾问。

新中国成立后,华南圭先后任北京市都市计划委员会总工程师、顾问。1950年,华南圭兼任公营天津建筑公司顾问工程师。在1949年11月的北京市第二届人大会议上,他重拾心愿,提交了"请修京津航渠"提案,希望"畅运京西产品以送天津,畅运天津产品及国内外来货以至北京"③。

1961年4月23日,华南圭因病于北京同仁医院逝世,终年85岁。

作为中国近代铁路、土木、建筑工程教育的开拓者之一,华南圭撰写出版了《铁路》《房屋工程》《土石工程撮要》《力学撮要》《公路及市政工程》《材料耐力》《钢筋圬工撮要》《建筑材料撮要——置办及运用》《铁筋混凝

---

① 《天津工商学院院务报告书》,1935年。
② 《工商学院校刊》,1936年。
③ 《北京市第二届各界人民代表会议提案》,1949年11月,类号建17,总号19,华新民提供。

土》《圬工桥梁》《活重及铁桥》等十多部高等教育教材和专著,并撰写有百余篇学术文章。

参考文献:

张仁佑:《记我国土木工程界先辈华南圭先生》,《北京政协》,1998 年第 1 期。

阎玉田著:《踞析津之阳——天津工商大学》,人民出版社,2010 年。

徐苏斌著:《近代中国建筑学的诞生》,天津大学出版社,2010 年。

温玉清:《中国近代建筑教育背景下天津工商学院建筑系的历史研究(1937—1952)》,天津大学,2002 年硕士研究生毕业论文。

李白羽:《我国近代建筑教育先驱——华南圭研究》,天津大学,2010 年硕士研究生毕业论文。

(宋昆 李白羽)

金 宝 环

　　金宝环(1924—1993)，河北梆子演员，宝坻县黄庄人，本姓季，名彩霞。6岁时举家迁居天津。她的父亲季金亭是民国年间在京、津、冀、鲁、辽、吉、黑等地名气很大的河北梆子演员。季彩霞受环境的熏陶，自幼酷爱河北梆子，能哼唱许多唱段。她9岁随武生演员王双奇练习基本功，次年又随刀马旦、花旦兼演的金灵仙学演折子戏。13岁那年，季彩霞拜在刀马旦、花旦演员李志亭门下，学演河北梆子，以"金宝环"为艺名。在师父的教导下，她进步很快，还没有出师就已经远近闻名了。

　　金宝环从学艺之初就是花旦、刀马旦、闺门旦乃至小生、武生诸行无所不学、无所不演，而且是梆子、京戏兼工。那时她登台所演《法门寺》《乌龙院》《梅龙镇》《三娘教子》等十几出戏，既有梆子，也有京剧。她受业的师父多、学戏杂，因此艺术积累十分丰厚，为她后来的艺术创作奠定了扎实的基础。

　　金宝环跟随大人们在城乡各台口闯荡，经过锻炼，在各地群众中的影响日益扩大，到十五六岁时，她已经小有名气。她最为拿手的是在台上扮演花旦。她天赋出众，身材合度，扮相娇美，嗓音脆亮。而且她功底扎实，在戏台上动作轻盈，眼神灵活，话白流利，特别是她融闺门旦、小旦、玩笑旦、泼辣旦乃至刀马旦等多种行当的表演技巧于一身，在舞台表演中运用起来得心应手。在抗战爆发之前，金宝环已经是天津年轻女演员中的佼佼者。

1937年卢沟桥事变后,平津地区很快沦陷。天津市面萧条,社会动荡,民不聊生,河北梆子失去了观众,急剧衰落。艺人们在天津难觅立足之地,在银达子的带领下到河北省农村谋求出路,但那里是日寇、汉奸的势力范围。戏班在文安县演出时,金宝环被当地的汉奸队长张相臣强抢并幽禁起来,戏班艺人们到处奔走呼号也无济于事,直到日寇无条件投降后,被折磨得浑身是病的她才逃出虎口返回天津,带病参加了以银达子、金钢钻、韩俊卿为主演的中华茶园梆子戏班。

中华茶园是当时天津市唯一能演河北梆子的娱乐场所,但是要与什样杂耍同台合演,不分主角与配角,每天早晚两场戏,大家平均分配演出所得,往往辛苦一天,分不到买二斤棒子面的钱。金宝环无力延医治病,银达子和戏班里的其他艺人从生活到演戏都对她多有关照,使她的身体逐渐好转起来。银达子又帮她排戏,恢复了一批她的保留剧目,使她很快确立了在中华茶园的主演地位。她和中华茶园梆子班的艺人们共同努力,上演了不少高质量的新戏,吸引了不少河北梆子观众,把中华茶园搞得红红火火。

新中国成立初期,天津百废待兴,从旧社会坚持下来的河北梆子演员队伍年龄老化,行当不全,经济拮据,金宝环和剧社的艺人们在银达子、韩俊卿的带领下,得到政府部门的支持扶植,组建民办公助的"复兴"秦腔(河北梆子旧称)剧社。他们一面排演新戏,一面加紧对传统剧目进行改造,演出质量不断提高,吸引来许多观众。河北梆子在天津出现了兴旺繁荣的局面。

那一时期,金宝环排演了《王贵与李香香》等一批来自解放区的新戏。此后她又相继排演了《洞庭英雄》《翠娘盗令》《棠棣之花》《双蝴蝶》《红娘子》等一大批新编剧目,还把京剧《红楼二尤》《梅玉配》《红娘》等移植成河北梆子。在排练过程中,她积极实践导演制,在导演的帮助下,艺术修养有了明显提高。她特别明确了演员在舞台上的一举一动都必须从塑造人物的需要出发,绝不能单纯为卖弄个人技巧而破坏整体艺术的完整性。

1952 年,文化部在北京举办第一届全国戏曲观摩演出大会,天津选派银达子、韩俊卿、金宝环、王玉磬等主要演员赴京参演。金宝环主演《喜荣归》获演员二等奖,为天津的河北梆子剧种赢得了荣誉。

1953 年,天津市文化事业管理局批准创建天津市河北梆子剧团,金宝环成为主演之一。剧团建立后三个月,她参加了文化部第三届赴朝慰问团,在朝鲜前线慰问演出表现出色,获得慰问团的表彰。归国后,她多次当选天津市青联委员、政协委员和天津市人民代表,并且加入了中国共产党。1954 年,天津市举办第一届戏曲汇演,金宝环扮演《喜荣归》里的崔秀英,获演员一等奖。

1955 年,文化部在北京举办戏曲演员学习班,各地各剧种限定尖子人才参加,天津市选派的演员是金宝环。她在学习期间,得到梅兰芳、程砚秋、张庚、阿甲等戏曲界大家的指教,开阔了艺术视野。从学习班结业后,她认真尝试把在学习班所学的知识运用到舞台实践中去,尤其是在传统声腔音乐方面做了大胆的改革,并取得宝贵的经验与成功。她所主演的剧目,无论是传统戏还是新编剧目或移植剧目,从不墨守成规,而是根据个人对剧情与人物的理解以及本人的嗓音条件,不断进行新的设计,她主演了传统戏《梵王宫》《蝴蝶杯》,根据川剧移植的同名古装戏《燕燕》,新编河北梆子历史剧《苏武》,现代戏《党的女儿》《西吉滩》等一大批剧目。鉴于她在艺术创作方面做出的重大贡献,1958 年,她被中国戏剧家协会、中国音乐家协会分别吸收为会员,并当选这两个协会天津分会的理事。

为解决河北梆子队伍后继乏人的难题,金宝环和银达子、韩俊卿一起,积极倡议招收少年学员,组成少年训练队,她积极参加每周一次的义演,为少年训练队筹措资金,还在繁重演出的余暇,自愿为少年学员教戏,培养出许多优秀的演员。

"文革"结束后,她带病参加电视台录像、电台录音,并多次登台献艺。1987 年,金宝环调入天津市表演艺术咨询委员会任委员,由于身体方面的原因,不再登台表演,她把全部精力转移到培养接班人上。1993 年 5

月 11 日,金宝环因病在天津逝世,终年 69 岁。

参考文献:

天津河北梆子剧院藏金宝环人事档案。

1964 年 6 月,笔者接受市委派驻天津河北梆子剧院工作组的委派,执笔记录老艺人季金亭(金宝环之父)的口述材料,其中涉及金宝环。

《中国戏曲志》编辑委员会、《中国戏曲志·天津卷》编辑委员会编:《中国戏曲志·天津卷》,文化艺术出版社,1990 年。

(甄光俊)

金 显 宅

　　金显宅(1904—1990),原籍韩国汉城(今首尔),1904 年 3 月 7 日生
于汉城。1916 年入汉城私立培才中学学习,1919 年 3 月参加朝鲜独立运
动,为躲避日军追捕,随一位药材商人来到中国,投奔在张家口开办医院
的大哥金显国,并跟随一位美国教师学习英文。1920 年,考入沪江大学
附中,1923 年毕业,被保送入沪江大学医学预科学习。

　　1926 年,金显宅以优异成绩考入北京协和医学院,因他是沪江大学
第一批考上协和的学生,因而获得沪江大学每年 100 元的奖金。校方的
奖学金及大哥的资助,使他顺利读完了大学课程,并于 1930 年加入中国
国籍。1931 年从北京协和医学院毕业,获美国纽约州立医科大学博士学
位。① 毕业后,任协和医院外科住院医师、助教、讲师。1933 年,协和医院
创办肿瘤科,经外科主任劳克斯推荐,金显宅任肿瘤科讲师。1933 年 12
月,金显宅与天津买办、纺织业巨头吴调卿的孙女吴佩球结婚。

　　1937 年,他在研究工作中发现了“嗜伊红细胞增生性淋巴肉芽肿”,
并在协和医学院教授会议上做了报告。7 月起,协和医学院选派金显宅
到美国纽约纪念医院肿瘤中心和芝加哥肿瘤研究所学习。1938 年 3 月
至 10 月,又赴英、法、比、德等欧洲国家的肿瘤中心进修。美国研究机构
曾以优厚待遇聘请他留下工作,被他婉言谢绝。

---

　　① 　当时协和医学院不是独立学校,是美国纽约州立医科大学的分校。

1939 年 9 月回国后，金显宅任协和医学院外科副教授兼医院肿瘤科主任。在此期间，他创研出"舌癌根活性联合切除术"，1941 年初在协和医学院学术报告上做了宣读。1941 年 12 月，太平洋战争爆发后，协和医院被强行关闭。1942 年，金显宅应同学卞万年、方先之等人的邀请来到天津，与他们集资 2 万多元开办了恩光医院，金显宅任外科、肿瘤科主任医师。

1945 年日本投降后，金显宅应美国导师柯特乐邀请，到芝加哥大学比林氏附属医院肿瘤外科和芝加哥肿瘤研究所继续深造，1947 年 2 月回国，继续在恩光医院工作。

新中国成立后，在医学家朱宪彝等人的影响下，金显宅决定留在天津参加新中国的建设。1949 年 11 月，他担任了天津中纺医院的肿瘤科顾问医师。1951 年夏参加了抗美援朝志愿医疗队。1951 年 10 月，天津市卫生局接管了原马大夫医院，更名为天津市人民医院，于 1952 年 11 月成立肿瘤科，金显宅被聘为顾问医师。

人民医院肿瘤科成立后，设备、人才缺乏而病人众多，金显宅和方先之、施锡恩、赵以成等给肿瘤科医师授课，讲解放射物理学、放射生物学等课程，讲课时联系临床实际，学员进步很快。这些讲稿经整理后印成《肿瘤学讲义》一书。

从 1954 年起，卫生部委托金显宅在津开办高级肿瘤医师进修班，每年 1 期，每期 2 个月，为各省市肿瘤研究所、医院培养了大批骨干力量，其中很多学员后来成为全国知名的专家学者。

1956 年，金显宅关闭了恩光医院，任天津市人民医院肿瘤科主任。他精通解剖学，手术时止血准确，操作有条不紊，节奏快而不乱。他擅长治疗乳腺癌、口腔癌、颌骨肿瘤、贲门癌、直肠癌等，在天津享有盛誉，被称为"瘤子金"。

1959 年，他在《天津医药杂志》上发表论文，在国内首先描述了"腮腺下颌内侧部的肿瘤"。他率先在国内推广了头颈部肿瘤联合根治术、胃贲门癌胸腹联合根治术、乳腺癌扩大根治术以及晚期子宫颈癌的盆腔内容清除术等。1962年,在莫斯科召开的国际抗癌学术会议上他提交了论文《乳腺癌根治术与扩大根治术的疗效比较》。

1963年,金显宅创办了中国第一份肿瘤学杂志《天津医药杂志·肿瘤学附刊》,并任主编,"文化大革命"中杂志停刊,1978年复刊,1984年改名为《肿瘤临床》,1986年改名为《中国肿瘤临床》。1987年他任名誉主编。

1972年春,著名人口学家马寅初被诊断为直肠癌,当时他已经91岁高龄,按照惯例,不适宜进行手术,只能化疗。家人慕名找到金显宅,他提出了先做结肠造口,然后切除肿瘤的建议,得到了马寅初本人和家属的认可,并上报国务院,周恩来总理亲自批示由金显宅主刀。1972年5月31日,手术顺利进行,三个星期后伤口痊愈。十年后,马寅初以百岁高龄辞世之时,癌细胞也没有扩散和复发的迹象,此事被传为医坛佳话。

1972年,天津市成立了肿瘤研究室,金显宅任主任。1977年研究室扩大为天津市肿瘤研究所,他任副所长。1980年任天津市人民医院院长和天津市肿瘤研究所所长。1981年主持了在天津市召开的全国肿瘤医师进修班第一届学术交流会。1983年任天津市人民医院名誉院长和天津市肿瘤研究所名誉所长。

1984年4月,金显宅主持了在天津市召开的中国第一届国际乳腺癌学术会议,他倡议建立"中国抗癌协会",翌年,中国抗癌协会正式成立,他担任名誉理事长。同年,美国肿瘤外科学会授予其荣誉会员称号。

在金显宅长期努力下,1986年天津市肿瘤医院建成。1988年,美国临床肿瘤学会吸收他为正式会员。1989年10月,他参加了在天津市召开的全国肿瘤医师进修班第二届学术交流会,在会上被誉为"中国肿瘤医学之父"。

金显宅从事医学研究和临床医学工作近60年,先后发表中英文论文100多篇,并出版了《肿瘤学讲义》《实用肿瘤学》《乳腺癌的研究》和《医学百科全书·肿瘤分卷》等专著,并多次被国外文献引用。

1990年9月4日,金显宅病逝于天津,终年86岁。

参考文献:

天津市政协文史委编:《天津文史资料选辑》第56辑,天津人民出版社,1992年。

《中国科学家传略辞典》编委会编:《中国科学家传略辞典》现代第一辑,1980年内部印行。

吴惠阶编:《北京高等教育史料》第一集,北京师范学院出版社,1992年。

天津市政协文史委编:《近代天津十二大名医》,天津人民出版社,2002年。

中国科学技术协会编:《中国科学技术专家传略·医学编·临床医学卷》,人民卫生出版社,2000年。

(赖新鹏)

金　钺

　　金钺（1892—1972），字浚宣，号屏生、屏庐、屏庐学人、屏庐居士等，天津人。祖以业盐起家，亦商亦儒，渐成巨族。父金汝琪（字润圃），为津门著名士绅。

　　金钺出身监生，1909 年 17 岁时，出任民政部员外郎。民国成立后赋闲家居。金家开有新泰兴洋行，又投资于金城银行，家境优裕。1916 年天津修志局成立，金钺出任编修。1922 年清史馆学者金梁等改组清朝遗老组织俦社，金钺以"遗少"身份参与其事。[①] 1927 年，又随严修、林墨青等发起组织崇化学会，并长期担任董事。1939 年天津大水后，与章梫、金梁、陈一甫等创办天津保婴会，专门收养弃婴。[②]

　　金钺以极大的精力和财力投入到搜集、整理、刊刻乡邦文献之中。洋行的经营利润和银行的股份收入，支撑起金钺藏书、刻书的巨大投入。刊刻图书尤其是天津乡邦文献，是金钺一生最著之贡献。据崇化学会李炳德藏《天津金氏屏庐刊印各种书籍价目》，大体反映了 1941 年冬金钺刊的重要资料，主要有：《许学四种》四册一套，《屏庐丛刻》十二册二套，《黄山纪游》一册，《黔行水程记》一册，《志馀随笔》二册，《天津文钞》四册一套，《天津诗人小集》十二种十册，《欲起竹间楼存稿》二册，《天津县新志·人物艺文》单行本，四册一套，《天津政俗沿革记》四册，《王仁安初集》十二册

---

①　李世瑜：《俦社始末》，《今晚报》，2007 年 2 月 27 日。

②　王根法著：《翰逸神飞——章梫和他的书法艺术》，浙江人民美术出版社，2010 年，第 21 页。

二套,《王仁安续集》十六册二套,《王仁安三集》二册,《金氏家集》四种六册一套,《辛酉杂纂》四册一套,《广瘟疫论》二册,《洪吉人补注瘟疫论》四册,《曝书亭词拾遗》一册,《善吾庐印谱》一册。①

金钺刻书注意根据读者的不同需求和购买力,确定所刻重要典籍的用纸品种、印刷工艺,最后定出不同的价格。学者伦明把金钺刻书比作"空谷足音",并将其与著名藏书家、刻书家鲍廷博并称,肯定了金钺对传播天津乡邦文献的贡献。② 津人高凌雯的记述,则可给伦明之语当作注脚:"天津有藏书之家,无刻书之人。近惟浚宣喜为此,网罗旧籍,日事铅椠,十余年未尝有间,由其先人撰述,推及乡人著作,已刊行二十余种,大率零星小部,扩而充之,不难为定州王氏之继也。"③

金钺所刻先人撰述,主要是《金氏家集》四种十四卷,包括金平《致远堂集》三卷(含《金氏家训》),金铨《善吾庐诗存》一卷、附录一卷,金玉冈《黄竹山房诗钞》六卷、补一卷,又附《田盘纪游》一卷,金至元《芸书阁剩稿》一卷。所刻乡人著作主要是金钺自辑的《屏庐丛刻》和高凌雯所辑的《天津诗人小集》。《屏庐丛刻》刊于1924年,共十五种二十四卷。包括王又朴、查为仁、查礼、陈玠、华琳、金玉冈、栾立本、沈峻、沈兆沄、梅成栋、杨光仪、徐士銮、金颐等人作品。《天津诗人小集》刊于1935年,共十二种二十一卷,包括张霔、张坦、张埙、胡捷、周焯、胡睿烈、丁时显、查昌业、康尧衢、梅成栋、刘锡、李庆辰等人作品。

金钺刻书之名遐迩咸闻,其文学艺术方面亦成就显著。金钺存有文集《屏庐文稿》(1941年)、《屏庐文续编》(1951年)。《文稿》四卷,所收多序跋题识之文,从中可觇知金氏刻书之大略。《续编》收有《希郑轩所藏书尽赠崇化学会记》《金君致淇所藏书尽赠崇化学会记》《梦选楼所藏书尽赠崇化学会记》,均是天津藏书史上的珍贵资料。诗集有《戊午吟草》(1920

---

① 李炳德:《金钺:天津近代喜好刻书的藏书家》,《中老年时报》,2011年6月20日。
② 伦明著:《辛亥以来藏书纪事诗》,上海古籍出版社,1990年,第102页。
③ 高凌雯:《志馀随笔》卷5,载来新夏、郭凤岐主编:《天津通志·旧志点校卷》下册,南开大学出版社,2001年,第729页。

年)、《屏庐题画》(1936 年)行世。金钺晚年仍吟哦不辍,常书于各种纸头之上,以遗龚望等师友。又撰有《辛酉杂纂》(1921 年),其中《偶语百联》属于楹帖,乃集子部经典之言而成,以发人心而正风俗。

金钺善画竹石。藏有明代夏昶墨竹作品多幅,所绘深受其影响。故后人评其墨竹云:"浓淡相间,层次分明,亭亭玉立,气味不俗。虽宗法明代夏昶,但有自家新意。"[①]画家余明善师从金钺学画墨竹,亦认为老师笔下的墨竹是学者画,极富清雅之气。

新中国成立后,金钺将珍藏的碑拓、书籍、板片等捐献国家。其中《皇甫骥墓志》极其珍贵,被罗振玉辑入《六朝墓志菁华》。2003 年夏,金钺所刻诸书残存板片,经由天津图书馆协调,从北京运回天津收藏。

1972 年金钺在天津去世,终年 80 岁。

参考文献:

金钺著:《辛酉杂纂》,中国书店,2012 年。

王睿著:《续补藏书纪事诗》,书目文献出版社,1987 年。

伦明著:《辛亥以来藏书纪事诗》,上海古籍出版社,1990 年。

(杜　鱼)

---

① 彭成秋:《金钺先生学画石》,《今晚报》,2015 年 10 月 30 日。

李 辅 臣

　　李辅臣(? —1910)，天津人，家住天津城西，幼年家境贫寒，做过小贩，后来转以换制钱、跑钱帖、兑杂银谋生。他看到天津洋行中的服务人员所得较丰，就托人到天津英商仁记洋行当工友，做杂活。英商仁记洋行是第二次鸦片战争以前在上海创办的，天津仁记洋行创办于 1864 年，是仁记洋行的分行，也是天津四大洋行(怡和、太古、新泰兴、仁记)之一。清中叶以后，各种宝银、银锭成色不同，各地银价也不同，加上制钱、钱帖、拨码等，汇兑极其复杂，外商感到换算困难，就雇用精通这些事务的当地人专司打算盘、兑银子、数洋钱、催零账目等事项，称会计司事或收账员、记账员。由于李辅臣曾做过兑杂银的生计，掌握一些银子成色的技术，不久被提升为会计司事。

　　会计司事在外国银行和洋行中的地位并不高，不属于通常所说的会计人员之列，有些人还要兼做杂务。李辅臣做会计司事一段时间后，被调到买办公事房工作，后又经过了几次升迁，当上了帮办，1895 年成为仁记洋行买办。天津仁记洋行第一任买办是广东人陈子珍，陈子珍能当上仁记洋行买办依靠的是广东帮买办前辈、怡和洋行买办蔡子英的提携。在陈子珍之后，仁记洋行的买办由天津人李虎臣接办，从此，仁记洋行买办由天津帮接办。甲午战争前后，李虎臣当仁记洋行买办发了财，他对自己的生活已经感到满足，不愿再干下去了，便向仁记洋行创办人维廉·傅博斯(Wiliam Forbes)推荐了当时已升为买办房帮办的李辅臣。1895 年李辅臣接任买办后深得赏识。李辅臣成为天津买办中除广东帮、宁波帮以外的北方帮（也称天津帮）中的代表人物，别号"仁记李"。

当时，仁记洋行分"上行"和"下行"。"上行"设在宫北大街大狮子胡同，专门与中国商人做买卖，"下行"设在紫竹林英租界河沿。李辅臣接办仁记洋行买办时，派刘雨洲在"上行"负责，他的内弟王兰亭在"下行"负责，翻译是刘雨洲的儿子刘捷林，后来又添上他的女婿杜琴舫为副翻译。刘雨洲和王兰亭的家族后来也都成为了北帮中的买办家族，被称为"仁记刘家""仁记王家"。

李辅臣依靠洋行的特权，凭借从海关领出免纳内地税的凭证——三联单在产地收购土产，可以毫无阻碍地运到通商口岸，垄断了相当一部分土产的出口。由于"仁记李"的资金雄厚，收购的数量大，又有天津英商仁记洋行的招牌，在各地都有相当的势力。"仁记李"分布在外地的外庄形成了一个收购土产的网络。各地的仁记外庄都有一定的专业性：在宁夏，仁记洋行华账房的外庄专门收西宁毛，在包头的外庄专门收驼绒，在海拉尔的外庄专门收皮张，其他如猪鬃、马尾、棉花、苘麻、桃仁、杏仁、草帽辫等，仁记各外庄都有一定的收购计划与手段，以达到垄断市场、压低价格的目的。这些操纵市价的手段，只有像"仁记李"这样资金充足、收货量特大的买办才能办到。"仁记李"收购的货经常一次能超过一百吨，就是绒毛也能一次收购几十吨。"仁记李"在各种货物的生产地都是最大的买主，能够在当地市场上畅通无阻。"仁记李"生意愈干愈大，外庄的信用也愈来愈好。

由于外庄收货时一般都是标期付款，收货后几个月才付钱，给"仁记李"增加了一个资金周转的有利条件。在李辅臣和他的儿子李志年担任买办期间，除了主营仁记洋行华账房的出口业务外，由于资金雄厚，遇到有利可图的货物，李家不经过仁记洋行委托即自行买进，需要加工的就出资雇用工人，按国外需要的规格加工后再卖给仁记洋行，仁记洋行不需要时，就转卖给其他洋行出口。有些货物因季节等原因价格浮动，李辅臣便在价低时收购储存,待行情好时再出手。"仁记李"自办的仁记东栈和仁记西栈为他储存货物,控制收购和出口数量,仓库空闲的时候,他还可以经营仓库业务。

"仁记李"的另一个重要财源,是依靠租界和洋行的背景经营房地产生意获取暴利。自 1897 年起,天津英租界逐步向外扩张,地价也不断飞涨。在扩张的过程中,英租界内市政工程的进行步骤、行政规划、道路沟渠设施等都与地段地价上涨有关,而作为英商仁记洋行买办的李辅臣则能接触到这些内幕消息,所以"仁记李"的房地产生意经营得颇为成功。庚子事变后地价暴涨,仁记洋行将坐落在宫北大街大狮子胡同的"上行"撤销,将该行址转给李辅臣当做住宅,这是"仁记李"的第一处不动产。随后又在今湖北路、烟台道交口建造了一所大楼和院落,作为住宅之用。此外,"仁记李"还先后购置房产多处。

仁记洋行早年为英国政府在津招募华工,送到英属南非、马来半岛、新加坡及南洋群岛种橡胶、开金矿、做杂工。仁记洋行设有专门组织办理该项事务,由华账房买办"仁记李"负责。李辅臣派他的内弟徐绍文专司其事,经手发放华工的安家费、预付工资、代办食宿及领取洋行付给的手续费等,"仁记李"从中所得甚多。

1910 年,李辅臣病故于天津,仁记洋行华账房由其子李吉甫、李志年接办。

参考文献:

天津市政协文史委编:《近代天津十大买办》,天津人民出版社,2001 年。

苏更新:《仁记洋行买办李辅臣》,《天津档案》,2002 年第 6 期。

(高　鹏)

李 鸿 章

李鸿章(1823—1901),本名李章铜,字渐甫,号少筌,晚年自号仪叟,安徽庐州府合肥县人,1823 年 2 月 15 日出生于庐州望族的一个官宦之家。据李鸿章回忆说:"前吾祖父穷且困,至年终时,索债者几如过江之鲫。"[1]亲族周家,常予周济。其父李文安耕读持家,勤奋苦学,近四十岁时,考取道光年戊戌科进士,分发刑部供职,官至督捕司郎中、记名御史,在京城为官十八载,著有《贯坦纪事》一卷。

李鸿章六岁入家中开设的"棣华书屋"学习,1840 年考中秀才。三年后,在庐州府学拔选为优贡。时李文安已在京做官,1845 年李鸿章入京城,投奔其父同科进士、翰林院侍讲学士曾国藩门下,发愤经史,习制举文。1847 年李鸿章参加会试,列为二甲第十三名进士,朝考改为翰林院庶吉士,入馆学习。1850 年,改授翰林院编修,后充武英殿纂修、国史馆协修。

1851 年初,太平天国运动兴起。1853 年 3 月,李鸿章被征调前往安徽,先在兵部侍郎周天爵处任幕僚,策划剿杀捻军。后入幕工部左侍郎吕贤基,办理团练防剿太平军。1855 年 10 月,李鸿章因率团练收复庐州有功,奉旨交军机处记名以道府用。1856 年 9 月,随同福济等先后攻克巢县、和州等地,后叙功赏加按察使衔。次年,太平军再陷庐州,李鸿章携家

---

① 李金旺主编:《李鸿章家书》,外文出版社,2012 年,第 195 页。

眷出逃。1859 年 1 月,李鸿章投奔湘军统帅曾国藩幕府。

1861 年太平军占领苏州。12 月,曾国藩派李鸿章援沪,并允其自建淮军。1862 年 2 月,李鸿章将张树声兄弟、周盛波兄弟、刘铭传、吴长庆、潘鼎新等团练武装揽于麾下,草创淮军,共计 13 营 6500 人,移驻安庆北门外大营。3 月乘火轮东去保卫上海。4 月,署理江苏巡抚。年底,实授江苏巡抚。

1863 年,李鸿章兼署五口通商大臣。年底,李鸿章率部攻占苏州,设宴计杀八降将及抵抗者千人。因功加太子少保衔,赏穿黄马褂。1864 年 7 月,湘军攻陷天京,太平天国被平灭。李鸿章因助剿有功被晋封一等伯(肃毅),赏戴双眼花翎。1865 年 5 月,李鸿章以江苏巡抚署理两江总督,驻节南京,筹划创立江南制造总局和金陵机器局,并在江南制造总局设翻译馆、兵工学校,成为洋务运动先驱。

1867 年李鸿章被任命为湖广总督。因剿灭捻军有功,授协办大学士,赐紫禁城内骑马。1870 年 6 月天津教案爆发。9 月,接替曾国藩出任直隶总督。11 月,清政府撤去三口通商大臣,职权并归直隶总督,在天津的通商大臣衙署改为直隶总督行馆。1872 年,清政府诏授李鸿章为武英殿大学士,留直隶总督任。1874 年,改文华殿大学士,仍留直隶总督任。同年,受命督办北洋海防事宜。

李鸿章组织修筑了大沽口炮台,并沿海河建成三级防御工事。李鸿章接办军火机器总局,改名为天津机器局,增大规模,分设西局(南门外海光寺)与东局(城东十八里贾家沽)等四厂,制造枪炮、炸弹等,建成了国内最大的具有多种生产能力的军工企业。局内设宝津局(近代化铸币厂)和电气水雷局,还从国外引进天津最早的印刷设备,印刷出版《克虏卜小炮简易操法》《船阵图说》《机锅用法》等军事知识普及读物。①

1876 年 9 月,李鸿章命唐廷枢"携洋人矿司勘察煤铁成色,查得开平

---

① 《洋务运动在河东》,载天津市河东区地方志编修委员会编:《天津河东区志》,天津社会科学院出版社,2001 年,第 999—1049 页。

镇所产之煤甚旺,可供未来二三百年"①。遂于次年成立开平矿务局,
1881年正式投产。他委任徐润为会办,雇佣矿工三千人,当年产煤三千
六百余吨,成为洋务运动中坚企业。同年3月,为开平矿运煤需要,李鸿
章主持修造了内外运河。

1878年,李鸿章在天津机器局(东局)内附设电报学堂,是为近代中
国军事技术教育的先驱。1879年,电报学堂师生参与架设了两条电报
线:一条是从天津至大沽北塘海口炮台之间,约60公里,另一条是从天津
机器局(东局)至直隶总督行馆之间,约6.5公里。此为中国电报事业之
肇始。

李鸿章派遣周盛波、周盛传兄弟的淮军"盛字营"屯垦津郊二十年,使
先农镇(今津南小站)以及军粮城地区成为著名水稻种植区。② 1881年,
李鸿章命唐廷枢邀徐润、郑观应等筹集官商股银各6.5万两,在宁河县新
河一带创办天津沽塘耕植畜牧公司。天津成为率先尝试农业近代化的
地区。

1872年,李鸿章命唐廷枢筹办轮船招商局,1873年1月,轮船招商局
在上海成立,这是洋务运动中由军工企业转向兼办民用企业、由官办转向
官督商办的第一个企业。1878年,李鸿章委托郑观应筹建上海机器织布
局,这是国内第一家机器棉纺织工厂。他还委派盛宣怀去江西兴国、湖北
大冶兴办矿山,派李金镛、袁大化去漠河办理金矿。据统计,仅漠河黄金
年产量即达18000多两,一度为洋务企业中的佼佼者。

1878年3月,李鸿章同海关总税务司赫德商定,指派津海关税务司
德璀琳以天津为中心,在北京、上海、烟台、牛庄海关试办邮政。23日,在
津海新关大公事房内创办了"天津海关书信馆",收寄华洋公众邮件,办理
邮政业务。7月,发行中国第一套大龙邮票,天津成为近代中国邮政的发

① 《唐廷枢查勘开平煤矿矿务并条陈情形节略》,载刘志强、赵凤莲编:《徐润年谱长编》,北京
大学出版社,2011年,第179页,

② 罗澍伟:《淮军战将周盛传兄弟与儒将张树声》,《天津文史》,2008年第2期,内部印行,第
34页。

祥地。① 1886 年 5 月,在李鸿章的支持下,津海关税务司德璀琳、英商怡和洋行经理茹臣共同创办了天津第一份中英文报纸《时报》。②

1879 年清政府令李鸿章筹建海军。李鸿章在天津设水师营务处,负责筹办海军事宜,并亲赴海河口,奔波于渤海湾间,考察、选定大沽、旅顺和威海,建设船坞与军港。1880 年初,李鸿章派天津海关税务司德璀琳、道员马建忠在大沽海神庙附近兴建船坞,11 月,大沽船坞竣工,成为北洋水师舰船维修之所。1881 年,李鸿章派天津军械所总办刘含芳赴旅顺、威海筹办鱼雷营、水雷营,修建船坞,经营军港工程,设屯防营,筑炮台,开办水雷、鱼雷学堂和医院等等。旅顺、威海成为北洋海军重要基地。同年,李鸿章在天津机器局东局旁创立北洋水师学堂,分设驾驶与管轮两个班。这所学堂成为培养北洋海军将领的重要基地。

1880 年李鸿章上奏《请设南北洋电报片》,提出在天津创办北洋电报学堂,获得批准。学堂设在老城厢东门外扒头街,招收学员,聘请、雇用洋员讲授电磁学、电报实务、陆线海线架设、测量及电报工程等二十门课程。1881 年 9 月,津沪电报总局在天津东门里"问津行馆"设立,盛宣怀任总办,郑观应襄理局务。在天津紫竹林、大沽口,山东济宁,江苏清江、苏州,上海等地设立电报分局,并架设了连接天津与京师的电报线。年底,天津至上海的电报线竣工,津沪电报业务开通。电报学堂的毕业生被分配到北至恰克图、满洲里,东至上海,中至南京,南至广州、福州,西至湖北、江西的广大区域③,从事电报普及与推广,推进了中国近代化进程。

1881 年 11 月,唐胥铁路竣工。第二年,铁路拓展至芦台。李鸿章因军事运输需要,把铁路一直修到塘沽的大沽口。1887 年,官督商办性质

① 张家禄:《李鸿章题写的津海新关匾额》,载天津市政协文史委编:《天津文史资料选辑》第103 辑,天津人民出版社,2014 年影印本,第 108 页。

② 罗澍伟:《中国历史文化名城——天津》,载天津市政协文史委编:《天津文史资料选辑》101 辑,天津人民出版社,2014 年影印本,第 14 页。

③ 《中国出洋局留学生传略》,载容尚谦著:《创办出洋局及官学生历史》,王敏若译,珠海出版社,2006 年,第 19—34 页。

的开平铁路公司经过改组,增添招商股份,在天津三岔河口望海楼附近成立,更名为天津铁路公司(又称津沽铁路公司)。[①] 李鸿章派幕僚伍廷芳担任总办,延揽、网罗筑路人才,调耶鲁大学土木工程毕业的詹天佑,担任铁路公司工程师。这条铁路线被称为"北洋铁路",天津成为中国最早有铁路运营的城市。

1884年4月,朝鲜甲申政变,李鸿章代表清政府与日本签订天津条约,承认中日在朝享有同等的权利义务,为日本侵略朝鲜提供了借口。同年5月,李鸿章与法国政府签订《中法新约》,法国不胜而胜,中国不败而败。

1885年初,李鸿章采纳周盛波、周盛传建议,以造就将材为宗旨,仿照西洋军事学院,在柳墅行宫原址创立天津武备学堂。从各营挑选弁兵百余名入堂学习,初学制一年。后招收学生数量猛增,学制遂改为二、三年,办学步入正轨。每逢月考、季考,李鸿章或派司道大员前往监考,或亲往检验甄拔,对学习优秀者送往德国留学深造。学生段祺瑞、冯国璋、王士珍、曹锟、吴佩孚、李纯等人后来成为北洋将领。天津武备学堂首开近代陆军教育,成为各省效法之楷模。

1888年,北洋舰队正式成立,并制定《北洋海军章程》。丁汝昌担任提督,林泰曾为左翼总兵,刘步蟾为右翼总兵,海军衙门设于山东威海刘公岛。北洋舰队共有军舰25艘,官兵4000余人,大沽、旅顺、威海设为常驻基地,天津成为中国近代海军诞生的摇篮。

李鸿章担任直隶总督期间,1879年晋太子太傅,1883年署北洋大臣,1885年会同醇亲王办理海军。1893年李鸿章70寿辰,清政府赏戴三眼花翎,成为汉官中受此殊荣第一人。

1894年中日甲午战争爆发。李鸿章从战争开始就主张避战求和。其指挥的淮军在陆战中丢盔弃甲,一败涂地。因督师无功,李鸿章被拔去

---

① 徐景星:《天津近代工业的早期概况》,载天津市政协文史委编:《天津文史资料选辑》第1辑,天津人民出版社,1978年,第132页。

三眼花翎,褫夺黄马褂,革职留任。黄海大战后,他消极防御,致使北洋海军在威海卫损失殆尽。

1895年2月,李鸿章被任命为头等议和全权大臣,3月20日,东渡日本议和。先是被日本浪人小山丰太郎开枪击伤,继而在马关春帆楼谈判中又被日方代表伊藤博文、陆奥宗光威胁、恫吓。4月17日,李鸿章在割地赔款的《马关条约》上签字。

1896年2月,清政府再次起用李鸿章,委派为钦差大臣,乘法国邮船出访俄国、德国、荷兰、比利时、法国、英国、美国等。他签署《中俄密约》,出让中东路权,以期换取外交上的联俄抑日,结果引狼入室,俄国乘机多次要挟,清朝落入虎狼围攻的境地。在欧洲期间,英国维多利亚女王赐李鸿章"维多利亚头等大十字宝星"。1899年12月,署理两广总督。

1900年,义和团运动兴起,八国联军入侵。6月,清王朝命李鸿章"迅速来京",李在上海观望动静。8月间,八国联军攻下天津和北京,慈禧太后和光绪帝出逃西安,国内局势一片混乱。9月,李鸿章北上返回天津。10月,再次接手直隶总督大印,将总督行馆迁至河北窑洼海军公所,随即进京,与各国驻华使节周旋交涉,洽谈条约细节。1901年9月,与全权代表庆亲王奕劻一起,在丧权辱国的《辛丑条约》上签字。

1901年11月7日,李鸿章在北京贤良寺去世,终年78岁。清政府颁旨赐谥号"文忠"。

李鸿章著有《李文忠公全集》存世。

参考文献:

赵尔巽主编:《清史稿·列传》238,中华书局,1977年。

梁启超著:《李鸿章传》,陕西师范大学出版社,2008年。

欧阳跃峰著:《李鸿章幕府》,岳麓书社,2001年。

《李鸿章全集》,安徽教育出版社,2008年。

（井振武　周醉天）

李 厚 基

李厚基(1869—1942),字培之,江苏徐州铜山人。1869 年生于一个官宦家庭,其父李忠纯系聂士成部下。1900 年八国联军入侵时,已经致仕的李忠纯主动请缨,重返沙场,随同聂士成等一同战死在天津八里台。李厚基自幼随父在军营中生活,其母史氏对他要求十分严格,常教导年幼的李厚基"勿贪枉,勿懈驰,勿让先人蒙羞"①。年纪稍长,李厚基在军中随师爷郑廷献习读诗书,深受儒家思想的影响。

1889 年,李厚基成为李鸿章的亲兵,1890 年考入天津北洋武备学堂学习军事。毕业后,他担任直隶总督署的卫队长。1896 年 3 月,李厚基作为随员跟随李鸿章出使欧美,参加俄皇尼古拉二世的加冕典礼,并随李鸿章游历德、荷、比、法、英、美等国。1909 年,李厚基任新建陆军第四镇第七协第十四标标统,随第四镇统制吴凤岭在天津小站练兵。② 中华民国建立后,军队改制,李厚基任陆军第四师第七旅旅长。

1913 年 11 月,袁世凯派海军总长刘冠雄督率李厚基的部队到福州,以编遣为名解散了湘军。12 月底,李厚基任福建镇守使。翌年,李厚基任福建护军使,督理福建军务,从此,李厚基独揽福建的军权。1916 年,李厚基任福建督军。1917 年 6 月,他驱逐了福建省长胡瑞霖,总揽了福

---

① 张建虹:《福建督军李厚基在津的寓公生活》,载天津市政协文史委编:《天津文史资料选辑》第 107 辑,天津人民出版社,2006 年,第 274 页。

② 天津市和平区政协文史委编:《近代中国天津名人故居》,天津人民出版社,2002 年,第 168 页。

建全省的军政大权。

1920 年的直皖战争中，皖系失利，李厚基产生弃皖投直的念头。1922 年第一次直奉战争中，直系大获全胜，掌握了北洋政府的大权，此时的李厚基完全弃皖投直。1922 年 10 月，北伐军逼近福州，李厚基仓皇出逃，避入日本银行，在日本领事的保护下进入马尾造船局，乘船离开福建。11 月，在江苏督军齐燮元的帮助下，李厚基携带 20 万元军费及大批的枪支弹药回到厦门，准备进行反攻，结果以失败告终。1924 年，直系惨败后，李厚基心灰意冷，决意淡出官场，与其弟李厚恩一起回到天津，开始住在日租界，后来搬到法租界，开始长达二十年的寓公生活。

李厚基在天津做起了房地产生意，由于租界内地皮价格昂贵，李厚基将地址选在租界外，建起了三十多座小楼，由于地理位置不太好，一时难以卖出，不仅资金得不到周转，还要雇人进行维护，支撑了一段时间后，由于后续资金不足，李厚基的房地产生意失败了。不久，他把生意转向木材经营，经营的木材主要来自福建。

李厚基在天津居住期间，一直闭门谢客，他的主要活动是练习书法、阅读史书、给孙辈授课、同家人聊天以及打太极拳。李厚基对书法有着一种酷爱，每天临池不辍。他的书法雄稳大气，用墨凝重，严守法度，功底很深，在民间广为流传，许多博物馆都藏有他的作品。李厚基喜爱书法，也喜爱学习书法的儿童，有些孩子经常在家长的陪同下来到李厚基的家中，请他指点书法，传授写字的技艺。

李厚基的另一大爱好是读书，在他的书房中有其亲笔书写的一幅楹联："除却读书无所好，恍如造物与同游"，反映了他酷爱读书、恬淡人生的心态。

1937 年日军占领天津后，日伪当局极力拉拢李厚基，希望他出山担任伪职，频繁地派他的部下、旧识登门游说。他不愿意当亡国奴，又不敢公开得罪日本人，只得佯称有病，躲到沧州避风头，最终抵住了日伪的劝降利诱，保持了一个中国人的民族气节。

1942 年 9 月,李厚基病逝于天津寓所,终年 73 岁。

参考文献：

张宪文等主编:《中华民国史大辞典》,江苏古籍出版社,2001 年。

福建省地方志编纂委员会编:《福建省志·人物志》(上),中国社会科学出版社,2003 年。

江苏省徐州市政协文史委编:《徐州文史资料》第 18 辑,1998 年。

（郭登浩）

李 季 达

  李季达(1900—1927),字世昌,化名李吉荣,四川巫山人。1900 年 1 月 10 日(清光绪二十六年十二月初十日)生于巫山县城关镇一个商人兼地主家庭。

  李季达天资聪颖,5 岁入私塾,10 岁入县立小学,15 岁以优异成绩毕业,之后考入重庆一所半工半读学校,边做工边学习。他十分关心国内外的政治局势,积极参加社会活动,在同学中很有声望。

  1918 年,吴玉章发起四川留法勤工俭学运动,接受了民主主义思想的李季达积极响应。1919 年 7 月,李季达考入成都的第二届留法勤工俭学预备学校。入学不久,李季达和同学们便投入反对日本帝国主义、反对北洋政府的革命运动之中,他被推举为学生代表,带领同学们上街游行。时成都昌福馆有一个华阳书报流通处,专门出售宣传新文化、新思想的刊物,李季达经常抽空去阅读。李季达逐渐意识到,要想解放中国,就必须实行社会主义。1920 年 7 月,李季达从留法勤工俭学预备学校毕业,通过了法国驻成都领事馆的考试,成为全国第 17 批赴法勤工俭学的学生。

  1921 年 1 月抵法后,李季达等 18 人被分到法国西海岸圣日尔曼中学学习法文。4 月,入克鲁梭史乃德公司钢铁机器工厂铸造车间做工。这期间他结识了赵世炎、周恩来、李立三、邓小平、陈毅、刘伯坚等人,阅读了《共产党宣言》《社会主义从空想到科学的发展》《国家与革命》等马列著作和关于俄国十月革命的小册子,逐步放弃小资产阶级工读主义的幻想,认识到只有走十月革命的道路才能达到"改造中国与世界"的目的,完成了向马克思主义者的思想转变。

1922年春,李季达被北京大学马克思主义学说研究会吸收为会员。同年秋,他同邓小平等几个川籍同学转到巴黎近郊夏莱特·哈金森(Chalette Hutchinson)橡胶厂做工时,被该厂团小组(时称中国少年共产党)作为发展对象。1923年秋加入中国少年共产党。不久,李季达考入梭米尔工业学校电机专业。1924年春转为中共党员,加入中共旅欧总支部法国支部。9月,受党组织选派,李季达同穆青、郭隆真、傅烈、范易、聂荣臻、蔡畅等人一起赴莫斯科东方劳动者共产主义大学学习。1925年4月,李季达同王若飞等回国,积极投入国内革命运动。

1925年6月,中共中央派李季达到天津,任中共天津地方执行委员会书记,直接领导天津的反帝爱国运动。他与天津市党、团领导人一起,组织社会各阶层声援五卅运动,由天津各界妇女联合会负责人邓颖超等人出面,成立了天津各界联合会。1925年8月,成立天津市总工会,李季达以总工会负责人的身份领导天津的工人斗争,发动了天津纱厂工人大罢工,爆发了"砸裕大"事件。同时,积极协同中共北方区委领导了天津海员大罢工,掀起了天津人民反帝运动新高潮,给英、日帝国主义以沉重打击。

1925年冬,冯玉祥率国民军进驻天津,李季达审时度势,提出"国民军要与民众结合"的口号,适时转变斗争策略,领导党组织广泛、深入地发动群众,发展党团组织,积极开展对国民军官兵的争取工作,并以联合战线组织的名义,扩大反帝国主义、反军阀的宣传,积极发展团、工会组织和其他革命团体。

这一时期,李季达还主持出版了《工人小报》,并常为之撰稿、审稿,为天津中共党组织打开了半公开活动的局面。1926年初,李季达连续组织了7次大规模的群众集会和纪念活动。在全国铁路总工会第三次代表大会上,李季达发表了慷慨激昂的演讲。他主持召开孙中山逝世一周年纪念大会,李大钊到会讲话,痛斥国民党西山会议派反对孙中山"联俄、联共、扶助农工"三大政策的行为。由于正确分析形势,对策得当,天津工人运动又掀起了高潮,工会组织蓬勃发展,联系工人约 10 万人。共产党员发展到 450 多人,建立党支部 24 个。

1926 年 3 月 12 日,日本军舰在天津大沽口炮轰驻防的国民军部队,蓄意挑起了"大沽口事件"。3 月 18 日,李大钊组织 5000 余群众在北京天安门集会,抗议日、英、美等八国向北洋政府提出撤除大沽口国防设施的无理要求,段祺瑞竟下令开枪,制造了"三一八惨案"。在李季达和天津地委的组织下,3 月 21 日,召开了天津"废约驱段"国民大会,有 140 多个团体参加,并于会后举行了大规模游行,强烈抗议日舰进攻大沽口、炮击国民军和段祺瑞血腥屠杀北京请愿群众的罪行。3 月 22 日,国民军被迫退出天津,奉系军阀褚玉璞卷土重来,对革命团体施行疯狂报复,各工厂的党、团员和工会积极分子大多被开除。李季达主持地委会议决定:停止一切公开活动,转入地下,撤离部分同志。不久,中共北方区委调彭真(化名傅茂公)等一批骨干来津工作,地委领导机构做出相应调整,李季达仍任天津地委书记。由于采取了周密、果断的措施,天津党团组织几乎未遭受损失。

为冲破军阀褚玉璞的禁锢,中共天津地委决心把工人斗争恢复起来。1926 年 8 月,在李季达和彭真组织指挥下,革命力量相对集中的北洋纱厂首先发动罢工斗争并取得胜利,工人们重建了工会组织。两个月后,天津总工会组织再度成立。这引起了军阀的恐惧,他们勾结英国殖民者对工人运动进行镇压,对共产党组织实施破坏。1926 年 11 月 23 日,中共天津地委组织部部长、天津市党部常委江震寰等 15 人遭逮捕。1927 年 1 月,粟泽、彭真等 30 多名党、团组织领导人又遭逮捕,总工会组织被破坏,李季达多方奔走营救,粟泽、彭真等被捕人员终于以"驱逐出境"名义获释。

在严酷的斗争环境中,李季达与地委妇运负责人王贞儒(化名王卓吾)相爱结婚。1927年元旦,他们租住新居——英租界小河道集贤里六号,同时也将其作为天津地委的办事机关。

1927年4月,全国局势急剧变化,蒋介石叛变国民革命,张作霖与蒋介石遥相呼应,对共产党和国民党左派实施大屠杀。18日,江震寰等15位革命志士在天津被杀害。面对血雨腥风,李季达格外镇定,他一面嘱咐各级组织谨慎行事,一面将党的重要文件和天津500多名党员的名单存放在法租界浙江兴业银行总行,同时将地委机关转移,积极采取措施保护党组织的安全。6月,中共临时顺直省委在天津成立,李季达任省委宣传部部长、工人部部长兼天津市委书记。

1927年8月初,天津市委组织部部长粟泽等12人先后被捕。8月16日,李季达及其夫人王贞儒在南开体育社典华学校内被捕。狱中,李季达化名李吉荣,与敌人进行了英勇的斗争。他受尽酷刑,始终坚贞不屈。党组织发动50多家商号出面具保,亲友也多方营救,但未成功。

1927年11月18日下午,李季达、粟泽和地毯三厂青年团员姚宝元三人被押赴刑场。李季达等虽"发须过长,但面不改色,立在车上大声疾呼,打倒军阀,坚持到底等语"。在围观者人山人海的南市上权仙前刑场,他一面大声演说,一面高呼:"全世界无产者联合起来! 打倒万恶的帝国主义! 打倒军阀! 中国共产党万岁!"①

当日下午1时许,李季达壮烈牺牲,终年27岁。

参考文献:

中共天津市委党史资料征集委员会编:《战斗在天津的共产党人》,天津人民出版社,1991年。

(周 巍)

---

① 中共天津市委党史资料征集委员会编:《战斗在天津的共产党人》,天津人民出版社,1991年,第180—181页。

李 润 杰

李润杰(1917—1990),天津市武清县大桃园村人,本名李玉魁。他自小家境贫寒,幼年时曾跟随母亲沿街乞讨,学过评戏小生及吹打乐器。1931年,李玉魁告别家乡来到天津,在一家鞋铺当学徒。四年后,他被侵华日军抓到东北当劳工。后来他因砸伤了手指无法劳动,流落街头乞讨为生。在这个过程中,他慢慢学会了数来宝、相声、戏法,开始在鞍山、沈阳等地撂地演出。

李玉魁很有天分,虽然没有正式拜师学艺,但表演很能吸引人,一个人能演两三个小时的节目。在沈阳他遇到来自天津的戏法艺人刘金荣,两人合作演出,由李玉魁唱太平歌词、评戏、数来宝等,刘金荣变戏法,二人也合说相声。不久,李玉魁又与从天津来的相声艺人冯宝华、王福来、朱相臣、赵天寿等以及东北名相声艺人白银耳、顾海泉等人合作。在东北三省演出五年多后,他回到天津以演出相声为生,走遍了天津及附近的廊坊、杨村、小站、东沽等地。

在这期间,他在塘沽的连塘庄遇见了评书艺人段荣华,被他的技艺所折服,每天演出后都要去听他说的《明英烈》。不久后,他提出拜段为师。段也看过他演出的单口相声、太平歌词等,认为他是可造之材,就收他为徒。拜师后,师父给他起了艺名"李润杰"。"润"字是评书艺人辈分的排字,"杰"字,因为他的身段表演好,善于说《三侠五义》一类的短打书。一年半后他学成出师,开始独立演出,并结婚成家。他一开始撂地演出评书、单口相声,妻子负责收钱。他的相声虽然说得好,可是没有师父,杨少奎、班德贵等相声名家邀请他参加相声大会的演出,杨少奎就代师父收李润杰为师弟,他就成了焦少海的徒弟。

1949年1月15日天津解放。18日,李润杰就演唱了他自己写的欢迎解放军进城的太平歌词。他亲眼见到了解放军纪律严明,与国民党军队有着天壤之别。他编写新节目歌颂共产党、解放军,成为天津市演唱新节目的第一人。几天后,他组织周德山、于佑福、孙玉奎、郭全宝、康立本等,举办了相声大会。转年,他应邀赴西安演出,看到报纸上刊登了快板《二万五千里长征》,他马上背词,搬上了舞台。他积极参加各种公益性演出,如为皖北、苏北、河北、河南救灾演出等,他还与豫剧名家常香玉同台,为抗美援朝募捐演出。由于他做出了成绩,西北局主要领导习仲勋亲自向他颁发了奖章。而且,他被选为西安曲协副主任、抗美援朝委员会委员。

1952年,李润杰返回天津,加入了天津广播曲艺团,并参加了第二届中国人民赴朝慰问团。回国后,李润杰开始对传统数来宝、快板进行改革。他的改革非常全面,包括打板儿、唱词、表情、动作等各个方面。他汲取了相声、山东快书、西河大鼓、评书等艺术形式的精华,融入数来宝和快板,经过近三年的改革和实践,他创造了一个崭新的曲种——快板书。快板书被创造出来后,影响非常大,全国几乎所有的曲艺演出团体和部队文工团都派演员到天津,向李润杰学习快板书表演。

1956年,李润杰被评为"全国文化先进工作者",作为天津文艺界的代表,参加了全国先进生产者代表大会,受到毛泽东、刘少奇、周恩来、朱德、邓小平等党和国家领导人的接见。回到天津后,他开始以极大的热情投入到快板书的创作中,写出了《隐身草》《铸剑》《火焰山》等,经他演唱后反响极为强烈。1958年,他应邀参加了中国文联组织的文艺界慰问团,赴福建炮击金门前线慰问解放军指战员。他在前线的最前沿,亲眼目睹了炮击金门的激烈场景,当即写下《金门宴》这个新作品,并表演给前线的战士们,反响十分强烈。其间,他还采访了参加这次炮击的炮手李金山,又创作了《英雄炮手李金山》和讴歌前线官兵的《赞三军》。回到天津后,天津人民广播电台录制了《金门宴》,由中央人民广播电台一天几次播放,响遍全国。1960年,他第二次赴福建前线体验生活并进行采访,又在前线创作了《夜袭金门岛》《智取大西礁》两段快板书。

1964年,中国作家协会组织访问团赴大庆油田访问,其中包括严文井、徐迟、张天翼等著名作家,李润杰是唯一的曲艺作家。他们采访了"铁人"王进喜和钻井队,采访结束后,作家们都创作了报告文学、采访纪实等,发表于《人民文学》等杂志。李润杰创作的快板书《立井架》,由他和徒弟对唱,通过中央人民广播电台向全国播放。1965年,李润杰随中央慰问团赴云南、贵州慰问铁道兵部队,并创作出《千锤百炼》。

李润杰为快板书艺术做出了很大的贡献。他的表演大气磅礴,极富感染力。他创作的作品有百余段,其中大部分几十年后仍能一字不动地演唱。他对快板书进行了理论总结,建立了一套完整的理论体系。同时,他的徒弟众多,是一位名副其实的曲艺教育家。因为贡献突出,李润杰被选为第三、四、五届全国人大代表,并曾任中国曲艺家协会常务理事、天津市曲艺家协会副主席、天津市曲艺团副团长等职。

1985年,李润杰因病告别舞台,此后他把主要精力用于作品整理上,出版了《李润杰快板书选集》。他还系统地总结了自己的艺术经验,出版了《快板书的创作和表演》《我的艺术生涯》等著作。1990年10月11日,李润杰逝世于天津,终年83岁。

参考文献:

杨振关、马悦龄:《李润杰二三事》,载武清县政协文史委编:《武清文史资料选辑》第5辑,1992年内部印行。

罗扬主编:《中国曲艺志·天津卷》,中国ISBN中心,2009年。

(高玉琮　秦珂华)

李 铁 夫

　　李铁夫(1901—1937)，原名韩伟键，化名金元镐、胡国明、韩国李，云岗等，朝鲜人，出生于朝鲜东北部咸镜南道的一个农民家庭。

　　李铁夫在家乡高小毕业后，于1914年到朝鲜汉城五星中学读书。在这所朝鲜爱国主义者创办的学校里，李铁夫在青年学生中积极开展活动，成为一名坚定的爱国者。1917年，从五星中学毕业后，李铁夫考入京城医学专门学校学医。1918年，第一次世界大战结束，俄国十月革命获得胜利。李铁夫秘密与朝鲜独立运动领导人取得联系，在学生中进行组织动员工作。

　　在反对日本统治的爱国学生运动中，李铁夫坚毅、果敢、有主见，表现出了很高的组织才能。1919年3月1日，朝鲜爆发"三一"独立运动。在全国反日大示威的群众游行集会现场，作为朝鲜学生独立运动总指挥部的负责人之一，李铁夫慷慨激昂地宣读代表们联合署名的《独立宣言》，遭到日本警察署的通缉。李铁夫于1919年4月离开朝鲜，经苏俄流亡中国上海，在"新大韩新闻社"当编辑。李铁夫在1920年离开上海，秘密到了日本东京，先后在京都帝国大学医科和早稻田大学政治经济科学习，研读了许多马列主义著作，思想上开始信仰共产主义。同年10月，他和留日的朝鲜学生金世渊①、河弼源、朴洛钟等组织了秘密团体——共产主义研

---

　　①　1928年任朝鲜共产党中央委员会秘书，1932年在敌人监狱里牺牲。

究会。李铁夫毕业后重返朝鲜,以《东亚日报》《朝鲜日报》记者、编辑的身份为掩护,从事创建朝鲜共产党的活动,并加入朝鲜马列主义同盟。1926年春,朝鲜共产党第一次代表大会召开,李铁夫被选为中央委员。1928年2月,朝鲜共产党遭到重大破坏,李铁夫再次遭到通缉。经共产国际介绍,他再度流亡中国,继续从事革命工作。不久在上海加入了中国共产党,后在华北地区从事党的地下活动。

1931年秋,李铁夫接受中共指派赴北平工作,出任党的外围组织——北平反帝国主义大同盟党团书记。1932年9月后,李铁夫相继担任中共河北省委宣传部长、组织部长。此时,革命陷入低潮,白色恐怖笼罩全国。1933年春,中共河北省委机关遭到破坏,李铁夫处于极度危险境地。5月18日,他在北平秘密出席反帝大同盟党团会议时,被国民党当局逮捕并被押往南京监狱。在狱中他未吐露党组织的秘密,经受住了种种考验。同年7月15日,经党组织和朝鲜同志营救,其获保释出狱。1934年1月,经过党组织的严格审查,李铁夫恢复了党籍。

随后,李铁夫来到天津,他先栖身在英租界海大道附近吴砚农家中,后来住小白楼附近朱家胡同一个裁缝铺里。为了便于掩护和开展秘密斗争,组织上决定由张秀岩①同李铁夫扮作夫妻,从事地下工作。两人在工作中建立感情,于1933年底结婚。

这个时期,受王明"左"倾路线的影响,北平、天津的党组织遭到严重破坏,很多地下党员被捕牺牲,李铁夫深感痛心。从1933年11月至1934年2月,李铁夫相继撰写了《关于〈河北省委前线党工作报告的总结〉的检讨》《"左"倾机会主义的反动性》《关于党内问题的几个意见》《关于目前整顿组织的几个意见》《关于官僚主义的严重性》《党内斗争和自我批评》《反帝运动不开展的原因是什么》以及《转变基础和反关门主义问题》等文章和意见书。他连续八次上书河北临时省委,要求改变斗争策略,还把部分文章投到北方局机关刊物《火线》上。在1934年写给省委的一份意见书

---

① 张秀岩(1895—1968),时任天津文化总同盟党团书记,公开身份为南开中学教员。

中,他批判当时"左"倾冒险主义和盲动主义的错误,尖锐地指出:"党现在仍是继续着立三时代的现象变相的行动委员会","埋伏着极大的危机"。认为今天需要整顿主观的力量,"先来争取真正布尔什维克化","把党从危机中救拔出来"。① 公开提出在白区党的工作不能蛮干,要利用合法形式,积蓄力量,请求省委及时纠正冒险主义和盲动主义。关于党在国民党统治区的工作方针,李铁夫指出,在革命力量尚未准备好的情况下,急于求成,盲目地实行"进攻路线",结果只会暴露自己,对党的危害极大。针对"左"倾冒险主义错误,他指出:"每个共产党员群众工作的出发点,必须具体地抓住群众当前的迫切要求",注重开展日常斗争。关于"北方落后论",他指出:中国是一个半殖民地半封建的大国,革命的发展是不平衡的,创建北方新苏区,"并不是今天决议了明天就能实现的那样容易的事",他认为对革命形势的主观夸大是造成机会主义的首要原因。关于斗争策略,李铁夫主张在敌强我弱的复杂形势下,党必须采取灵活的斗争策略,要"临时应变",有进有退,不能"千篇一律"地按"主观公式"去领导群众斗争。

在"左"倾路线盛行的 20 世纪 30 年代初,李铁夫的言论被定为"右倾取消主义",他所提出的政纲被认为"是在目前革命斗争阶段上右倾取消主义的标本",是"反国际和反党的路线",遭到严厉打击和批判。在临时中央代表的领导下,河北省委发动各地猛烈地开展了反"铁夫路线"的斗争。除开展批判斗争外,还撤销了李铁夫省委宣传部长的职务,停止其组织活动,给李铁夫扣上"右倾取消主义""铁夫路线"的帽子,割断了他同组织的关系。张秀岩因为支持李铁夫的意见,也遭到同样的打击。

李铁夫、张秀岩虽然失掉了同党的联系,但仍然坚持地下革命斗争,继续为党工作。他们组织领导了中华民族武装自卫会和天津各界救国会等抗日救亡的群众团体。他在吉鸿昌举办的抗日武装力量培训班上讲

① 《中央致北方代表石心及河北省委的信(1934 年 3 月 30 日)》,载中央档案馆编:《中共中央文件选集(一九三四——一九三五)》,中共中央党校出版社,1986 年,第 163—164 页。

课,还挤出生活费帮助办刊物。创办了《华北烽火》《天津妇女》《民众抗日救国报》等刊物,坚持到工人、学生、妇女中去做宣传动员工作,领导群众参加了大津"一二·一八"抗日救国大示威。

1936年3月初,天津市委重建。同年春,刘少奇受中央委派来天津主持北方局工作,贯彻瓦窑堡会议精神,纠正"左"倾错误。同年夏天,刘少奇代表北方局充分肯定了李铁夫的见解和他在恶劣环境下所从事的党的工作,决定恢复李铁夫与党的联系,并任命他为河北省委委员兼任中共天津市委书记。① 所谓的反"铁夫路线"的斗争基本得到纠正。

李铁夫主持天津市委工作后,充分利用好形势,发展党员和基层支部工作,帮助法商学院、南开大学筹建党支部,建立"民众救国会""工人救国会""农民救国会",天津学联也改为"学生救国会",并在此基础上成立了"天津各界救国会",把教育界、新闻界、银行业及民族工商业的一些知名人士都争取过来。天津的抗日救亡运动又活跃起来。由于李铁夫深入群众,工作抓得紧,天津党和"民先"组织得到快速发展。到1936年底,党员由原来的不到10人发展到400余人,民先队员达700人。为加强全市的学生工作,市委专门成立了学生区委会。为了开展工人运动,除注意在一些工厂企业中建立基层组织外,还在工人较多的塘沽建立了党的区委组织。市委还组织广大群众有效地反对日货走私。

1937年春天,李铁夫作为中共河北省委委员和天津市委书记、白区工作代表,赴延安参加党中央召开的党的白区工作代表会议。他在会上进行了两次发言,批判了"左"倾关门主义倾向,受到代表的高度评价。毛泽东同志对于李铁夫反对王明"左"倾错误路线给予了充分肯定。在这次会上,党中央彻底纠正了王明在白区工作中的"左"倾机会主义路线,明确了李铁夫的意见是正确的,并任命李铁夫为中共河北省委书记兼天津市委书记。由于李铁夫患上严重的肺病,党中央决定他暂时不去河北省委任职,留在陕甘宁西北局工作。

---

① 中央文献研究室编:《刘少奇年谱(1898—1969)》上卷,中央文献出版社,1996年,第151页。

1937 年 7 月 10 日,李铁夫因病去世,年仅 36 岁。党中央为他召开了追悼大会,《新中华报》刊登了他的传略,并将其安葬在延安的清凉山上。

1945 年党的七大期间,党中央专门为李铁夫重新立碑并书写碑文:"朝鲜共产党创始人之一,朝鲜共产党中央委员,中共河北省委书记李铁夫同志之墓"。

参考文献:

周利成、王勇则编著:《外国人在旧天津》,天津人民出版社,2007 年。

中共天津市委党史研究室编著:《中国共产党天津历史》第 1 卷,中共党史出版社,2005 年。

中共天津市委党史资料征集委员会编:《海河不会忘记》,天津教育出版社,1991 年。

(孟 罡)

李 亚 溥

李亚溥(1902—?),瑞士籍犹太人,本名利奥保禄(Marcel Leopold),生于1902年8月19日,白俄贵族后裔。

第一次世界大战中,李亚溥应征入伍,后从军中潜逃。19世纪20年代初,由海参崴流浪至天津。李亚溥先在法商利喊洋行谋得差事,专门负责跑外兜售珠宝。招揽生意的同时,他逐渐涉足上层人物的社交活动,结交军阀做起军火生意,甚至给东北军购置军火,由此大发战争财。此后在太平洋德记钟表行和德秀斋钟表店的东家孙秀岩的资助下,他开办了利华洋行,经营钟表及珠宝生意。

1926年,英国汇丰银行在天津英租界中街建起大楼,李亚溥想方设法在此处租得办公地点,成立了利华洋行,业务日趋繁荣。李亚溥模仿西方珠宝交易方式,将珠宝名品的"客室交易"引入天津。在他的八角玻柜中,嵌有金刚钻的白金首饰,如胸针、手镯、手表、耳环、戒指等,应有尽有。当时,劝业场、天祥市场、泰康商场、大罗天等处的珠宝商以及北京著名珠宝商"翡翠大王"铁宝廷、"钻石大王"杨敬熙等都与李亚溥有密切的业务关系。

李亚溥的货源为法国巴黎,由巴黎著名珠宝制造商监制,专为中国妇女斜襟衣服设计的襟头夹,皆饰以钻石等宝石,形式多样,很受欢迎。他还将中国民族风格的图案输入法国珠宝市场。同时,李亚溥还以他的瑞士国籍做招牌专营钟表业务。

随着利华洋行实力渐趋雄厚，李亚溥开始经营金融业。1930年，利华储蓄小人寿保险公司正式营业。这一人寿保险储蓄迎合市民心里，每月支付不多，又能零存整取，获益可观，因而业务很多。开办的第一年，收进的保险费就达七万元之多。他又在北京、唐山等地开设分公司，还用这笔钱开设了"利华放款银行"。

1936年，李亚溥把目光投向房地产。他投资英商仁记洋行坐落在英租界中街的土地，然后以地契及将来建成的大楼做抵押，向天主教崇德堂借款动工新建利华大楼。新楼由著名法国建筑工程师穆勒（Mulier）设计，共11层，于1939年落成。第一层临街部门为营业门面，主要由利华洋行占用。在当时，这座大楼是天津最高的建筑。1943年，李亚溥与华比银行买办魏采章等人，出资接办了意租界的回力球场，每晚还将一场球赛的收入"奉献"给"大东亚圣战"，以求得日本人的庇护。

1947年4月，管理机关发现利华洋行暗自经营抵押放款及人寿保险，属于非法经营银行业务，勒令李亚溥停止兼营银行人寿保险等业务，并处以50万元罚款。[1] 此后李亚溥开始悄悄向海外转移财产，曾把几十箱珍品运往瑞士。李亚溥还串通日本人，将大批军需物质藏匿在利华仓库和利华洋行，等待时机，以牟取暴利。

1951年，李亚溥盗卖敌伪物资的罪行被职工群众揭发，天津市人民法院对其立案侦查。1952年12月3日，天津市人民法院依法对李亚溥作出"处有期徒刑二年半，执行期满后驱逐出中华人民共和国国境"的判决。[2]

1954年3月，李亚溥刑满后乘船去了香港。

---

[1] 《瑞士商人李亚溥非法经营银行业务》，《益世报》，1947年4月11日。

[2] 周利成、王勇则编著：《外国人在旧天津》，天津人民出版社，2007年，第101页。

参考文献:

天津市政协文史委编:《天津文史资料选辑》第 27 辑,天津人民出版社,1984 年。

周利成、王勇则编著:《外国人在旧天津》,天津人民出版社,2007 年。

(方　博)

梁炎卿

梁炎卿(1852—1938)，名国照，字怡轩，又字彦青，生于广东南海佛山侨商之家。他的父亲梁定荣创办广德泰轮船公司，家中较有积蓄。

梁炎卿 18 岁入读香港皇仁学院，专修商业和英语。20 岁入职上海怡和洋行做练习生，24 岁调入怡和洋行天津分公司任大写（即高级职员）。1890 年，38 岁的梁炎卿升任怡和洋行正买办，1892 年兼任英商高林洋行买办。

天津怡和洋行创办于 1867 年，下设进口部、出口部、轮船部、机械部、木材部等部门，其中又以轮船部为主营。梁炎卿作为怡和洋行天津分行首席买办兼轮船部买办，负责管理各部华账房买办，监管洋行银钱账目往来，经办南起印度加尔各答、北至天津包括新加坡、香港、广州、厦门、福州、上海、青岛、烟台、威海等口岸航线的经营、揽载及货物装卸、存送等业务。除了获取洋行的正常佣金外，梁炎卿更多的收入来自各种回扣补差。他利用提单、舱单、水脚单、货单等往来单据之间的换算漏洞谋取利差，源源不断地应酬"使费"，克扣码头工人搬运费等，积累了数量可观的财富。

梁炎卿还充分借助同乡关系做大买办业务。陈子珍是英商仁记洋行的正买办，同时还在直隶省官银号兼职，梁炎卿任怡和洋行买办就是他做的担保。黄云溪与梁炎卿同时进入天津怡和洋行担任大写，俩人私交甚深。后黄云溪转聘到瑞记洋行，遂介绍内弟陈祝龄到梁炎卿手下任职。1909 年怡和洋行成立出口部，梁炎卿又力荐陈祝龄任出口部买办。从此,梁炎卿借助陈的关系大发出口之财。第一次世界大战期间,怡和洋行出口部经理毕德斯(Beatles)将国外供需情况以及行情趋势指示给梁、陈,二人按照指示从华北收购了大量猪鬃、羊毛、棉花、大豆、油脂等土产,等到国外急需各洋行高价收购时,再按照市价抛出,在为洋行赚取超额利润的同时,梁、陈二人也积累了巨额财富。

梁炎卿从不做冒险的投资,他认为"力不到不为财",投资应限于自己的耳目所及,他所购买的股票主要集中在他所熟悉的企业。由于他笃信英国人,股票投资主要是大沽驳船公司、利顺德饭店、先农公司等英国企业。1923年,先农公司发售债票,梁家成为该公司债券的最大持有人。

梁炎卿最大的投资是在地产方面。他与洋行外国人关系密切,通过内部消息购买了英租界中心区的大片地产,随着英租界建设的完善,这些土地的价格上升了一二百倍。张家口地产是梁炎卿自主经营的,京张铁路开通后,车站附近地皮价格飞涨,梁炎卿大发其财。

梁炎卿富甲一方,任买办四十多年,他要求子女精通英语,熟知欧美的生活方式、交际礼仪和商业往来习惯,尽可能给予他们充分的高等教育。梁炎卿长子梁赉奎很小就赴美读书,毕业于康奈尔大学和马萨诸塞州立农学院。为谋得梁赉奎在仕途上的发展,梁炎卿大力结交唐绍仪。唐绍仪发起捐资兴建广东会馆时,一向对公益事业出资甚少的梁炎卿,一次捐银6000两。此后在唐绍仪的提携下,梁赉奎做了一任农林部次长。后来梁赉奎做官不力,梁炎卿失望之余,对子女的教育转为保全财产、平安发财。他的子女大多数投身进出口贸易和相关的经济行业。

1938年,梁炎卿去世,终年86岁。

参考文献:

孙大干编著:《天津经济史话》,天津社会科学院出版社,1989年。

梁文昊编:《亲历者讲述民国的买办富豪》,中国文史出版社,2013年。

天津市政协文史委编:《天津的洋行与买办》,天津人民出版社,1987年。

刘克祥、吴太昌主编:《中国近代经济史(1927—1937)》(三),人民出版社,2012年。

（王　静）

刘　芳

　　刘芳(1876—1965),字馨庭,河北大兴人。幼读私塾,12 岁加入基督教,1889 年(清光绪十五年)入美以美会成美馆读书,16 岁升入预备馆。1896 年入博馆(后更名汇文大学)。1899 年 12 月毕业于北京汇文大学,派任滦州成美馆馆长兼教堂主任牧师。1909 年赴日本东京中国基督教青年会工作。1911 年回国后任北京亚斯立堂主任牧师。

　　1914 年刘芳被派赴日本做教会工作,同时担任东京中国留学生青年会会长。1915 年 10 月 10 日,在东京基督教青年会礼堂,刘芳主持召开辛亥革命纪念大会,强烈反对和谴责袁世凯成立筹安会筹划称帝,革命党人黄兴、李烈钧、戴天仇等三人在会上发表演说。10 月 12 日刘芳离日回国,担任北京教区长。不久,孙中山从广州给刘芳寄来一封信,托刘芳向冯玉祥说项,让冯相机在华北起义,联合倒袁。刘芳见信后忐忑不安,因为当时袁世凯对所有反袁活动一律采取镇压手段,刘芳唯恐这封信给自己惹来麻烦。他觉得把这封信留在身边不妥,就设法托教友将信转交给冯玉祥。冯表示遇到机会,会主动起义讨袁的。

　　1917 年的圣诞节,刘芳以教区长的身份亲自为冯玉祥施洗。1919 年,冯玉祥电邀刘芳到常德"思罗堂"为官兵讲道并施洗。1922 年,冯玉祥任河南督军时,刘芳曾前去看望他,并为他的军队讲道。当时,冯玉祥粮饷毫无着落,处境窘迫,便请刘芳在时任大总统黎元洪面前斡旋,要求将崇文门税务局监督一缺委派给冯玉祥的部下担任,收得税款一半作冯的军饷,一半仍拨归总统府。经过刘芳几次做黎的工作,黎答应此缺由冯派人担任,每月交黎元洪 8 万元,余款冯可任意处理,以此解决冯玉祥的难处。

1923年1月14日,刘芳成立政界基督徒祈祷会,参加者有冯玉祥、王宠惠(国务总理)、颜惠庆(外交总长)、王正廷(农商总长)、张英华(财政总长)、李禾(海军次长)、徐谦(孙中山秘书长)、余日章(青年会全国协会首任中国总干事)等人和他们的眷属。1923年,冯玉祥的妻子刘夫人逝世,刘芳为之主丧,还亲自陪同冯玉祥、鹿钟麟、李鸣钟等运送灵柩到保定。1924年,冯玉祥续娶李德全,由刘芳证婚。刘芳还在北京南苑陆军检阅使署思罗堂,为冯部下官兵5000人举行盛大洗礼,并请冯在亚斯立堂对信徒讲道。此事轰动一时,人们称冯为"基督将军"。1924年4月,刘芳代表作为教友的冯玉祥,本人则作为牧师的代表,赴美国纽约参加美以美会总议会,并获得依阿华州康奈尔大学荣誉神学博士学位。回京后,刘芳和冯玉祥的关系更加密切,参加了"北京政变"的谈判。

1925年刘芳奉派担任北京汇文中学校长。1926年3月18日,段祺瑞镇压学生运动,酿成"三一八"惨案,北京市大、中学生准备游行示威。教育和司法两部总长章士钊下令禁止学生游行,并派保安队包围各官立学校。当时保安队认为汇文是教会学校,未加防范。刘芳校长率领汇文学生通过禁卫区,到天安门集合地点去参加游行。参加游行的3000多人中有汇文学生700人,数学教员孙耀及24名学生遭到逮捕,被解送司法部,由检察厅起诉。刘芳多方奔走,请求释放学生,最终在鹿钟麟的帮助下把学生保释出来。

1927年冯玉祥败走国外,刘芳来到天津。[①] 是年,经美以美会华北年议会通过,刘芳于9月出任天津汇文学校校长,并兼任中西女校和汇文小学的校长,成为汇文学校1890年建校以来第一任中国人校长。

刘芳特别重视体育。1928年,汇文学校与八里台商职专科学校和天津华英学校在汇文学校运动场联合举办校际运动会。此后,汇文学校曾连续夺得全市运动会的团体和单项冠军,曾两次荣获中学生篮球比赛冠军。

---

① 刘芳:《我和冯玉祥的交往》,载天津市政协文史委编:《天津文史资料选辑》第7辑,天津人民出版社,1980年,第125—138页。

1931 年九一八事变后,汇文学校的教职员和学生组织对日外交后援会,中西女校也成立救国会。汇文学校有些爱国学生还参加了秘密组织抗日救亡会,当时以汇文为秘密集会地点。刘芳故作不知,以示支持。

1931 年 11 月 8 日夜,天津发生便衣队暴乱,汇文、中西两校被迫停课。刘芳请求戒严司令部允许学生离开学校到法租界避难。刘芳先护送中西女校学生到法租界各自回家,把妇婴医院医护人员和病人送到位于水阁的丁懋英女医院。第二天刘芳又护送汇文、中西两校学生及教职员工到维斯理堂,一路上保安队和巡警盘查很严,整整走了一天。11 月 26 日,便衣队再次暴乱,学校开学无望,刘芳将路远或经济困难不能还乡的人员,安顿到特一区荣园。学校直到第二年 1 月才复课。

1933 年春长城抗战爆发,3 月 10 日喜峰口战斗捷报传来,在刘芳的支持下,汇文学校学生全体出动到街头募捐,以捐款购买两辆载重汽车,装满慰劳品,运往前线。

1936 年,日军步步进逼,华北形势日紧,11 月绥远将士奋起抗战。刘芳发动汇文、中西两校教职员和学生为前线将士募款。1937 年 4 月,上海基督教青年会干事刘良模来津发动抗日救亡运动,刘芳请他来学校,教汇文、中西两校学生唱《义勇军进行曲》,鼓舞学生的爱国热情。

七七事变后,平津相继沦陷。在刘芳主持下,汇文、中西两校于 10 月 6 日开学,仅有学生 20 多人,学费无几,经济窘迫。日军占领天津后,并未触动英美的利益。刘芳认为此时日本人还不敢得罪美国人,便在 1938 年 9 月请来美国传教士担任汇文学校副校长,负责对外联系,自己负责处理内部事务。

刘芳以基督教青年会"非以役人,乃役于人"的宗旨提倡学生"为社会为人群服务"。1939 年为天津的大水灾募捐救济难民。两校的青年会还把平民千字课发展为平民小学,利用业余时间,免费教附近贫苦儿童识字读书。①

①　刘芳:《主政汇文学校 20 年》,载天津市政协文史委、天津市口述史研究会编:《天津文史资料选辑》第 119 辑,天津人民出版社,2014 年,第 80 页。

1941 年 12 月 8 日,太平洋战争爆发。天津日本宪兵队于是日清晨包围了南关美以美会和汇文、中西两校与妇婴医院。1942 年,汇文学校并入天津市立二中。[①] 在刘芳任职的 1928 年至 1942 年间,汇文学校毕业学生共 1552 人。

1945 年 8 月日本投降后,市立二中改称市立一中,刘芳担任市立一中校长。1947 年,刘芳出任私立中学校长联谊会主席,辞去市立一中校长职务。8 月 1 日汇文中学复校,刘芳出任校长。刘芳强调宗教教育,学校的课外活动非常丰富。刘芳特别注重英文。学校还分设文科、理科和商科。刘芳注重学生的品格教育,汇文学校的校训是“勤、俭、诚、勇”。

刘芳还兼任美以美会牧师、天津南关教会执事、妇婴医院董事等职。

1949 年 7 月底刘芳退休,1950 年加入民革社会人士学习组,1957 年被聘为天津文史研究馆馆员。1965 年刘芳逝世,终年 89 岁。

参考文献:

刘芳:《我和冯玉祥的交往》,载天津市政协文史委编:《天津文史资料选辑》第 7 辑,天津人民出版社,1980 年。

刘芳:《天津汇文学校概况》,载天津市政协文史委编:《天津文史资料选辑》第 57 辑,天津人民出版社,1993 年。

张绍祖:《刘芳小传》,载天津文史研究馆编:《天津文史》,1993 年第 1 期(总第 15 期)。

天津文史研究馆编:《天津文史研究馆馆员名录(1953—1977)》,1998 年 10 月刊印。

(张绍祖)

---

① 《津市中第一届高中毕业同学录》记载:1941 年夏,天津市立第一师范学校(前身河北省立第一师范学校)师范科结束后,更名为天津市立第二中学。1942 年,市立二中迁址到南门外与私立汇文、究真两校合并,仍然称为市立二中。

刘 清 扬

刘清扬(1894 1977)，回族，天津人，1894 年 2 月 15 日(清光绪二十年正月初十日)生于天津的一个平民家庭。

刘清扬 12 岁时进入天津严氏女校读书，接受启蒙教育。1911 年辛亥革命时，在天津直隶第一女子师范学校读书的刘清扬，参加了同盟会在天津的秘密组织天津共和会。她和共和会会员们一道，油印反清宣传品，向群众进行革命宣传，积极为滦州起义探听军情、筹措经费。

1919 年五四运动爆发。刘清扬和直隶女师的同学邓颖超、郭隆真等发起成立了天津女界爱国同志会，刘清扬被选为会长。她们高呼"国家兴亡，匹夫有责""外抗强权，内除国贼"等爱国口号，在大街小巷宣讲提倡国货、抵制日货的道理。她们与天津学联并肩战斗，举行声势浩大的集会和示威游行。刘清扬先后被选为天津各界联合会常务理事、抵制日货委员会常务委员以及全国各界联合会常务理事。

1919 年 6 月下旬，因丧权辱国的《巴黎和约》签字日期迫近，天津各界联合会决定派刘清扬等 10 位代表进京，会同山东、北京代表向政府请愿，要求拒绝在和约上签字。面对徐世昌，刘清扬义正词严地指出："拒绝巴黎和约并取消二十一条卖国密约，这是四万万人民的呼声。今请总统立即致电巴黎我国代表，拒绝签字，并取消二十一条及一切不平等条约。这次请愿我们既受人民重托，决不空手回去！"①在各界请愿代表的强烈

---

① 胡蔼立、鲁开荣：《刘清扬》，载中共天津市委党史资料征集委员会编：《战斗在天津的共产党人》，天津人民出版社，1991 年，第 86—87 页。

要求和全国人民的压力下,中国代表团最终拒绝在和约上签字。

1919年9月,刘清扬同刚从日本留学归国的周恩来以及马骏、郭隆真、邓颖超等20位男女青年,在草厂庵天津学生联合会办公室举行会议,成立了天津青年进步团体觉悟社。觉悟社本着"革心""革新"的精神,以"自觉""自决"为宗旨,出版刊物《觉悟》,研讨世界新思潮,领导天津学生运动。

1919年11月,日本帝国主义制造了轰动全国的"福州惨案"。为了抗议"福州惨案",声援福州学生抵制日货的爱国运动,在觉悟社组织下,天津各界人民举行了声势浩大的集会和示威游行。1920年1月29日,天津反动当局出动军警,用武力镇压群众的爱国行动,拘捕了周恩来、郭隆真等4名学生代表,制造了震惊全国的天津"廿九"惨案。

1月30日,刘清扬化装成天主教修女,沿津浦路南下到达南京。她向南京学联控诉了天津反动当局镇压学生爱国运动的罪行,呼吁全国各界同胞营救被捕的天津学生代表。南京学联立即动员万余名学生示威游行。随后,她又来到上海,向全国学联做了控诉。全国学联在上海跑马厅举行了3万多人的集会,刘清扬在会上痛陈天津学生爱国运动惨遭镇压的经过。大会强烈要求天津当局释放被捕的学生代表,并决定通电全国一致声援。在全国各界人士的广泛声援下,被捕的学生代表终于在1920年7月中旬全部获释。

1920年8月16日,刘清扬和周恩来、邓颖超等11名觉悟社社员来到北京,邀请北京的少年中国学会、曙光社、人道社、青年工读互助团4个团体的代表在北京陶然亭举行座谈会,共谋社会之改造,刘清扬被推选为会议主持人。在座谈会举行期间,北京大学教授李大钊也出席了会议并做了发言。

1920年11月23日,为寻求国家出路,刘清扬赴法勤工俭学,与周恩来等先期赴法的青年学子会合。1921年初,刘清扬加入旅欧共产主义小组。同年二三月间,刘清扬等介绍周恩来加入了共产主义小组。这是中国共产党成立以前,中国在欧洲建立的第一个共产主义小组。它与国内的 7 个共产主义小组,共同发起成立了中国共产党。1922 年初,刘清扬、周恩来来到德国柏林。他们与当地的中共党员张伯简等 4 人成立了旅德党组织。

1923 年冬,刘清扬从德国途经苏俄回国。回国后,刘清扬参加了邓颖超等人领导的天津妇女进步团体女星社,创办《妇女日报》,并担任报社总经理。

1923 年,中共第三次全国代表大会确定了与国民党建立革命统一战线的方针。中共北方区委决定刘清扬加入国民党,作为跨党党员从事革命工作。1924 年春,刘清扬赴广州到何香凝领导的国民党中央妇女部工作。同年,随李大钊到苏联参加共产国际第五次代表大会。1924 年冬,刘清扬被中共中央调至上海,参与筹备上海女界全国国民会议促成会,当选为常务委员。后任国民党北京特别市党部执行委员会委员、妇女部长。

1926 年北京发生"三一八"惨案,段祺瑞政府大肆逮捕爱国人士,在通缉国共两党 48 人名单中,第一名是李大钊,第二名就是刘清扬。在万分紧急的情况下,刘清扬和李大钊以及国共两党的领导机关,转移到东交民巷苏联大使馆西院的兵营里。不久,奉系军阀张作霖入关,变本加厉地镇压国共两党革命人士,北京全城陷入白色恐怖之中。刘清扬在苏联大使馆通过秘密活动方式与外界保持联系,坚持斗争。1927 年 1 月,刘清扬奉调到武汉工作,先后担任何香凝领导的国民党中央妇女部训练股股长、宋庆龄主办的国民党中央妇女高级干部训练班班主任、汉口市国民党党部妇女部部长等职。1927 年,第一次国共合作破裂,刘清扬退出了国民党。大革命失败后,刘清扬与中国共产党中断联系,在北平大学任教。

九一八事变后,刘清扬积极投身抗日救亡运动,团结北平各界妇女组织成立抗日救护慰劳队,开展救护伤兵工作和募捐活动。1935 年 1 月 12 日,在北平大学法商学院召开了北平妇女救国联合会成立大会,刘清扬主持大会,并被推选为北平妇女救国联合会主席。国民党当局不顾全国各界同胞"停止内战,一致对外"的强烈要求,置民族危亡于不顾,依然奉行"攘外必先安内"的反动政策,大举镇压人民的抗日救亡运动。1936年2月29日清晨,军警突然包围清华大学,抓捕爱国学生和进步教授,张申府和刘清扬一起被捕入狱,后经过社会各界多方营救出狱。出狱后,刘清扬立刻赶赴上海参加1936年5月31日开幕的全国各界救国联合会成立大会,被选为救国联合会常务委员。1937年2月,华北各界救国联合会在北平成立。联合会由中共党员杨秀峰、张友渔、徐冰以及刘清扬等人负责,刘清扬分管组织工作。救国联合会的任务不仅是做抗日宣传,还要深入农村,发动群众,组织抗日游击队。

1937年七七事变爆发,华北各界救国联合会联络更多的人民团体,成立了北平各界抗敌后援会,支持对日作战的国民党第二十九军。联络站就设在刘清扬家中。刘清扬带领妇女救护队、北大学生担架队,抢救伤员,在北大设立了临时伤兵医疗站。七七事变后,刘清扬决定告别年迈的母亲和年幼的儿女,到抗战大后方参加救亡运动。1937年11月上旬,刘清扬由天津到达南京。不久,南京告急,她乘坐最后一列撤退专车抵达武汉。

当时的武汉是国共两党合作抗日的政治中心。在抗日热潮中,年已43岁的刘清扬走上街头,向民众宣传团结奋斗、抗日救国的主张。她和冯玉祥夫人李德全等人组织了战时儿童保育会,被推选为保育会理事兼输送委员会副主任。她和邓颖超、史良、沈兹九等著名社会活动家一起,参加了宋美龄召集的庐山妇女谈话会。后参加宋美龄组织的新生活运动妇女指导委员会,任妇女委员会训练组组长。刘清扬利用自己已脱离中共的身份,积极主持训练组的工作,在两年时间里,训练了抗日妇女干部近千名,其中绝大多数人走上了革命的道路。

1941年,刘清扬按照中共中央南方局领导人周恩来、董必武的指示,经桂林转香港,继续参加抗日救亡活动,在香港九龙创办了中华女子学校。不久,太平洋战争爆发,港岛沦入敌手。她于1942年撤离香港回到重庆,继续参加救国会活动和战时儿童保育会理事工作。1944年,经张澜介绍,刘清扬加入中国民主同盟。1945年10月,刘清扬出席了民盟在重庆特园召开的第一次全国代表大会,当选为民盟中央执行委员兼妇女委员会主任。

抗战胜利后,刘清扬回到北平,参加了民盟华北总支部和北平市支部工作,并和设在北平的军调部中共代表取得联系,为军调部提供有关情报。刘清扬的革命活动引起了国民党特务的注意,军警时常在夜晚闯进她家进行突击搜查。她依然将个人安危置之度外,经常往来于平津之间,与学运领袖密切联系,到北大、北平师大、南开进行讲演,热情支持学生反饥饿、反内战等反蒋反美运动,动员、介绍多批进步青年知识分子到解放区去从事革命工作。

1948年11月下旬,刘清扬被护送到河北省平山县中共中央统战部所在地,参加新政协筹备工作,和民主人士一道学习讨论新政协共同纲领。年底,他们被接到中共中央所在地西柏坡,受到中共中央主席毛泽东和其他中央领导同志的亲切接见。1949年3月,刘清扬出席了在怀仁堂举行的第一次全国妇女代表大会,在会上成立了中华全国民主妇女联合会,刘清扬当选为执行委员。9月,出席了中国人民政治协商会议第一次全体会议。

新中国成立后,刘清扬先后当选为第一、第二、第三届全国政协委员,第四届全国政协常委;第一、第二、第三届全国人民代表大会代表;任民盟中央常委。历任政务院文化教育委员会委员、河北省人民政府委员、河北省政协副主席、全国妇联妇女干部学校校长、北京市妇女联谊会主席、全国妇联副主席、全国红十字总会副会长等职。1961年,刘清扬重新加入中国共产党。

在"文化大革命"中,刘清扬惨遭迫害,1977年7月含冤辞世,终年84岁。

1979年8月3日,中共中央为刘清扬恢复名誉,平反昭雪,举行追悼会。时任全国政协副主席、全国妇联主席的康克清致悼词,郑重宣告:"刘清扬同志的一生,是革命的一生。"

参考文献:

中共天津市委党史资料征集委员会编:《战斗在天津的共产党人》,天津人民出版社,1991年。

(周　巍)

刘 文 斌

刘文斌(1890—1967),原名刘存有,出生于宝坻县黄花淀村。刘存有读过 3 个月的私塾,14 岁到附近的村子去打工。他从小喜欢听书,而且记忆力过人。每当有人请来说书唱戏的,他都要赶过去边打工边听书看戏,听完后就能记在心里,唱给别人听,还能即兴把身边的事编成唱词唱给大家听。时间长了,他听的书越来越多,自己又买了一些唱本,积累的段子越来越丰富,他慢慢产生了做说书艺人的想法。

21 岁时,刘存有做起了小买卖,卖针头线脑、纸神、纸码儿、年画、鞭梢儿等小商品,有时候就靠着唱大鼓来卖货。当时在宝坻、武清、三河一带,说书唱曲儿颇受欢迎的艺人张增德和霍亮,走村串镇到处演唱,很有人缘。刘存有就挑着货郎担跟着他们听书。他听书是为了学习,凭着超人的毅力和过人的天赋,不到两年的功夫,他完善了原来就会的《莲花宝盏》,而且又学会了两部长篇大书《孟丽君》和《刘公案》。

刘存有的妻兄张宽儒会弹三弦,于是二人于 1913 年开始在张家口一带边卖货边卖艺。两年后,刘存有经亲友介绍,拜在同乡艺人宋恩德的门下。宋恩德原名宋玉树,是个半盲艺人,绰号“宋瞎糠”。他所唱的是一种民间说唱艺术,最早在地头上、场院里说唱,所以就叫“地头调”,后来平谷人唱就叫“平谷调”,乐亭人唱就叫“乐亭调”,这就是后来京东大鼓的雏形。刘存有入门后,改用艺名刘文斌。

刘文斌天赋聪慧机敏,悟性极高,学艺也十分刻苦,而且为人忠厚,心地善良。宋恩德对他十分喜爱,将技艺倾囊相授,教会了刘文斌几部挣钱的大书,如《刘公案》《呼家将》《小八义》等。1916年,刘文斌携家人到天津城闯荡。他学过理发,白天挑担剃头,晚上就走街串巷,操宝坻方言唱平谷调,贴补家用。有时也干一些杂活儿,如拉人力车、扛河坝等,可以说是历尽艰辛,难得温饱。1920年,他开始放弃理发生意,正式卖艺。他在露天场子上演出,南市三不管、河北鸟市、河东地道外以及谦德庄等处都撂过地。除了撂地,他还进大宅门、公馆唱堂会。第一次应堂会,他唱了一段《罗成算卦》,大受欢迎,刘文斌的名字不胫而走。后来听他说书的人越来越多,请他演出的茶楼、书场也越来越多了。

刘文斌勇于创新,他来天津演唱后对老唱法进行了大胆的改进。他加快了节奏,把让人生厌的头一句长腔取消,改为开门见山的"表的是",随后就是演唱内容。这样直接简练的唱法聚拢观众的注意力,使观众很快就随着刘文斌的演唱进入了所唱书曲的情节之中。在唱法上,他糅合了落腔调与平谷调的音乐,如"落落腔""甩腔""过门"等;他还化用河北民歌《庙开门》的旋律,完善了名为"十三咳"的特色唱腔——长腔,使其演唱声情并茂,很快就受到市民的欢迎,很快天津走红。1928年,刘文斌应邀到天津广播无线电台直播,他的演唱通过电波进入千家万户。之后,中华、仁昌、东方、青年会等商业电台都请刘文斌去做长期直播。

至30年代中期,刘文斌进中小型曲艺场所演出,刊登广告时曾用大鼓、乐亭调、平谷调、乐亭大鼓等名称。而在当时,王佩臣与张士诚将自己所唱的大鼓也称为"乐亭调"或"乐亭大鼓",听众及评论界往往也将他们混淆。在这种情况下,1935年,刘文斌将自己演唱的大鼓命名为"京东大鼓",自此,这个名称便固定下来。

刘文斌的演唱有独特的风格,词曲通俗易懂,广大市民听众易于接受,尤其是那些反映家庭生活的唱段,在描写爱情以及平民生活中的悲、喜情节方面特别见长。这些曲目能像聊天叙家常那样自然朴实,也有些警示人生、富有哲理的曲词,因此深受城乡听众的喜爱。刘文斌越来越受欢迎,京东大鼓的名声在天津也越来越响亮。在他演唱的兴盛时期,时值奉军驻守天津。因为刘文斌唱的是略带乡音的官话,与东北的方言容易沟通,所以这些东北人也特别喜欢京东大鼓。

京东大鼓形成初期,曲目以大书为主。刘文斌在天津商业电台播演《刘公案》《呼家将》《小八义》《响马传》《十粒金丹》《回标记》《玉杯记》等长篇大书,极受广大群众欢迎,京东大鼓的影响也因之日趋扩大,逐渐传播到北平、唐山等地。除演唱大书外,刘文斌从其他曲种移植了《武家坡》《拆西厢》《昭君出塞》《王二姐思夫》等近百个曲目,对京东大鼓的板式和唱腔又做了进一步的加工。他的演唱通俗幽默、平易无华、吐字清楚、明白如话,观众群体不断扩大,京东大鼓遂进入北方主要曲种之列。刘文斌也彻底脱离了撂地演出的状况,进入了中高档曲艺演出场所,并得与诸多名家同台献艺,如刘派京韵大鼓创始人刘宝全、花派梅花大鼓创始人花四宝、"相声大王"张寿臣、评书大家陈士和、白派京韵大鼓创始人白云鹏等。至40年代初期,刘文斌在平安茶园长期"攒底"演出。

1949年1月15日,天津解放。刘文斌怀着对新中国的无比热爱,投入歌颂新社会、讴歌新生活的文艺创作和演出中。他在艺术上刻苦钻研,进一步改进了唱腔,丰富了音乐,增加了书目,拓宽了京东大鼓的表现领域。在说与唱之间的关系方面,他大胆吸收了戏曲的传统表现手法,将其艺术精华移植、融汇于京东大鼓的说唱表演之中。他广览多读,根据中国古典小说和反映革命战争的现代小说创作改编了很多新书目。这一时期他创作的长篇、中篇、短篇及唱段有《山河泪》《破除迷信》《杨靖宇》《小二黑结婚》《白毛女》《刘巧儿》《新儿女英雄传》《刘胡兰》《董存瑞》《黄继光》《婚姻大事》《一贯害人道》《喂牛》《别迷信》《王老穷生产》等。这些新节目刻画了很多栩栩如生的人物形象,通过舞台演出和电台广播给群众留下了深刻的印象。

刘文斌为传承京东大鼓艺术,先后收徒多人。他受到社会各界的尊敬,同行把他尊为京东大鼓的一代宗师。他曾多次被评为先进文艺工作者,并当选为天津市河西区人民代表、政协委员。他于 1963 年退休,1967年 6 月 4 日病故,终年 77 岁。

参考文献:

罗扬主编:《中国曲艺志·天津卷》,中国 ISBN 中心,2009 年。

（高玉琮　张天来）

刘 喜 奎

刘喜奎（1894—1964），本名刘志洁，祖籍河北省南皮县，1894 年生于天津。其祖父刘有铭是清道光年间进士，官至工部左侍郎。其父刘义文曾任北洋水师致远舰大副，甲午海战后流落到营口，不久后病死。刘氏母女缺衣少食，家贫不能自给。当时，梆子坤伶盛行于津、沪，时年 8 岁的刘志洁入梨园行，先后从师耿大力、五月鲜、毛毛旦等名角，初习老生，艺名连奎，后改学花旦，改艺名为喜奎。

刘喜奎在营口、天津、哈尔滨、海参崴等地一边学艺，一边随班唱戏。1910 年，刘喜奎返回天津，跟梆子艺人小金钟、七盏灯（毛韵珂）继续学戏，改习花衫。1913 年，刘喜奎在天津大观园和擅长编戏、教戏的男旦名家杨韵谱一起演出了《蝴蝶杯》，两人配合格外默契，观众好评如潮。刘喜奎、杨韵谱的合作被报人誉为"珠联璧合"，刘喜奎名声鹊起，每次一登台，必定彩声雷动。天津的戏园争相以重金请她演出，唯恐落后。

此后，杨韵谱又为刘喜奎加工了《拾玉镯》《罗章跪楼》《采花赶府》《双盒印》《蜜蜂计》《花田错》《卖油郎独占花魁女》《万花船》《杜十娘》等一批传统剧目，以及《荣三贵》《宦海潮》（京剧名角尚和玉参加演出）等一些新编古装戏。同时，刘喜奎受早期话剧活动家王钟声等人的影响，立志于改革梆子艺术，排演了暗讽袁世凯父子的《铁血彩裙》、宣传妇女解放的《水底情侣》、号召戒烟的《黑籍冤魂》《烟鬼叹》（京剧名角李吉瑞等参加演出），以及针砭时弊的《新茶花》时装新戏。《新茶花》公演后轰动京津，下天仙、东天仙、金升园等几家大戏园争相聘邀他们去演出。1916 年,《顺天时报》主办了选举"伶界大王"的投票活动,刘喜奎获得"伶界大王"的称号。刘喜奎还到济南、青岛、上海、武汉、哈尔滨、海参崴等地演出,每到一地无不受到热烈欢迎。

刘喜奎是声震大江南北的女伶魁首,但她始终洁身自爱,威武不屈,富贵不淫。她倡议并身体力行改革旧戏班陋习,恪守不拜客、不照艳装像、不做商业广告等几项原则。无论多么有权势的人请她唱堂会,她一律拒绝点演色情戏。日常生活中,她更是循规蹈矩,举止端庄。她虽然收入相当充裕,生活却极其朴素。但是即便如此,仍然没能杜绝各种势力对她的威逼利诱。上至北洋政府的几任大总统,下到市井无赖,都把她选作猎取的目标。最后,刘喜奎不堪忍受军阀们的凌辱,毅然选择在演艺事业的黄金时期退出舞台。1925 年,她和一位姓崔的陆军部职员结婚,隐居起来。

新中国成立后,文化部戏曲改进局副局长、中国戏剧家协会副主席、戏剧家马彦祥,受中共中央副主席周恩来委托,专程拜访隐姓埋名 20 多年的刘喜奎。马彦祥转达了周恩来对刘喜奎的问候,邀请她参加新中国的戏曲建设事业。1950 年 3 月 8 日,刘喜奎应邀出席中央人民政府政务院在北京饭店举行的庆祝三八国际妇女节招待会,在会上周总理对刘喜奎与北洋军阀的斗争给予了充分肯定,称赞她代表了中国妇女的志气、骨气。此后不久,刘喜奎被戏曲改进局请到中国戏曲学校任教,经周恩来亲自批准,她和王瑶卿等七位戏曲界人士一道,在中国戏曲学校享受教授职衔和工资待遇。1952 年 6—10 月,她参加戏曲界老艺术家为声援中国人民抗美援朝的募捐义演,在《法门寺》中扮演宋巧姣。后来她当选为全国妇联委员。

1964 年,刘喜奎在北京病逝,终年 70 岁。

参考文献:

1960年河北梆子史调查组在北京采访刘喜奎的笔记。

周宝华:《一代名伶——刘喜奎》,载山西省南皮县政协文史委编:《南皮县文史资料》第1辑,南皮县政协1989年内部印行。

《中国戏曲志》编辑委员会、《中国戏曲志·天津卷》编辑委员会编:《中国戏曲志·天津卷》,文化艺术出版社,1990年。

(甄光俊)

鹿 钟 麟

鹿钟麟(1884—1966),字瑞伯,直隶定州人,1884年3月12日出生于直隶定卅北鹿庄。鹿钟麟9岁时过继给叔父为嗣,鹿钟麟在武学私塾学习达10年之久。1905年,鹿钟麟参加科举考试未中,后做教员。

1906年,鹿钟麟投奔新军第六镇,不久被编入第一混成协,充当学生兵,驻防新民府。其间,鹿钟麟广泛涉猎各种兵书,接触到革命学说,初识冯玉祥。受革命党人的影响,1908年,冯玉祥等人组织武学研究会,秘密从事反清活动,鹿钟麟入会后,逐渐接受反清革命思想,成为组织中的积极分子。

1910年,第一混成协与奉天巡防中路独立一、二标合编成第二十镇,鹿钟麟任第四十协第七十九标副官。辛亥革命爆发后,1911年12月31日,第二十镇青年军官发动了滦州起义,鹿钟麟积极参与其事,被任命为右路司令。起义失败后,鹿钟麟在长官车震保护下得以幸免,仍留第二十镇。1912年,第二十镇改为第二十师,鹿钟麟任该师第三十九旅二团副营长。1915年,第三十九旅扩编为第四混成旅,他仍任副营长。

1915年,护国战争爆发,袁世凯派鹿钟麟所在的第四混成旅入川,镇压蔡锷的护国军。1916年初,第四混成旅在叙府被蔡锷、刘云锋部击败,鹿钟麟所在的第二团拨归冯玉祥第十六混成旅指挥。从此,他追随冯玉祥多年,成为冯的左膀右臂。

袁世凯去世后,鹿钟麟随冯所部出川,回师直隶廊坊。段祺瑞上台后,罢免了冯玉祥的旅长职务,任命其部下第一团团长杨桂堂继任旅长。鹿钟麟历任第十六混成旅军械官、军法官、参谋等职。1917年7月张勋复辟,第十六混成旅的鹿钟麟、邱斌、张之江、李鸣钟等要求旅长杨桂堂出兵讨伐张勋,但杨桂堂却到北京谒见张勋。鹿钟麟等遂推举薛笃弼迎请冯玉祥回该旅。冯玉祥到廊坊后率该旅全体官兵通电讨伐张勋,鹿任炮兵营长。护法战争爆发后,段祺瑞调冯玉祥部进攻南方护法军政府,鹿钟麟任炮兵团团长。1918年8月,冯玉祥任湘西镇守使,率部进驻湖南常德。冯玉祥成立了教导大队,以鹿钟麟为大队长,系统地训练军队,培养了大批干部,为冯军的发展奠定了基础。

1921年,冯玉祥所部第十六混成旅扩编为北洋陆军第十一师,以冯玉祥为师长,鹿钟麟出任炮兵团团长。8月,冯玉祥出任陕西督军。1922年4月,第一次直奉战争爆发,冯玉祥离开陕西,出师河南,驱除了豫督赵倜,冯改任该省督军。鹿钟麟被任命为河南全省警务处处长,兼省会开封的警察厅厅长。任职期间,鹿钟麟努力实施冯玉祥督豫时的十大纲领,破除封建迷信,改庙建校,禁赌禁娼,平定匪患,疏浚城河,兴修水利,安定社会秩序,扭转社会风气。冯玉祥设立高级战术研究会,派张之江、鹿钟麟、蒋鸿遇等为讲堂监察官,讲授高级战术、欧战新战术等,以提高中上级军官的军事素质。在河南时,冯部扩编为一个师三个混成旅,鹿钟麟为第二十二步兵旅旅长兼教导团团长。

1922年10月23日,北京政府免去冯玉祥的督职,调京任陆军检阅使。11月3日,冯部离豫进京,分驻南苑、城内及通州。鹿钟麟除主持教导团训练外,还自订课程表,用业余时间读书、写字、绘画。同年冬,永定河决堤,鹿率部开赴永定河抢险,苦战数月,疏浚了河道,受到老百姓的称赞。

1924年9月,第二次直奉战争爆发,冯玉祥、胡景翼、孙岳等联合倒直。10月19日,冯玉祥命令鹿钟麟部星夜回师。10月21日,鹿率部直取北京,一昼夜行军100公里,22日下午,抵北苑与留守司令蒋鸿遇会

154

合,并于当晚从安定门进入北京城。他和孙岳所部一起包围了总统府,迅速占领电话局、电报局、火车站及各主要街道,囚禁曹锟于中南海延庆楼,使得吴佩孚手足无措,一败涂地。10月25日,冯玉祥在北苑召开军政会议,会议决定成立国民军,并邀请孙中山北上主持大计。国民军由冯玉祥任总司令兼第一军军长,鹿钟麟任第一军暂编第一师师长,同时兼任北京警备司令(后改为京畿警卫司令、京畿警卫总司令)。1924年11月3日,国民军将驻守景山、故宫的守卫部队缴械。11月5日,以代理国务总理摄行大总统职务的黄郛派鹿钟麟、张壁交涉清室优待条件事宜,下午4时,鹿钟麟奉命驱逐溥仪出故宫。后国务院组成清室善后委员会,鹿为成员之一。15日,张作霖、冯玉祥、卢永祥、胡景翼、孙岳公推段祺瑞为中华民国临时执政,北京政权很快落入张作霖、段祺瑞手中,冯玉祥被迫退居天台山,后移驻张家口。12月31日,孙中山乘专车到达北京,冯玉祥派鹿钟麟负责接待,鹿以冯的代表及北京警卫总司令的身份上车问候,警卫工作安排得十分周密,并经常到孙的住处巡视安全。1925年3月,孙中山在北京去世,鹿钟麟襄助李烈钧治丧,并亲自去段祺瑞处斡旋停灵公祭地点。4月2日,孙中山灵柩移奉北京西山碧云寺,鹿钟麟率部队警卫。

1926年1月冯玉祥宣布下野,鹿钟麟仍负责驻守京畿一带。奉军和直鲁联军再次进攻国民军,国民军推鹿为前敌总司令,鹿亲赴前线指挥作战,国民军先后在马厂、大沽重创敌军。国民军受到帝国主义领事团的无理干涉,日军更是直接炮轰国民军。形势对国民军非常不利,冯玉祥于3月下旬出国赴苏考察,国民军退出天津。在发现段密谋联奉后,鹿钟麟于4月9日派兵围攻执政府,段祺瑞逃往东交民巷。国民军向张作霖、吴佩孚两面求和不成,于15日撤离北京,主力退守南口,经整编成立七个军,国民一军以鹿钟麟、宋哲元分任东、北两路总指挥,后改任国民军东、西两路总司令,同直、鲁、奉联军抗衡。8月14日他们放弃南口,撤往绥远、包头方向。冯玉祥迅速由苏联回国,于9月17日就任国民联军总司令,并举行"五原誓师"。随后组织国民联军总司令部,任鹿钟麟为总参谋长,加入北伐。鹿钟麟奉冯的命令访问苏联，拜见斯大林，取得苏联援助。1927年4月归国后，任河南省民政厅厅长，后又代理省政府主席。9月，他任冯所率国民革命军第二集团军第九方面军总指挥，击破直鲁联军。此后他历任右路总指挥、北路总司令，进行北伐。1928年末，鹿任国民政府军政部常务次长。

1928年7月，北伐战争结束。1929年初的国民革命军编遣会议使蒋、冯矛盾进一步公开化，冯玉祥托病离开南京，到河南辉县百泉村居住，观察形势发展，准备反蒋，军政部长一职交鹿钟麟代理。同年5月冯决心反蒋，命令所部向甘、陕腹地西撤，韩复榘、石友三两军以甘、陕地区贫瘠不愿西进，加之蒋介石行贿拉拢，遂叛冯投蒋。蒋下令讨冯，冯遂通电下野。6月，阎锡山以共同下野出国为名，诱冯入晋，把冯软禁于五台县建安村，用以挟蒋自重。冯部宋哲元、孙良诚两军被迫退入潼关以西。鹿钟麟逃离南京后由上海转赴天津。10月，应冯玉祥电召赴建安共商大计，被任命为西北军代理总司令。鹿钟麟就职后，率高级将领联名电阎，请其从速送冯回陕，否则即发兵讨伐。1930年3月，阎锡山决定联冯倒蒋，将冯玉祥送回。

1930年3月15日，鹿钟麟领衔发出了倒蒋通电。4月1日，阎锡山、冯玉祥、李宗仁分别通电就任反蒋军总司令、副总司令，委鹿钟麟为前敌总指挥，不久，又任命鹿为二、三方面军前敌总司令。7月以后，蒋军加强了攻势。9月，张学良通电拥蒋，派兵入关，反蒋军迅速失败。为保存实力，冯玉祥拟将部队交鹿钟麟全权处理，遭到蒋介石的反对，冯、鹿一起解职。10月23日，鹿在焦作通电下野，后到天津闲居。

1931年冬，鹿钟麟被推为国民党第四届候补中央委员，1932年任军事参议院参议，1935年当选为国民党第五届中央委员。1935年冬，鹿与冯玉祥同时被蒋介石邀赴南京共商国是。其后曾到北平会晤宋哲元，为其出谋划策。在1937年七七事变前夕，鹿奉命再次赴平津视察，积极鼓励二十九军将士与日军决一死战。

1937 年,抗日战争全面爆发,冯玉祥出任第三战区司令长官,鹿钟麟为参谋长。不久冯调任第六战区司令长官,鹿任该战区副司令长官。1938 年初,鹿一度充任军事委员会军法执行总监部总监,负责审判韩复榘抗命不战案。11 月,鹿钟麟被委任为冀察战区总司令兼河北省政府主席。他遵照冯玉祥的旨意,坚持联共抗日,支持进步活动,但蒋介石和反共分子对鹿钟麟施加压力,胁迫他参加反共摩擦。1943 年,鹿钟麟六十寿辰之际,周恩来、董必武等前往祝寿。1944 年,鹿钟麟被任命为兵役部长。1945 年 5 月,当选国民党第六届中央委员,8 月,兵役部撤销,鹿转任华北宣抚使。

抗战胜利后,蒋介石发动内战。冯玉祥于 1946 年积极联络旧部,并制定分区负责人,投入反蒋民主运动。鹿钟麟为华北分区负责人,为民主运动做了一些有益的事情。

新中国成立后,鹿钟麟在天津做街道居民工作,曾积极捐献财物支援抗美援朝。1954 年冬,毛泽东主席设宴招待鹿钟麟,亲切地询问他在街上做工作的情况,称赞他是"办街道工作的专家"。此后,鹿钟麟被任命为国防委员会委员。

1966 年 1 月 11 日,鹿钟麟因病去世,终年 82 岁。

参考文献:

娄献阁、朱信泉主编:《民国人物传》第 10 卷,中华书局,2000 年。

刘海林主编:《张家口人物志》(古代·近现代卷),党建读物出版社,2005 年。

沉度、应列等编:《国民党高级将领传略》,华文出版社,2005 年。

胡必林、方灏编:《民国高级将领列传》,解放军出版社,2006 年。

(王　进)

罗 荣 光

　　罗荣光(1834—1900),字耀庭,湖南乾城人。自幼家贫,父亲早亡,靠母亲弹棉花艰苦度日。入私塾学习三年,及长投奔乾州绿营为武童。不久,转投长沙曾国藩湘军大营当差。后因治河有功升任把总。

　　1862年3月,罗荣光随李鸿章淮军增援上海,入华尔洋枪队,在江浙一带与太平军作战。在攻打常州的战斗中,罗荣光率部捷足先登,攻入城内,因功升为副将,赐号"果勇巴图鲁"。随后他领兵增援浙江、安徽、福建,1866年升为总兵。

　　1867年,东捻军攻打山东,罗荣光奉命率部以偏师游弋淮河南北,在运河附近大败东捻军。东捻军遂转头入江淮,罗荣光提兵追剿,击退东捻军。1868年,西捻军被李鸿章设计引入黄河、运河之间的狭长地带,大军层层围困长达三个月。西捻军多次突围,均被罗荣光部打退。因消灭西捻军有功,罗荣光晋升记名提督,并奉命率部驻防金陵、武昌、西安等地,前后达两年。

　　1870年9月,李鸿章出任直隶总督,调罗荣光部移驻天津海口,补为大沽协副将。李鸿章携周盛传视察大沽海口,认为南北炮台最为扼要,不可不设兵防备。罗荣光受令率部并征召民工择要重修炮台。罗荣光雇渔船在渤海沿岸大量收集贝壳,在新城修建数十座烧石灰土窑,昼夜不停地烧制石灰,为修筑大沽、新城炮台提供原料。又加贝壳粉、糯米汤、杨树条汁、藤条汁等搅拌成料,加厚筑造炮台,使之足以防御后膛炮弹的轰击。

并仿照西法加固护台,形状为椭圆形,高出平地数丈,既可击敌,又可防敌炮击。又在炮台墙外添拦潮土坝一道,避免潮汐侵刷。李鸿章购买德国克虏卜厂和英国摩士庄厂、瓦瓦司厂造大炮、快炮、后堂钢炮多尊,置于炮台之上。由于罗荣光认真监督施工,确保质量,历经四载,建成规模庞大的中西合璧前沿防御体系——大沽口炮台。

1873年初,德国教习李劢协来津,为大沽口炮台守军及驻扎小站等地淮军讲授炮兵原理与操作技术。1876年3月,李劢协回国,罗荣光特推荐部下卞长胜随往德国留学。1878年卞长胜回国,编撰《德国水师事宜》一书,并注释《德国陆师操法入门要诀、水师操法入门要诀》一书,为大沽协各营培训炮兵骨干。李鸿章架设电报由直隶总督行馆直通大沽协衙署驻地,确保了军情通畅。1881年10月,大沽设水雷学堂。罗荣光与刘含芳积极配合创办水雷营。管带由留英官学生黄建勋充任,以水性好、驾驭舟船灵活、勇敢强壮为条件,在营中选挑雷兵水勇,聘汉纳根、满宜士等外籍教习,进行定向培养。大沽港面辽阔,水雷营分驻南北两岸。很快就形成了战斗力,成为海口防御的利器。设立水雷营的作法,后来推广到北塘、山海关等地。

1886年5月,醇亲王奕譞巡阅北洋防务至大沽口,见两岸炮台群林立森严,守台官兵、水雷营训练有素,海防坚实,遂荐授罗荣光为天津镇总兵。罗荣光虽然地位显赫,但饮食、穿戴仍如同一名普通老兵。

1900年义和团运动爆发,席卷津京。4月6日,英、美、法、德公使联衔照会清政府,要求在两个月内将义和团一律剿灭,否则将派水陆各军进入山东、直隶两省,代为剿平。5月,各国兵舰38艘闯进渤海湾,停泊大沽口外,此时罗荣光已调任新疆喀什噶尔提督。面对严峻形势,他毅然奏请留任,镇守大沽口。大沽口拥有南北5座炮台,各类大小火炮170门,常年守军3000人,一个水雷营,另有北洋海军四艘鱼雷艇驻泊于家堡。他在南岸主炮台议事厅,召开五营六哨会议,坚定地宣誓:"人在大沽在,地失血祭天。"八国联军集结的参战部队达4万人,装备火炮276门。由于大沽海口水深岸曲,海口水雷密布,南北炮台严阵以待,畏于炮台威力,八国联军不敢贸然逼近。6月,联军司令派员谒见直隶总督裕禄,欺骗说:"只有四五艘舰船驶入海口,以保护天津租界各国侨商,免受义和团滋扰,并无他意。"裕禄居然下令开放海口水道,让俄舰"机略号"、美舰"马拉卡西号"、日舰"亚打告号"、英舰"灰丁"和"发霉"号等五舰驶入大沽口,6月10日,日、英、法、俄、德、美、意、奥八国进入租界的士兵达2004人。罗荣光闻讯大惊,大沽炮台处于腹背受敌之中。

6月15日,联军在俄军旗舰"露西亚号"召开军事会议,推选俄将海尔德布朗为大沽口联军行动总司令,决定了由水陆两路攻取大沽炮台的作战部署,悄悄派遣300名日本兵当晚在塘沽登陆,并下令10艘千吨级战舰随时准备驶入白河作战。16日上午,进入内河的5艘联军兵舰包围于家堡,水师统领叶祖圭下令北洋鱼雷艇撤退,大沽口守军处于孤立无援的境地。下午,八国联军特使巴克梅迪夫等人前往南岸主炮台营盘面晤罗荣光,借口八国联军出兵围剿义和团、保护侨民和教堂,要求清军必须让出河道,拆除河口中水雷,南北两岸炮台无条件让给联军驻守。罗荣光义正辞严地驳斥说:"荣光守台有责,理当执行上司的命令",断然拒绝八国联军的无理要求。联军代表下"最后通牒",扬言"17日凌晨二时之前不交出炮台,定将两岸炮台轰平"。

6月17日深夜11点,八国联军军舰突然对准我南北岸炮台轰击。在炮火掩护下,900人的突击队乘坐小艇,分左中右三路,直赴南岸炮台。罗荣光沉着镇定,指挥主炮瞄准敌舰,英勇还击,霎时炮声隆隆,波浪起伏。激战不到半小时,一艘敌舰被击中,拖着滚滚浓烟,狼狈退出战斗。停泊于家堡附近的5艘联军战舰从侧翼向炮台攻击,罗荣光率守军还击,击沉俄舰"机略号"。激战多个时辰,守军渐显被动,北岸炮台陷落。

6月18日上午7时至8时,敌开花炮弹落入南岸清军的两个弹药库,弹药全部被毁。敌舰迫近中营主炮台,因清军炮位置过高,反击困难,罗荣光遂命营官李忠成用南营门小炮还击,击伤敌舰一艘,打退敌舰进攻。

9时许,炮台弹药告罄。八国联军陆战队从海神庙船场登陆,截断了南岸炮台守军退路,罗荣光孤军奋战,兵勇伤亡极大。在血战中,罗荣光对眷属悲愤地说,"如今弹尽援绝,已到为国捐躯时刻。敌寇攻入必会抓住你们,朝廷命官的妻室,怎能遭洋人凌辱,就此杀身成仁吧!"遂带领一名亲随冲进沙场,所余将士感奋主帅神勇,一同冲下炮台与敌寇白刃拼杀。打死、打伤八国联军官兵130多人,击伤敌舰6艘。罗荣光及两千将士壮烈殉国,大沽炮台失守。

战后,人们从南岸炮台下发现了罗荣光的忠骸,遂收殓运归其故里乾城建茔安葬,罗荣光终年67岁。

参考文献:

《罗荣光传》,载赵尔巽主编:《清史稿》,中华书局,1977年。

王辉、张东甲著:《大沽炮台》,百花文艺出版社,1990年。

刘佐亮:《李鸿章与大沽炮台修建》,载贾长华主编:《海河流津沽》,百花文艺出版社,2005年。

天津市政协文史委、北京市政协文史委编:《京津蒙难记——八国联军侵华纪实》,中国文史出版社,1990年。

姚桂湘:《大沽炮台守将罗荣光之死辨》,《学理论》,2012年第24期。

(井振武)

梅阡

　　梅阡(1916—2002)，曾用名梅增溥，祖籍江苏常州，1916 年 8 月 15日生于天津。梅氏世代文风繁盛，诗书画在天津享有盛名。

　　梅阡在家族文风的熏陶下，自幼聪慧好学，初显艺术天分。1930 年暑假，时子周筹建了天津市立师范学校并任校长。这一年，14 岁的梅阡报考该校，在八百多名考生中名列榜首。入学后，梅阡在《市师校刊》任编辑，发表了《打铁匠》《亮银枪》《城墙与骆驼》等文学作品，编辑过《校庆纪念刊》。1931 年九一八事变后，编辑出版了《国难专刊》以及以小学生为读者的《少年十日》。

　　梅阡对戏剧的热爱与市立师范学校的影响是分不开的，学校有不少毕业于南开中学和南开大学的教职员工。此外，他与原中国青年艺术剧院艺委主任、院长，著名话剧演员石羽(孙坚白)是同班同学，学校成立戏剧研究会，他们两个都是会员。在市立师范学校参加戏剧活动的过程中，梅阡导演过《最末一枝》《北国之夜》等剧，其中《北国之夜》是根据日本秋田雨雀的独幕剧《北国之夜》改编而成。梅阡请音乐老师在后台配以小提琴独奏，来烘托那苍凉悲戚的气氛，石羽参加了这部戏的演出。

　　在市立师范学校求学期间，梅阡认识了幼稚师范班的费茵。1936年，梅阡从市立师范学校毕业后，与费茵结婚。1937 年暑假，正当他全力以赴准备报考北京大学时，卢沟桥事变爆发，他随流亡学生南下上海，后考入东吴大学法律系。在学校读书的同时，他还兼任上海艺华影片公司的编剧、导演,编导了故事片《复活》《魂断蓝桥》《大饭店》等,编写了《女皇帝》《合同记》《啼笑因缘》《女僵尸》等剧本。

1942年梅阡以优异的成绩从东吴大学毕业,因不愿在敌伪政府注册而放弃了律师职业,继续从事影剧编导工作,先后在艺华影片公司以及未名等剧团任编导,参与编导了《少奶奶的扇子》《茶花女》《雷雨》《日出》《原野》等多部话剧。

抗战胜利后,梅阡于1947年开始担任北平中央电影企业股份有限公司第三厂导演,与魏鹤龄、谢添等人合作,编导了《满庭芳》《碧血千秋》等影片,编写了电影剧本《花落水流红》《粉墨筝琵》等。

新中国成立后,梅阡加入了中国民主促进会。1951年,梅阡入北京人民艺术剧院担任导演。1952年秋,梅阡到天津国棉一厂体验生活后,创作了反映工人生活的话剧《喜事》。1956年,他与焦菊隐导演了郭沫若的话剧《虎符》《武则天》《胆剑篇》等历史剧,对话剧的民族化进行了探索。梅阡拥有丰富的中国古典文学知识,并善于吸收运用于话剧艺术。他始终坚持现实主义的艺术道路和民族化的追求,创作构思缜密,章法清晰,善于诱导演员进入角色,并长于调度出优美的舞台画面,而且能根据不同作家、不同风格的作品阐发其特色。1957年,梅阡将老舍的长篇小说《骆驼祥子》改编成话剧并搬上北京人艺的舞台,他对舞台处理非常有经验,使得该剧演出大获成功,他本人也凭借此剧成为和焦菊隐等人齐名的人艺四大导演之一,他们共同开创并奠定了北京人艺的演剧风格。

"文化大革命"后,梅阡又导演了描写周总理关心知识分子的话剧《丹心谱》,并根据鲁迅的小说《阿Q正传》《长明灯》《药》《狂人日记》等创作了多幕话剧《咸亨酒店》,1982年由中国戏剧出版社出版。另外还创作了话剧《鉴湖女侠》和昆剧《李香君》等,和苏民、林兆华一起导演了曹禺的话剧《王昭君》。

费茵因病去世后,1983年梅阡和著名京剧表演艺术家丁至云结婚,迁居天津,担任了30集大型电视连续剧《末代皇帝》的艺术指导。

梅阡传承了梅氏家族的文风,多才多艺,擅长绘画和书法,尤擅国画,擅绘梅花,且有独特的风格。1992年,深圳新时代出版社出版了他个人作品集《梅阡画集》。

在北京人艺工作期间,梅阡共编导了近30部话剧,并多次获奖。其中《王昭君》获文化部举办的庆祝建国三十周年演出一等奖。1981年,在北京市新创作剧目评奖中,《咸亨酒店》同获创作、演出一等奖。《骆驼祥子》《咸亨酒店》《王昭君》《女店员》《丹心谱》等剧,成为北京人艺优秀保留剧目。

梅阡曾担任中国戏剧家协会理事,北京戏剧家协会常务理事,中国书画社顾问,第五、第六、第七届全国政协委员,北京市第八届人大代表。

2002年2月17日,梅阡在北京病逝,终年86岁。

参考文献:

杨秀玲著:《天津影视史论》,天津教育出版社,2012年。

张绍祖主编:《天津爱子影视教育文萃》,天津教育出版社,2002年。

(杨秀玲)

梅　熹

梅熹(1914—1983)，祖籍江苏武进，1914 年生于天津。梅熹是清代天津著名诗人、教育家、地方文献学家梅成栋的后人，祖父梅宝璐是梅成栋的次子、天津著名诗人。梅熹的父亲是一名军医，他四五岁时，随着父亲往来于大江南北。进入学龄期，被送到赣北外祖父家上小学。后回到天津，在一所教会学校读初中，毕业后又到了北平读高中。

在中学阶段，梅熹对体育有浓厚兴趣，在华北运动会上曾获得撑杆跳高冠军。也正是在这一时期，梅熹对电影产生了很大兴趣。他曾说："我始终认为它是极神秘的东西！差不多有八九年的时间，我因了它曾经哭，笑，疯狂！"①有一天，梅熹看到联华影业公司北平分厂举办的演员养成所登报招考学员，他立刻报考。和他同时报考的还有白杨、陆露明、殷秀岑等，这些人后来都成为著名的影星。第一场、第二场梅熹都考过了，但在最后一场名落孙山。

高中毕业后，梅熹在北平大中中学任体育兼英语教员。一年后，被北平美术学院聘为注册主任。干了一段时间，他觉得此工作乏味，便辞职进入北平大学文学部戏剧科学习，不久，学校被教育部勒令停办，他只好到上海投奔亲戚。来到上海后，梅熹再次鼓起投身影坛的勇气。他找到著名影人费穆，费穆让他耐心地等待时机。他曾先后两次到天一影片公司

---

① 梅熹：《投身银海的经过》，《明星月报》，1933 年 10 月。

应试,均因他身材过高而被婉拒。直到 1932 年夏天,上海明星影片公司招考演员。梅熹再次鼓足勇气应考,终于在 1933 年进入明星影片公司演员养成所受训。短短三个月的训练后,他便在李萍倩导演的无声电影《丰年》(又名《黄金谷》)中扮演了一个重要角色。该片上映后大获成功,梅熹由此进入电影界。

明星公司随后和梅熹签订了三年合同。他陆续参加了《乡愁》《落花时节》《热血忠魂》《女权》《夜奔》等五部影片的拍摄。1935 年,"话剧皇帝"金山与戏剧家章泯等在上海组织了"四十年代剧社",于 1936 年 11 月上演了夏衍创作的话剧《赛金花》,梅熹因在剧中出色的表演而被新华影片公司看中,受邀与王人美合演史东山导演的电影《长恨歌》。在影片中,他与王人美饰演一对为争取婚姻自由与封建家庭决裂的青年。梅熹扮演的男主角朱冬心由推销员爬上经理位置后,得意忘形,花天酒地,最终堕落。梅熹将人物的这一演变过程刻画得淋漓尽致,这部电影让梅熹蜚声影坛。

1937 年,梅熹与明星公司合同期满后,在蔡楚生的邀请下加入联华影业公司,先后主演了《春到人间》《如此繁华》《艺海风光》等影片。同年 8 月,正当他参加《日出》的拍摄时,八一三淞沪抗战爆发,各大影业公司先后停业,大批影人奔赴大后方,《日出》被迫停拍,梅熹留在了上海。

1938 年,梅熹正式加入新华影业公司,当时上海正处于"孤岛"时期,电影界以拍摄古装片和时装片为主。在新华公司,梅熹先后主演了《一夜皇后》《琵琶记》《西施》《苏武牧羊》《卓文君》等二十余部古装片和时装片,其中创票房最高的是《木兰从军》。该片由著名戏剧家欧阳予倩编剧,卜万苍导演,香港影星陈云裳和梅熹、韩兰根、殷秀岑等主演。木兰从军的故事在中国家喻户晓,新华公司将这个题材搬上银幕,对处于抗战背景下的上海"孤岛"和反日情绪压抑已久的中国民众来说意义非凡,影片有意将叙事重点由传统的为父尽孝转移到为国尽忠,时代感非常强。

1939 年春节,《木兰从军》在上海沪光大戏院上映,引起轰动,场场爆满,创下同一家影院连映 85 天的影业记录,梅熹与陈云裳合唱的主题曲《月亮在哪里》也同时流行起来。影片拷贝还发行全国各地,在重庆、延安先后上映。梅熹因在片中的出色表演而得到赞誉,成为当年最卖座的男演员。当年梅熹还被艺华影片公司借去拍摄了《阎惜娇》《梁红玉》《合同记》和《啼笑因缘》四部影片。

1941 年太平洋战争爆发,上海完全沦陷。日本侵略者为了加强对上海电影事业的垄断,指使汪精卫伪政府颁布所谓的《电影事业统筹办法》,把新华、艺华、华成等 12 家电影公司合并,成立了中华联合制片股份有限公司。不久这个公司又改组为中华电影联合股份有限公司。在这期间,梅熹参加了《海上大观园》《秋海棠》《何日君再来》《摩登女性》《还乡记》等近 30 部影片的拍摄。从题材内容看,这些影片都以家庭伦理、爱情纠葛为主题。1944 年,中华电影联合股份有限公司和日本合作,拍摄了宣传"大东亚共荣"的电影《春江遗恨》,梅熹担任主角。

抗战胜利后,梅熹因主演《春江遗恨》被列为电影界附逆分子,受到抨击。1945 年至 1947 年,他一直不敢拍片,悔恨之余,发誓不再从事电影行业,改行经商。但由于时局动荡以及缺乏从商经验,结果以失败告终。1948 年他重返影坛,先后在新时代、华光、五华、国风、中联等几家电影公司拍摄了《626 间谍网》《雾夜血案》《谍海雄风》《芳魂归来》等影片。这一时期,梅熹的影星生涯开始走下坡路,往日"首席小生"的地位已经不复存在。

1948 年,梅熹奔赴山东解放区,报考华北人民革命大学。毕业后,他先后在华大文工团、华北话剧团任演员,演出了《白毛女》《刘胡兰》等剧,从银幕走上了话剧舞台。1953 年,梅熹被调到北京中国青年艺术剧院,主演了《文成公主》《沙恭达罗》《中锋在黎明前死去》等话剧。

1963 年,梅熹调入北京电影制片厂任导演,从舞台又返回银幕,参加了《停战以后》《风暴》等影片的拍摄,但没有给观众留下深刻的印象。1978 年,年近古稀的梅熹应邀在《乳燕飞》《飞行进行曲》等片中出演配角,其中在《血总是热的》中饰演了一位爱国老华侨,这是他在银幕上留下的最后一个人物形象。

1983年1月,梅熹在北京去世,终年69岁。

参考文献:

梅熹:《投身银海的经过》,《明星月报》,1933年10月。

赵士荟著:《寻访老影星》,学林出版社,2008年。

肖果编著:《中国早期影星》,广东人民出版社,1987年。

（杨秀玲）

倪 幼 丹

倪幼丹(1890—1942),名道杰,字幼丹,以字行,安徽省阜阳县人,民初安徽督军倪嗣冲的长子。

安徽督军倪嗣冲利用督皖期间(1913—1920)聚敛的巨额财富,在天津、安徽等地投资,其中在天津的投资涉及纺织、面粉、火柴、油漆、金融等行业。由于倪嗣冲忙于皖省军政事务,投资由倪幼丹代理。

1917年,倪嗣冲以其子倪幼丹为代表,与好友王郅隆共同出面,联合社会上一批有实力的军政商界人物共同集资,在天津创办金城银行。金城银行于5月25日正式成立,王郅隆任董事长,倪幼丹任董事。倪幼丹还与法国某金融界人士合办北京中法振业银行,后因经营不善而倒闭。

1918年,北京京师丹凤火柴股份有限公司与天津华昌火柴公司合并,倪氏财团独自投资成立了丹华火柴股份有限公司,倪幼丹任董事长。该公司分京、津两厂,1920年又在辽宁安东增设一处,是为东厂。1925年前主要生产安全性差且有剧毒的黄磷火柴,后改产硫化磷安全火柴。丹华公司津厂开设于西沽村(华昌原址),其主要火柴商标有"清真""玉手""福利""佛手""电风扇""醒狮"等。其中一种叫"手牌"的火花卷标,以16种不同手指变化图构成,为我国第一套成套火花,弥足珍贵。丹华火柴公司在华北市场占有主导份额。

1918年,倪嗣冲联合段祺瑞、王郅隆、徐树铮、曹汝霖等人设立的裕元纱厂正式投产,实收资本200万元,倪嗣冲投资110万元。在当时,裕元纱厂是天津规模最大的纺织厂,后来经过几次增资,它的生产规模一直居于领先地位。1920年,皖系在直皖战争中失利,安福系成员王郅隆被通缉,赵聘卿等人亦辞职,裕元纱厂改聘倪幼丹为经理。

1920年,倪嗣冲等人出资创办了天津大丰机器面粉公司,倪幼丹出任公司董事长,后由三津寿丰面粉厂经理孙俊卿和杨西园代为经营。1929年,并入三津寿丰面粉公司,改名三津永年面粉公司。1925年,倪幼丹与增兴厚米谷店的孙俊卿、立德米谷店的杨西园和部分三津磨房业成员,共同出资收购了中日合办的寿星面粉厂,改名为三津寿丰面粉公司,后称为寿丰面粉公司一厂。1932年将三津永年面粉公司改名为寿丰面粉公司二厂,同年又收购了民丰年记面粉厂,改名为寿丰面粉公司三厂。寿丰一、二、三厂的资本合计170多万元,其中倪氏财团的投资约为90万元。

另外,倪幼丹投资20万元在天津东乡唐家口创设了天津大成油漆公司,该公司引进德国技术,聘用德国技师。据说,大成公司是继上海开林油漆公司之后的中国第二家油漆厂。后因经营不善转手他人。

第一次世界大战后,天津德租界被收回,改为特别第一区。当时周边居民逐渐增多,原德国电灯房发电能力有限,勉强依赖英租界电灯房维持。倪幼丹与特一区有关机构协商,取得营业权,投资成立了北辰电气公司,经营状况颇佳。1928年天津改为特别市,北辰电气公司归政府经营,倪幼丹损失颇重。

为了赢得社会威望,倪幼丹遵奉父亲的遗命,乐善好施,经常捐助天津和家乡的善堂等慈善救济事业。倪幼丹还资助天津的教育事业,在社会各界名流筹建耀华学校时,倪幼丹数次捐款。学校建成后,倪幼丹连续多年担任学校董事会董事,直至去世。

晚年的倪幼丹皈依佛门。1935年,倪幼丹偕同妻子到苏州,皈依印光大师,法名慧杰,每日礼拜念佛。1942年倪幼丹病逝,终年52岁。

参考文献:

李良玉、陈雷主编:《倪嗣冲函电集》,社会科学文献出版社,2011 年。

张宪文等主编:《中华民国史大辞典》,江苏古籍出版社,2001 年。

李良玉、吴修申编:《倪嗣冲与北洋军阀》,黄山书社,2012 年。

（张慕洋）

齐 国 梁

　　齐国梁(1884—1968)[①]，字璧亭，直隶宁津县人，父亲齐俊元是一位开明士绅。齐国梁1884年出生于宁津县城，有四个兄弟。他自幼天资聪慧，勤奋好学，熟读经书，写得一笔好字，很早便中了秀才。后离开家乡到省会保定高等师范学堂求学，学习刻苦。毕业时，县长还赠以铜墨盒一个，以示鼓励。

　　1907年齐国梁从保定高等师范学堂毕业后，考入北洋大学堂师范科，1909年毕业，公费留学日本广岛高等师范学校。1911年冬回国参加辛亥革命，先后任宁津县高等小学、广平县中学、保定高等师范教员。1913年再赴日本，1915年以优异成绩完成了日本广岛高等师范的学业，获得学士学位，继续进入研究科深造。留学期间，他调研了日本的师范教育，特别是日本的女子师范教育。当时在日本兴起的家政学科主要开设于女校，是使女学生学会科学管理家庭、料理好家务、教育好子女的基本技能，为提高妇女在家庭与社会中的地位，使妇女顺利走出家庭、谋求独立生活创造了条件。齐国梁由此萌生了在中国兴办家政学科的念头。

　　齐国梁主张男女教育应相辅而行，不能重此轻彼。但男女又是有差别的，"男女之身心必各殊，其天职亦异，故教育宜于男子者未必宜于女子"，所以应"察其特性、审其天职，因物付物，然后可收改良之结果"。对

---

　　①　关于齐国梁的出生年份，《天津近现代著名教育家传略》第94页记述为1883年，《天津近代人物录》第87页记述为1885年。笔者采用齐国梁孙女齐文颖《毕生从事师范教育的齐国梁》一文说法，为1884年，该文载于《近代天津十二大教育家》第170页。

于女子教育,他反对单纯的书本教育,而是重视智、德、体的全面发展。①

1916 年 1 月,受张伯苓的推荐,齐担任设于天津的直隶第一女子师范学校(以下简称女师)校长。女师成为齐国梁实践教育救国理想的一个基地。他首先调整学校的管理层,起用赞成妇女解放、提倡妇女走出家门入学堂接受新式教育的马千里先生协助其主持校务,还给马千里创造条件到日本短期参观访问。他对教师队伍也进行了调整,聘请了一批思想新、学问好、责任心强、赞成男女平等和妇女解放的教师,并根据每位教师的专长,重新安排了课程内容。以国文课为例,过去的教学只重视古典文学,特别是古代女性诗词的讲授。而齐国梁则加强了新文学著作的选读,并给教师以自由空间,根据本人所长自选教材、自编讲义。其他文科课程如英文、史地等情况也都类似。

齐国梁也十分重视理科的师资与设备条件,聘请第一流的中学教师来校任课。学校设立了宽敞明亮的实验室,实验设备一应俱全。在课堂上除由教师演示外,还安排学生亲自实验,每周两小时,连在一起以利操作。化学实验用品每人一份,每个学生都有自己的柜子用来放实验用品。生物实验室四壁都是标本和挂图,显微镜每两人一架,观看动植物的组织结构,然后画出图来,写出观察结果。动物课上还让学生解剖青蛙、鸽子、兔子、鱼等,这在当时是很先进的。

齐国梁对音乐、美术、体育等课程也十分重视。女师的初中音乐课程除注意教授中外名曲及乐理外,还经常让同学们欣赏各种器乐演奏与中外唱片,以提高音乐修养,同时也很注意民歌、民谣的教唱与欣赏。高中时期,重点是乐器训练,设有专门的练琴室,供学生练习之用。美术课程包括国画、油画、水彩画、粉笔画等,都由造诣较高的教师教授,理论与实践并重。体育课程从体操、国术直至田径、球类都有专门设置,并有专门场地练习。为满足当时部分同学滑冰、骑自行车的要求,学校设有专门的

---

① 齐文颖:《毕生从事师范教育的齐国梁》,载天津市政协文史委编:《近代天津十二大教育家》,第 175 页。

冰场、自行车场、旱冰场,备有一定数量的冰鞋、旱冰鞋、自行车等供学生练习使用。这在当时的学校中是不多见的。①

齐国梁的夙愿是把国外新兴的家政学科介绍到中国,与国内的女子师范教育结合起来,开设专门课程,培养新型的女性师资和兼顾家庭的合格主妇。1917年经省政府批准,女师正式设置了家事专修科,并开始招生。五四运动时期天津学运及妇女运动著名领袖郭隆真,即为该专修科的第一批学生。由于家政学在国内是首创,既无先例可循,又没有现成的师资可聘。他特地从日本聘请了东京高等师范家事科毕业生佐竹、加滕两位女士担任课程讲授,为了解决学生不懂日文、教师不会中文的矛盾,他亲自担任课堂及课外辅导的翻译。经过艰苦的努力,家政学科终于在女师创建起来了,并成为国内培养家政师资的重要基地。

在齐国梁的带领下,女师培养了大批优秀的小学及幼儿园教师。该校还涌现出一大批爱国革命运动领袖和妇女运动领袖与积极分子,如邓颖超、许广平、郭隆真、张若名、刘清扬、李峙山、王贞儒等。女师的学生为中国革命做出了贡献,甚至成为当时天津妇女运动的核心。

1921年,齐国梁向教育厅请假赴美深造,先入斯坦福大学教育系本科学习,后入哥伦比亚大学,获硕士学位。留学期间,他特地考察了美国学校中的家政学科。其中,哥伦比亚大学师范学院内设置的实用艺术部,把家政学、看护学、食品学、服装学及图案、音乐、体育等科作为其重要组成部分。在美国五年的学习,使他深切感到设立家政学专科学院对于充实女子智能、改进家庭的重要性。

1926年8月,齐国梁留美归来,任女师校长,并向省教育厅建议增设女子家政艺术学院。但因当时连年战争,经费拮据,难以实现。1928年春,他再次建议。同年9月,齐国梁赴河北省教育厅任职,教务主任杨鹤升代理校长。此时,直隶省改为河北省,校名改为"河北省立第一女子师

---

① 齐文颖:《毕生从事师范教育的齐国梁》,载天津市政协文史委编:《近代天津十二大教育家》,第176—177页。

范学校"。不久,齐国梁又回校任校长。1929 年 4 月 23 日,齐国梁的建议经河北省政府第 85 次会议通过,以河北省立第一女子师范学校的一部分为校址成立省立女子师范学院,齐国梁为院长,学院下设国文、家政两系。1930 年 9 月,齐国梁因院校并立,于行政不便,呈准院校合并,总称河北省立女子师范学院(以下简称女师学院)。该院除设学院部外,又设师范、中学、小学、幼稚园 4 部。

河北省立女子师范学院是当时全国女子院校中规模最大、科系最全、经费最多、设备也最为完善的。学院增建了科学馆、音乐馆、体育馆、染织工厂及大型的烹饪室,并开辟园艺场地,设置实习家庭,充实图书馆。到 1936 年,女师学院陆续开设了家政、国文、史地、英文、教育、生物、理化、数学、音乐、体育、图画等 11 个系 23 个班级,面向全国招生,学生经常保持在 350 人左右,连同它所属的师范部、女中部、小学部、幼稚园部,共有在校生 1826 人。

为把女师学院办成国内一流的女子教育机构,齐国梁聘请了许多著名学者、专家、教授来校任教,还聘请外籍教师讲授外国语言、文学等。为加强对学生的毕业实习指导,学院还设有"毕业试验校外委员"制度。齐国梁还经常邀请校外人士来校演讲,以活跃学术气氛,扩大学生的知识面和眼界。

努力办好家政系,是齐国梁自日本留学归来始终坚持的理想。为此,他聘请留美归来的家政学专家孙家玉为女师学院家政系主任,参照国外标准,结合中国的经验制定教学规划,安排课程。为了配合家政系的课程,女师学院在科学馆内建起了先进的化学及营养分析实验室,还专门辟有烹调用的中、西餐大厨房,以及家庭管理实习用的"家宅"。毕业生服务各地,成绩斐然。在齐国梁主持下的女师学院及所属各部都出版各自的刊物,这也是其办学的一大特点。

1937 年七七事变,抗战全面爆发。7 月 29 日,日军向女师学院投下 4 枚炸弹,学校无法续办。齐国梁亲自带领部分师生离开天津,辗转到达甘肃兰州,先后与西北联合大学及国立西北师范学院合作办学,并任国立西北师范学院分院院长兼家政系主任。其间,他得到了教育部特批的中英文化教育基金的资助,并多次被邀请到四川省讲授家政学,推进了大后方的家政教育。[1]

抗日战争胜利后,女师学院于1946年初复校。6月15日,齐国梁返回天津,继续担任女师学院院长。当即商请驻军移出教舍,修葺房舍,聘请教员,筹划招生。复校后的女师学院设国文、教育、家政、音乐、体育5系,首批招收新生共106名。[2]到1948年,该院已发展到5个本科系,各类学生1500多名,除校本部外,还附设中等师范、中学、小学、幼稚园四部。

1949年1月15日,天津解放。4月,军管会接管了女师学院的工作,建立了党支部,进行组织整顿,实行教学改革,将家政系改为教育系。8月,国立国术体育师范专科学校并入女师学院,校名更改为河北师范学院,男女生兼收,设教育、中文、体育、艺术4系。10月,由当时的河北省主席杨秀峰兼任院长,齐国梁调往保定,后曾任河北省人民政府参议,第一届河北省人民代表大会代表,第一、第二、第三届河北省政协副主席,国民党革命委员会河北省分部副主任,国务院参事室参事等职。

1968年,齐国梁在天津逝世,终年84岁。

参考文献:

潘强主编:《天津近现代著名教育家传略》,天津教育史研究会1995年内部印行。

天津市政协文史委编:《天津近代人物录》,天津市地方史志编修委员会总编辑室1987年内部印行。

张绍祖编著:《津门校史百汇》,天津人民出版社,1994年。

(张绍祖)

---

[1] 齐文颖:《毕生从事师范教育的齐国梁》,载天津市政协文史委编:《近代天津十二大教育家》,第186—193页。

[2] 张绍祖编著:《津门校史百汇》,天津人民出版社,1994年,第30页。

齐 协 民

　　齐协民(1893—1977),名为,字协民,以字行,浙江杭州人。出生于浙江杭州的一个官宦家庭,其父曾担任余杭、归仁和钱塘等县的知县,清末做过宁波府的知府。齐家家教甚严,注重对子弟的教育。齐协民很小就进入杭州小学学习,后来由于家道中落,继续求学有困难,在舅父康绳武的资助下,齐协民进入美国人开办的上海尚贤学堂读书。在这个学堂中,齐协民接触到民族民主革命的思想,看到孙中山先生写的宣传反满革命思想的小册子,又受到徐锡麟和秋瑾烈士为革命献身的影响,他在思想上倾向革命,常常奋笔疾书,撰写一些鼓吹民主革命的文章,陆续发表在于右任主办的《民主报》上。齐父知晓此事后认为,齐家世受皇恩,反清实乃是大逆不道之事,齐家子孙断不可为,他迫令齐协民退学,回到杭州家中。

　　1911年,借祝贺外祖父六十寿辰之便,齐协民随母亲北上省亲。当时,正值武昌起义以后,革命浪潮汹涌澎湃,年轻的齐协民向往革命,在北京托亲戚李石曾代谋工作。李石曾介绍齐协民到天津《民意报》工作,担任《民意报》驻北京记者。经过一段时间的观察,李石曾、杨杏佛、廖仲恺介绍齐协民加入同盟会。① 他与杨杏佛同住在永光寺中街的京社里,后经杨杏佛介绍,担任北京《民命报》的主编。②

　　1913年,袁世凯迫害国民党人士,一些知名的国民党人士陆续离开

---

① 天津市政协文史委编:《天津文史资料选辑》第37辑,天津人民出版社,1986年,第38页。
② 天津市政协文史委编:《天津文史资料选辑》第11辑,天津人民出版社,1980年,第142页。

北京。正当齐协民犹豫是否离开北京时，接到杨杏佛、李元箸由上海转来孙中山签署的委任状，并附有杨杏佛的手书，大意是："孙总理密谕，派吾弟任欢迎国会团总代表，希速欢迎我党议员星夜南下……"①齐协民暗中通知并安排国民党籍的国会议员迅速离开北京，经天津转赴上海，先后送走二十余人。此事被北京军政执法处侦知，下令通缉有关人员。齐协民得知消息，迅即避入天津租界，后转赴大连。

1916年袁世凯死后，齐协民回到北京，接受前法制局参事姜澧兰邀请，担任《民生报》总编辑。该报由黎元洪提供资助，替黎元洪做宣传。此后不久，齐协民又办了《太阳周刊》，接受冯国璋的资助，也替冯国璋做宣传。凭借这两个刊物作媒介，齐协民与当时政界许多人物有了交往。1917年，他当选为顺直省议员。张勋复辟平定后，冯国璋进京继任大总统之职，因替冯国璋宣传有"功"，齐协民被介绍给江西督军陈光远，被委任为江西督军公署驻京办事处处长，后又兼任江西涂家埠统税局局长。1920年直皖战争后，齐协民的议员一职被免。1922年，江西督军陈光远垮台，江西督军公署驻京办事处的牌匾被摘掉，齐协民所任江西涂家埠统税局局长之职也被迫让位。

齐协民随同陈光远回到天津，住在英租界的寓所里。短暂的政治生涯，使齐协民感触颇深，他厌倦了"城头变幻大王旗"的乱世风云，转向投资经营。齐协民认为，做生意的先决条件就是要消息灵通，熟悉政局的变化情况，否则就不可能赚到钱。为达此目的，齐协民一面广泛地结交在朝在野的权贵显要、军阀政客，一面与经济界闻人深相结纳，谋求内幕情报和政情变化的动向，以此来决定自己的投资方向，同时，极力拉拢银行业的资本家，作为自己经济上周转的支持者。在齐家的客厅里，有齐协民自己手书的一副对联："托意在经济，忘形向友朋。"正是齐协民这种心态的真实写照。齐协民周旋于军阀、官僚、巨商、买办及其内线、外线人物之间，经常与他们一起吃喝玩乐，凡是军阀、政客、买办以及银行、财界知名

① 天津市政协文史委编：《天津文史资料选辑》第11辑，第142页。

人士,不管他们是台上台下,也不管他们是哪党哪派,他都一律广为结交。

齐协民酷爱京剧,"走红优伶,一时间都成了齐家的座上客。像梅兰芳、马连良、尚小云、裘盛戎、李少春、袁世海、张君秋等京剧名角及国画大师齐白石都是齐家的座上宾朋"①。闲来谈谈戏曲,吊吊嗓子,成为齐家常事。在这种艺术环境与文化氛围中,齐协民的女儿齐啸云从小就受到戏曲艺术的熏陶,耳濡目染,与京剧结下了不解之缘,后来成为著名京剧表演艺术家。

抗日战争期间,齐协民寓居天津法租界,与"天津一班所谓退隐士绅、下野军阀、闻人后裔和银行巨子等,酒食征逐,消磨岁月。他们组织了一个'二五聚餐会'(每星期二、五聚会),轮流在自家坐东"②。

1945 年 8 月,齐协民接办《中华日报》,自任发行人兼社长。《中华日报》为四开四版小报,到 1947 年底,由于人员流散,《中华日报》被迫停刊。③

新中国成立后,齐协民以自己周旋于军阀、官僚之间的亲身经历,撰写了大量的回忆文章,披露了许多鲜为人知的史料。

1977 年,齐协民去世,终年 84 岁。

---

① 吴前进:《志齐青云 啸傲菊坛——记中国和平统一促进会理事齐啸云》,《统一论坛》,2003 年第 2 期。
② 刘仰东编:《去趟民国:1912—1949 年间的私人生活》,生活·读书·新知三联书店,2012 年,第 208 页。
③ 天津市政协文史委编:《天津文史资料选辑》第 42 辑,天津人民出版社,1987 年,第 153 页。

参考文献:

全国政协文史委编:《中华文史资料文库·军政人物编》第 10 卷,中国文史出版社,1996 年。

天津市政协文史委编:《天津史志丛刊·天津近代人物录》,天津市地方史志编修委员会总编辑室 1987 年内部印行。

天津市政协文史委编:《天津文史资料选辑》第 37 辑,天津人民出版社,1986 年。

（郭登浩）

乔 清 秀

乔清秀(1910—1944),本名袁金秀,河南省内黄县马上乡店集村人。袁金秀从小家境贫寒,父病早死,母亲改嫁。生活艰苦的童年经历,使袁金秀养成了沉默寡言、内向孤僻的性格。但她很有演唱的天赋,1923年她被艺人乔利元发现并收为徒弟,走上了演唱河南坠子的从艺之路。

河南坠子俗称"坠子书""简板书""响板书",因使用河南坠子弦(又名坠琴)伴奏而得名。其前身是流行于河南的"道情",1900年左右与流行于山东、河南的莺歌柳书相融合,在唱腔和音乐方面出现了很大的变化,河南坠子由此形成。当时坠子是以唱大书(即中长篇书)为主,袁金秀自然也从学唱大书开始。她天赋惊人,一天能记下七八百句唱词,记下了便不会忘记。更可贵的是她不拘泥于原有的音乐唱腔,在学习中总能创造一些新唱腔。乔利元决心好好培养袁金秀,专门聘了名弦师康元林给她伴奏,并请来名家潘春聚和张金忠做她的老师。在他们的帮助下,袁金秀对坠子原有唱腔进行了大胆改造。乔利元是由山东大鼓改唱坠子的,故其腔调中或多或少还有山东大鼓的味道。袁金秀彻底将"山东大鼓味儿"剔除,保持了坠子音腔的纯洁。在袁金秀之前学唱坠子的女艺人,对男艺人的演唱方法亦步亦趋,没什么特殊变化。袁金秀则变男声唱腔为女声唱腔,发挥了女性的嗓音优势。经过一番努力,她成为第一个有所作为的坠子女艺人。她和乔利元搭档在河南、山东、河北的一些中小城市和乡镇演出,好评如潮。

1926 年,袁金秀和乔利元结为夫妻,并正式改名为乔清秀,在河南、河北等地渐渐有了名气,开始在石家庄演出。请他们演出的书场在未告知的情况下,在门前牌子上乔清秀的名字前冠上了"盖河南"三个字。好事的人特意从河南和河北南部邀请来一些名艺人到石家庄,要在艺术上压倒乔清秀。然而,艺术较量的结果,乔清秀占了绝对的上风。

1929 年,乔清秀应天津著名曲艺园子"北海楼"的邀约来演出。这个茶楼有着极佳的服务,观众很多,在此演出的多为京、津两地的著名艺人。为了吸引天津观众,她在丈夫乔利元、琴师康元林、老艺人潘春聚的帮助下,不仅移植了大量在天津流行的曲目,还对已有曲目进行调整,增加天津地方色彩,灵活运用京音、津音与河南乡音,加强与观众的交流。并以传统的河南坠子唱腔为基础,对唱腔去粗取精、博采众长,大胆地从梨花大鼓、京韵大鼓、天津时调及其他民间戏曲中吸取营养,逐步创立了清新明快、独具风格的"乔派"唱腔。"乔派"是河南坠子艺术形成的第一个流派,主要特点是演唱风格清新,行腔明快婉约,特别注重高音、中音、变音的应用,既有大鼓书里的"京口儿",又不失中州的尖团音,兼有一股音调上的俏丽和脆劲儿。她有许多拿手的曲目,如《凤仪亭》《问路斩樵》《王二姐思夫》《小天台》《韩湘子度林英》《三堂会审》《小黑驴》《宝玉探病》《黛玉悲秋》《黛玉焚稿》《哭长城》《打芦花》《游湖借伞》《李三娘打水》《双锁山》和小段《哀公问政》等。中长篇书目也有不少,有《包公案》《杨家将》《刘统勋私访》《刘公案》《五虎平西》《呼延庆征西》等。无论是中长篇还是短段儿,都很受欢迎。

乔清秀赢得了"坠子皇后"之声誉,她在哪里演出,哪里就要换上很讲究的桌帷子,上边绣有"乔清秀"三个大字。观众捧她,就送了许多的锦旗、绣幛,分别绣有"坠子皇后""余音绕梁""天赋歌喉""高台教化"等赞誉之词。锦旗、绣幛就悬挂在场子的墙上,而台前摆满了观众献上的花篮。一时出现了"满城争说乔清秀"的情形。30 年代中期,她和乔利元在昆仑公司、胜利公司、美国亚尔西爱唱片公司等多次灌制唱片,分别是她独唱或与乔利元合作演唱的《洛阳桥》《改良拴娃娃》《宝钗扑蝶》《白猿偷桃》《李存孝夺篙》《马前泼水》《独占花魁》《河北寻兄》《小寡妇上坟》《吕蒙正赶斋》《关王庙》《芈建游宫》《昭君出塞》《因果报》《蓝桥会》等唱片，共计20张。唱片的发行使"乔派"坠子风行大江南北。

1941年新春，乔清秀到沈阳演出，轰动了沈阳城。但演出的第二天，便收到了伪满洲国宪兵送来的请柬，请她带着月楼、喜楼、凤楼三个义女去陪酒，她当场以有演出为名拒绝了。宪兵队恼羞成怒，竟然以怀疑乔家有"赤党"为名将乔利元、乔清秀关进了宪兵队。乔利元在宪兵队被折磨致死，乔清秀虽被释放出来，但从此患上了精神分裂症。在沈阳艺人们的帮助下，乔清秀1941年冬回到天津。

乔清秀的病时而发作，便极少登台演出了。离开舞台后她的生活陷入了困境。1944年，乔清秀在贫病交加中去世，终年34岁。

参考文献：

罗扬主编:《中国曲艺志·天津卷》，中国 ISBN 中心，2009 年。

《乔清秀到津》，《游艺画刊》，1941 年第 3 卷第 9 期。

《小彩舞停演，乔清秀登台》，《庸报》，1941 年 1 月 25 日。

（高玉琮　朱健铭）

裘 爱 花

裘爱花(1923—1990)，出生于浙江省嵊县石蟥村。3岁时父亲去世，后随母改嫁。10岁离家，加入临安鲁家班学演越剧。四年半后，裘爱花开始搭班唱戏。裘爱花很善于学习，经常借鉴别人的戏路、技巧，默记别人的声腔，把别人的特色、长处牢记在心，经过吸收消化，很快成为当地的知名演员，擅长演出《李三娘》《陶三春》《坐宫》等戏。

1938年，裘爱花应邀到上海演出，她与傅全香、尹桂芳合演了《黄金与美人》《难为情》《红粉飘零》等新剧目。她扮相青春亮丽，表演朴实细腻，声腔是以传统技法为根本，根据自己本身的嗓音条件有所创新，唱出来别具韵味，深受观众喜爱。

抗战胜利后，裘爱花开始挑大梁，与小生陈少鹏、毕春芳合演《苏小妹》《泪洒相思地》。1948年，她自己组建民声越剧团，与筱少卿、陈佩君合演《白蛇传》《孟姜女》等剧。早先演越剧没有固定的剧本，也没有固定的演出服装和布景，演员可以自由发挥，演出很不规范。裘爱花为改变这种落后状况，自己花钱为剧团请来编剧、导演及舞台美术工作人员。此时，她的舞台表演艺术已经成熟，依然随时借鉴昆曲、话剧和电影的表演手法，用以充实越剧的表现力，促使越剧的舞台艺术更臻完美。

新中国成立之初，上海新生女子越剧团赴天津做短期演出，天津群众第一次在自己的家门口观看越剧，其热情程度出乎意料。1950年3月，天津天华景戏院经理高渤海派人赴上海，邀请裘爱花、筱少卿、邢湘麟等组成上海联合女子越剧团,到天津演出现代戏《红花果》及一批古装传统戏。越剧唱腔抒情、优美,服饰绚丽多彩,舞台美术虚实兼顾,令天津观众耳目一新。每天演日夜两场,场场爆满。演出合同期满,观众仍一再挽留,联合女子越剧团在天津一连演了几年,创造了外来剧种在一家戏院久演不衰的奇迹。1953年6月,裘爱花、筱少卿等来自上海的越剧艺人,以天津市越剧团的名义,慰问抗美援朝志愿军战士,历时3个多月。

1954年1月,天津市举办第一届戏曲观摩演出大会,裘爱花、筱少卿合作演出《梁山伯与祝英台》,获一等演员奖。周扬、田汉、张光年、郭汉城等戏曲界名家对她们的演技给予高度评价。会演结束后,经天津市政府批准,这个民营戏曲团体正式组建为民营公助天津市越剧团,开创了越剧"南花北移"的先河。

天津市越剧团成立后,裘爱花为了提高自身艺术水平,拜"北昆笛王"田瑞亭为师,刻苦学习昆曲名家韩世昌的《思凡》《游园惊梦》《春草闯堂》等剧目,学习昆曲旦角的艺术技巧,糅化到越剧的表演实践中。她还虚心向梅兰芳、马连良、谭富英等京剧前辈请益,经名家点拨,她个人的艺术修养有了明显提高,越剧戏路得以拓宽。

1954年,裘爱花扮演《红楼梦》里的林黛玉,在北京演出大受欢迎。中央戏剧学院院长欧阳予倩亲自为裘爱花加工了"葬花"一折,将他的心得体验倾囊相授。戏剧导演焦菊隐运用戏剧理论,帮助裘爱花塑造人物。经过名师指点,裘爱花对剧中人物的理解及舞台形象的塑造产生了质的飞跃。《红楼梦》在北京连续演出三个月,观众热情不减。天津市越剧团把宝玉和黛玉的爱情故事搬上舞台,在越剧史上是第一次,而且为后来越剧电影《红楼梦》的问世,提供了可资借鉴的经验。此后,裘爱花又先后主演了《孔雀胆》《叶香盗印》《孟丽君》《文成公主》等历史剧,均取得了很大的成功。

裘爱花还主演了许多其他的新编剧目,如由同名歌剧改编的《刘三姐》、根据朝鲜同名歌剧改编的《红色宣传员》、从京剧移植的《黛诺》、从沪剧移植的《芦荡火种》等。她主演这些既有古代题材也有当代题材的新戏,在艺术表现方面多有创新尝试,受到观众喜爱。她在舞台上所塑造的一个个感人至深的艺术形象,给各地观众留下难忘的印象。

20世纪60年代初,天津市越剧团招收了一批少年学员,裴爱花为培养接班人倾注了自己的心血。她为学员排演的大型神话剧《宝莲灯》,在北京演出后受到马少波等戏剧专家及观众的普遍好评。裴爱花对越剧事业的无私奉献,赢得人们的尊敬和爱戴,1954年她当选第一届天津市人民代表;长期担任市文联委员、天津市戏剧家协会理事;1962年加入中国共产党,同年被评为市级劳动模范;1965年应邀赴北京,出席天安门国庆观礼。

1978年7月,裴爱花被调到天津市文化局戏剧研究室工作。"文化大革命"结束后,越剧团重新恢复,此时裴爱花已经年近花甲,为了补回被"文化大革命"耽误的宝贵时间,她努力拼搏,时隔多年重新上演原创剧目《文成公主》,观众看到裴爱花依然精神抖擞,风采不减当年,全场报以热烈的掌声。

1986年,裴爱花被评为国家一级演员,同年,调入新成立的天津市表演艺术咨询委员会任委员。1990年,裴爱花因病在天津逝世,终年67岁。

参考文献:

部分内容由裴爱花的爱人高其声口述,部分内容根据采访天津市越剧团筱少卿、陈佩君等老艺术家的笔记加工整理。

《中国戏曲志》编辑委员会、《中国戏曲志·天津卷》编辑委员会编:《中国戏曲志·天津卷》,文化艺术出版社,1990年。

(甄光俊)

沈 从 文

沈从文(1902—1988),原名沈岳焕,乳名茂林,字崇文,后改名从文,有休芸芸、甲辰、上官碧等多个笔名,祖籍贵州铜仁,出生在湖南凤凰县的一个官宦家庭。

沈从文的父亲沈宗嗣自幼学文习武,曾参加抗击八国联军、保卫大沽口的战役。辛亥革命爆发后,沈宗嗣在家乡两度参与领导反清武装起义。1919年出任过湘西地方军队的军医正(相当于校级的军衔)。沈从文的母亲出身于读书人家,沈从文在家中排行第三,有兄弟姊妹各一。

1915年2月,沈从文由私塾转入新式小学就读。由于受家庭熏陶和环境影响,沈从文自幼憧憬军旅生活,15岁时就加入当地的一个预备兵技术班接受训练。1918年8月,他年仅16岁就加入了湘西的地方军队"靖国联军",闯荡于湘、鄂、川、黔等地,先后当过士兵、班长和上士司书。因部队溃败而被遣散后,沈从文又做过警察所的办事员、团防局的收税员。1922年2月,沈从文再次入伍,做了湘西军阀陈渠珍的书记官,为陈保管过书籍、书画、碑帖、瓷器等古董,这段经历为他日后从事文学创作和文物研究打下了基础。一年之后,沈从文调到陈渠珍办的报馆中做校对工作,接触到一些宣传进步思想的报刊和书籍,年轻的沈从文开始向往外面的世界。

1923年8月,沈从文离开部队与朋友结伴到北京求学。他在贫困潦倒、入学校读书深造无望的情况下,寄宿在湖南会馆,坚持刻苦自学,练笔不辍，从 1924 年 12 月起陆续在《晨报·副刊》等刊物上发表作品，逐渐成为一名年轻作家，并参与了《京报·副刊》等文学刊物的编辑工作。他以休芸芸、懋琳、璇若等笔名，在《晨报·副刊》《现代评论》《小说月报》《语丝》等刊物上陆续发表作品。1926 年北新书局出版了他的合集《鸭子》。次年，新月书店又出版了他的短篇小说集《蜜柑》。

1928 年，沈从文南迁上海从事写作，并与胡也频、丁玲夫妇一起创办了"红黑出版处"和《红黑》月刊，但不久即破产停办。1929 年 8 月，经徐志摩推荐，沈从文被时任校长的胡适聘任为中国公学文学系讲师。从 1930 年 9 月起，沈从文先后在武汉大学、青岛大学任教。1933 年 7 月，沈从文辞去青岛大学教职，应杨振声之邀到北平从事由教育部组织的中小学教科书编辑工作。1933 年 9 月，沈从文与张兆和在北平举行了婚礼。

当时，天津《大公报》的经理胡政之正在为该报的文学副刊物色编辑人选。经杨振声推荐，沈从文得以入选。《大公报·文艺副刊》于 1933 年 9 月 23 日创刊，编委会由杨振声、沈从文、朱自清、林徽因、邓以蛰和周作人组成，日常编务主要由沈从文主持。从 1935 年 9 月起，《文艺副刊》更名为《文艺》，由沈从文和萧乾合编，1936 年 4 月后由萧乾单独署名编辑，但沈从文仍参与了部分组稿和编辑工作。[1] 以《大公报·文艺副刊》为纽带，形成了一个在中国文坛上颇具影响的"京派"文人群体。天津《大公报》的社会影响随之大增。沈从文主持《大公报·文艺副刊》，不仅对刊物本身的发展，而且对天津的文坛都产生了深远的影响。

1937 年 7 月北平沦陷。8 月中旬，沈从文按教育部要求与北大、清华的部分教授一起撤离北平，于 9 月初辗转到达武汉，在非常困难的条件下，仍与杨振声等人继续坚持从事教科书编辑工作。年底，他与曹禺、萧乾、孙伏园等人到长沙的八路军办事处拜访了徐特立。1938 年春，他经贵州到达昆明，边从事教科书编辑边进行写作。1939 年 6 月，西南联合大学聘请沈从文担任该校师范学院国文系副教授，1943 年 7 月改聘为

---

① 郭武群著：《打开历史的尘封——民国报纸文艺副刊研究》，百花文艺出版社，2007 年，第 65 页。

教授。

抗战胜利后,1946 年 6 月,沈从文被北京大学聘为文学院教授,7 月中旬赴北平就职。回到北平后,沈从文除在北大任教之外还兼任辅仁大学的课程。他在教学之余仍从事写作,并参与了天津《益世报·文学周刊》和复刊后的《大公报·文艺副刊》的编辑工作。

1947 年,北京大学成立了博物馆筹备委员会,并决定建立博物馆专修科,沈从文对此给予很大支持,他不仅把自己收藏的文物借给博物馆展出,还向学校捐赠了部分藏品和图书资料。这一时期,沈从文除了讲授"新文学研究""小说习作""现代中国文学"和"中国小说史"等文学专业的课程,从 1948 年起,他为北大博物馆专修科讲授了"陶瓷史"课程。这为他此后"转业"打下了基础。

从 20 世纪 20 年代至 40 年代,沈从文是一位"高产"的作家,其作品的风格及题材也是多样化的,其中最具特色的当属那些描写湘西风土人情和旧军队军旅生活的作品。其代表作有中篇小说《边城》,长篇小说《旧梦》《长河》,散文集《从文自传》《湘行散记》《湘西》等。他的作品被翻译成英、日、德、法等多种语言,在国外享有很高的声誉。

1949 年以后,沈从文经郑振铎介绍由北京大学转到新成立的中国历史博物馆工作。起初,他从事清点馆藏文物、书写陈列品标签和说明员等工作,并被抽调参加北京古董店的清查整顿,后来转为从事工艺美术史学研究。基于深厚的学术功力、执着的治学精神和科学的研究方法,沈从文很快取得了令人瞩目的研究成果,成为工艺美术史学领域的著名专家,出版的学术著作主要有《唐宋铜镜》《中国丝绸图案》《龙凤艺术》《中国古代服饰研究》等。

"文化大革命"后,沈从文调到中国社会科学院历史研究所工作。1980 年,沈从文应邀赴美国讲学,引起很大反响。这一时期,国内文学界也出现了"沈从文热"。

1988 年 5 月 10 日,沈从文病逝于北京家中,终年 86 岁。

参考文献：

黄永玉著:《沈从文与我》,湖南美术出版社,2015年。

《作家文摘》编辑部编:《家国往事》,现代出版社,2014年。

《沈从文家书》,译林出版社,2015年。

苏晋:《沈从文》,载朱汉国、杨群总主编:《中华民国史》第9册,四川人民出版社,2006年。

（刘植才）

石 友 三

石友三(1891—1940),字汉章,吉林省九台市人。幼时家境贫寒,靠父亲给地主家赶大车度日,石友三曾在长春的粮坊学徒,后入长春东关龙王庙小学就读。

1908 年,石友三辍学从军。1912 年初加入冯玉祥军队做马夫,得到冯玉祥的赏识与提拔。冯玉祥战败后,石友三改投晋系。1927 年又回冯玉祥部任师长。1928 年 3 月,建国军樊钟秀乘冯玉祥的国民军后方空虚,夺占了巩县及偃师县,但不久被石友三夺回。樊钟秀南撤,转攻登封县城,其司令部即设在少林寺内。石友三部向南追击,少林寺僧助樊狙击,终不敌而溃。3 月 15 日,石友三追至少林寺,纵火焚烧法堂。次日,驻防登封的国民军(冯玉祥部)旅长苏明启,命军士抬煤油到寺中,整个少林寺尽付一炬。千载少林寺之精华,悉遭石友三等浩劫,对佛教事业以及文物造成巨大损失。①

1929 年石友三叛冯投蒋,任安徽省主席。不久再投冯,中原大战时任冯军第四方面军总司令及山东省政府主席,在战争关键时刻又宣布拥护蒋介石。1931 年背叛蒋介石,改投桂系李宗仁部。同年,在冯玉祥、蒋介石双方夹击下全军覆灭。几经辗转,石友三见大势已去,带着残兵败将投奔山东韩复榘。而石友三并不甘于寄人篱下,总想寻找机会东山再起。

---

① 李正中主编:《近代中国天津名人故居》,天津人民出版社,2002 年,第 16 页。

1932年,在日本特务的保护下,石友三由山东偷偷潜伏到天津住进日租界,与日本特务头目土肥原勾结,借助日本势力,联合当地土匪汉奸,组织队伍在冀东活动,为日本侵略行为掩护。

石友三在天津购置了大量房产,日租界、法租界均有他的房产,还在英租界的伦敦路(现成都道)建起了专用于出租的12所砖木结构的楼房,命名为"世界里",现保存完好。石友三为自己精心选择的住所地点在英租界内而且与法租界与日租界临近,方便他进行通敌卖国的活动。天津日租界内日本特务机关众多,石友三与其中的茂川公馆的茂川秀和、松井公馆的松井静观来往非常密切,一起策划过许多阴谋活动。石友三利用自己在军界的一定名气,广泛联络,经营部分地产与金融业,获利颇丰,为他自己的卖国活动提供资金。

1935年,在土肥原策动下,石友三在天津与白坚武组建"华北正义自治军",攻打北平未遂。1936年,石友三任冀北保安司令,抗战全面爆发后,石友三部扩编为一八一师,他先后任师长、军长、军团长。石友三受命在山东敌后抗战,初期他积极和共产党八路军取得联系,并聘请共产党人张克威、张友渔任军政治部主任,吸收进步青年到团、营、连充当政工人员。

1938年,为独霸华北,他摇身一变,由联共变为反共,大力排斥和清除共产党人及进步人士,在开封与日本驻军司令佐佐木签订互不侵犯协议,积极配合日伪军进犯八路军根据地。还要挟驻河南濮阳的新八军军长高树勋跟他共同投敌,高树勋以民族大义予以斥责,石友三由此怀恨在心,便挑动日军袭击高部,石、高矛盾激化。看到石友三公开投敌只是时日问题,石友三部第六十九军政治部主任臧伯风及总参议毕广垣与高树勋策划,寻机杀掉石友三。

1940年11月,臧伯风、毕广垣、高树勋决定尽早行动。他们请出原西北军将领、时任鲁西行署主任兼游击主任的孙良诚,以消除石、高隔阂为由,出面请石友三到高树勋部驻地河南濮阳柳下屯面谈,石友三见是老长官出面邀请,便表示同意。

1940 年 12 月 1 日,石友三率一连骑兵随孙良诚到达高树勋部,高树勋在酒宴大厅将石友三逮捕,并将其活埋于黄河岸边。①

参考文献:

胡必林、方灏编:《民国高级将领列传》,解放军出版社,2006 年。

沉度、应列等编:《国民党高级将领传略》,华文出版社,2005 年。

刘国铭主编:《中国国民党百年人物全书》(上),团结出版社,2005 年。

(丁翀尧)

---

① 梁书达:《我所知道的石友三》,载天津市政协文史委编:《天津文史资料选辑》第 61 辑,天津人民出版社,1994 年,第 27 页。

孙 多 鑫

　　孙多鑫(1865—1906),字荔轩,安徽寿州人。孙多鑫的叔祖父孙家鼐是晚清重臣,1859 年中状元,官至大学士。父亲孙传樾是李鸿章的侄婿,共生有六子,孙多鑫是长子。

　　孙多鑫在光绪中叶中举,深得外祖父李瀚章的喜爱。早年在李瀚章两广总督府中做幕僚。李瀚章卸任后,孙多鑫即北返扬州经营盐务。孙多鑫感到盐业生意风险太大,遂改行。

　　孙多鑫调查了海关进出口各种货物的数量、价格及在国内销售的情况,发现外国机制面粉的进口数量日渐增多,销路非常广。国产土法磨制面粉价格仅为洋面粉的四分之一。尽管如此,由于洋面粉质量好,销路仍比国产土法面粉好。他先后派人到芜湖、天津、上海调查了机制面粉厂和作坊,发现利润空间非常大。于是决定集中孙氏家族的资本,创办机制面粉工厂。[①]

　　1897 年 9 月,孙多鑫与弟多森及亲友集资 17 万两白银,在上海苏州河畔莫干山路筹建阜丰机器面粉有限公司。凭借叔祖孙家鼐的影响,很快获得"概免税厘,通行全国"的特权。[②]

　　为了在同行业中保持领先地位,1898 年,孙多鑫亲自赴美国考察面粉工业,并花 2.2 万美金从美国订购了一套先进的机器设备,工厂于

---

① 张怀安、成卫东主编:《大户人家·实业家卷》,上海社会科学院出版社,2007 年,第 76 页。
② 上海市粮食局等编:《中国近代面粉工业史》,中华书局,1987 年,第 103 页。

1900 年 6 月正式投产。1904 年增建新厂,添置机器,日生产能力达到 5000 包①,这是上海开办最早的民族机制面粉工厂。面粉有"自行车""炮台"等注册商标。由于阜丰厂生产的面粉在色泽和质量上都与洋面粉不相上下,每包售价又较洋面粉便宜很多,因此畅销于上海及江南一带,获利颇厚,孙多鑫也成为当时全国著名的实业家。

义和团运动后,袁世凯出任直隶总督、北洋大臣,周学熙任天津道。当时天津缺少规模较大的实业,而孙多鑫在上海创办阜丰面粉厂卓有成效,闻名全国。周学熙建议邀请孙多鑫来津,孙遂于 1904 年离沪赴津。孙多鑫与袁世凯见面后,深受袁世凯的赏识,成为袁世凯的重要幕僚,袁世凯所上重要奏折,很多出自孙多鑫之手。不久,袁世凯委任周学熙任天津官银号督办,孙多鑫为总办。官银号是官府经营各项事业的金融机构,周、孙通力合作,掌控着天津官银号积聚的资金,支持了天津工商业的发展。不久,启新洋灰公司、滦州矿务公司、滦州矿地公司、北京自来水公司等规模较大的北洋早期实业相继建立,大多以官督商办名义由官银号拨借低息资金。孙多鑫成为实际上掌握北洋财政实权的人物之一。

孙多鑫的资金和心血主要投入到了启新洋灰公司中。该公司原名"唐山细绵土厂",由直隶总督李鸿章命开平矿务局总办唐廷枢筹资兴建。该厂投产后先是亏损,后被英国商人骗占。在清政府的支持下,经过几年的交涉,周学熙于 1906 年 7 月将该厂收回,并改名为启新洋灰公司。新公司组建后,周学熙任总理,孙多鑫任协理。孙多鑫积极协助周学熙清产核资、筹集资金、招募商股、制定章程、组织生产。该公司所需资金主要依靠天津官银号承借 100 万元,孙氏家族也进行了积极投资。公司投产后,效益极佳,仅 8 个月就还清了全部官款。②

孙多鑫对于清末北洋实业多有参与,"北洋早期出现的大规模实业,是以袁世凯为后台,在孙多鑫的策划之下,由周学熙出面,三人进行合作

---

① 当时国产面粉每包 180 斤。
② 李良玉主编:《安徽三大家族与近代中国实业研究》,合肥工业大学出版社,2010 年,第 5 页。

的结果"①。

孙多鑫于 1906 年 12 月 29 日因病去世,终年 41 岁。

参考文献:

寿充一等编:《近代中国工商人物志》第 1 册,中国文史出版社,
1996 年。

苏希圣编:《文史辑存》,安徽人民出版社,2009 年。

(张慕洋)

---

① 包培之:《寿州孙家与中孚银行》,载天津市政协文史委编:《天津文史资料选辑》第 35 辑,天津人民出版社,1986 年,第 141 页。

田 中 玉

田中玉(1869—1935),字蕴山,直隶临榆高建庄人。田中玉家境贫寒,7岁时在本村私塾读书,接受启蒙教育。两年后,父亲突然病故,田中玉被迫中断学习,寡居的祖母与母亲含辛茹苦,依靠家中仅有的二亩半地抚养他和他的三个妹妹。年幼的田中玉深感生活的艰辛与家境的贫困,年纪稍长便与他人合伙,在山海关开了一个小店铺,卖烧饼、油条等食品,以微薄的收入补贴家用,有时还要走街串巷叫卖。小店铺的收入只能勉强维持生计。

1885年,天津北洋武备学堂招生,学员每人每月有三两四钱银子的膏火费。作为家中长子的田中玉,上有祖母和母亲,下有妹妹,需要银子来养活全家,所以考进了军官学堂,[①]入炮科学习。毕业后,先后担任北洋第一镇炮队第一标统带、兖州镇总长等职。1907年随徐世昌赴东北,任东北三省督练总所总参议。[②] 1912年,中华民国成立后,先后任代理山东民政长、曹州镇总兵、兖州镇守使、陆军第五师师长等职。1915年,任陆军部次长。袁世凯称帝时田被封为一等男爵,第二年任察哈尔都统。1919年,任山东督军,一度兼任山东省省长。1923年10月,因山东临城劫车案,田中玉被免去山东督军职务,从此淡出政界,在天津、大连两地过着寓公的生活。

---

① 朱正编选:《胡适文集》第4卷,花城出版社,2013年,第92页。
② 任宝祯著:《山东封疆大吏》,济南出版社,2010年,第125页。

田中玉是天津恒源纺织有限公司的发起者与投资人之一。恒源纺织有限公司的总经理曹锐死后,田中玉接任曹锐成为总经理。①

田中玉遵从祖母与母亲的意愿,不忘造福乡里。从1919年开始出巨资在家乡山海关筹建"河北省田氏私立中学校",1921年秋季学校建成开学,田中玉自任校董。学校占地面积45000平方米,建筑面积3500平方米,坐落在山海关城墙的西北角下,校名系当时的大总统黎元洪手书。学校颇具规模,校舍为灰砖灰瓦、起脊瓦房,除办公室、教室、住校师生宿舍外,还有一间物理仪器室,三间化学实验室(内含有生物标本),三间阶梯教室,一间图书馆,三间阅览室,图书5000册。为解决办学经费,田中玉出资陆续购置14500多亩学田,领取125亩荒山造林,以每年的地租收入作为办学经费。

1935年7月,田中玉病逝于大连,终年66岁。

参考文献:

李正中主编:《近代天津名人故居》,天津人民出版社,2009年。

章慕荣:《震惊中外的山东临城劫车案》,《文史春秋》,2009年第9期。

张杰:《北戴河章瑞庭别墅及其主人》,《文史精华》,2013年第5期。

黄雪垠:《20世纪20年代土匪与政府、洋人、军阀的博弈——以临城劫车案为中心的考察》,《军事历史》,2012年第5期。

(郭登浩)

---

① 张杰:《北戴河章瑞庭别墅及其主人》,《文史精华》,2013年第5期。

王 辅 臣

王辅臣(1885—1969),名春煦,字辅臣,以字行,祖籍江苏镇江,1885年10月29日生于天津,以父亲王兴德经营元兴斋鞋铺维持生活。

1900年,王辅臣进入聚兴钱庄学徒。1903年,经人引荐入晋益恒盐店账房从业。店主杨承昭承办直隶定县、清苑、曲阳等11县及河南的通许、尉氏、鄢陵、祥符等4县引岸,并租办成裕盐店望都的引岸,是实力比较雄厚的盐商,还担任了长芦纲总。王辅臣意识到自己在知识和经营方面的差距,所以在晋益恒盐店工作之余,还到商务夜校学习商业经营管理。后被杨家委任为晋益恒经理。

1922年,北洋政府提出废除长芦盐区的专商引岸制。王辅臣认为此时废止引岸制,对盐业弊大于利。为此,他以晋益恒的名义联合90家芦纲商人向盐务署呈文,详细阐述了目前废除引岸制的弊端,建议缓期实行,得到允准。[①] 此举使王辅臣不仅更受杨家信任,在长芦盐商界也名声大震。

1924年第二次直奉战争期间,军阀混战造成交通断绝,晋益恒承办的直隶11县的存盐售罄。王辅臣奔走于芦纲公所和天津商会,在给天津商会的呈文中,陈述直隶各县缺盐的状况,认为若不能将盐及时运到,将会带来恐慌,引发社会动荡,为此恳请军队和铁路局尽快拨60个车皮,将

---

① 南开大学经济研究所经济史研究室编:《中国近代盐务史资料选辑》第1辑,南开大学出版社,1985年,第283页。

塘沽和汉沽的食盐运送到各地。他的呈请避免了风潮的酿成,也使晋益恒免受相应的损失。

1927年,直隶省银行因滥发钞票,省钞发生信用危机,出现挤兑风潮,引起金融市场恐慌。地方政府命令开征芦盐产捐,以此为抵押向各银行借款,维持省钞信用。这直接损害了盐商利益,为此,天津总商会筹划成立"维持省钞基金会",要求芦纲公所派代表加入基金会的筹办。芦纲商人公推王辅臣等5人参加筹备会,组建了基金会,代表盐商参与维持天津市面金融稳定,①维护了盐商利益。

1928年10月,南京政府企图没收修建津浦铁路的盐斤加价款,于是强行扣押芦纲公所的杨承昭、王君直等5位纲总,由此发生了震惊全国的五纲总被扣案。杨家内外事务的处理落在王辅臣身上,他联络天津各盐商,上下奔走,向政府和商会等阐明缘由,并呼吁舆论界声援,《大公报》《益世报》进行了大量报道和评论,揭露事实真相。

1929年7月,天津盐商得知蒋介石前来北平,便联名推举王辅臣等4人前往面见蒋介石,恳请释放五纲总。1931年1月,被捕的五纲总之一王君直病逝于南京,引起社会舆论的关注,2月,国民政府被迫结案,释放其他四位纲总返津。此案持续长达两年四个月。杨承昭返回后,看到生意运转正常,账目清楚,财产未受丝毫损失,他对王辅臣的人品和处事能力更为赞赏。

五纲总被拘期间,1929年4月,经全体盐商推举,长芦盐运使批准,增加刘景泉为纲总,王辅臣为帮办纲总,负责组织和协调芦纲公所日常事务。② 1931年,王辅臣被推举为天津商会的执行委员,即商会会董。③1936年8月,天津商会整理委员会成立,王辅臣被推举为整理委员会委

---

① 《芦纲公所为推选维持省钞筹备会至商会函》,载胡光明等主编:《天津商会档案汇编1912—1928》(1),天津人民出版社,1996年,第1098、1108—1116页。

② 财政部盐务署盐务稽核总所编:《中国盐政实录》,财政部盐务署盐务稽核总所1933年印刷,台湾文海出版社,1971年,第2107页。

③ 胡光明等编:《天津商会档案汇编(1929—1937)》(1),天津人民出版社,1996年,第45页。

员,1937 年 2 月再次当选天津商会执行委员。①

20 世纪 30 年代初,全国上下废除专商引岸制的呼声日烈,国民政府推行盐的自由贸易,从而剥夺了盐商的专营权,引起盐商的反对。同时查验盐商的引票以换发新票,方承认其合法性。长芦盐区的验票费多达380 万元之巨。1933 年 2 月,冀豫两省盐商召开全体大会商讨解决办法,170 多位代表参加会议,王辅臣以芦纲公所纲总和襄汝公所董事的身份担任大会主席,并代表盐商与长芦盐运使署、财政部北平委员会、盐务稽核总分所等交涉,使验票费核减了十分之三,期限延长了两个星期。②

1934 年 1 月 20 日,长芦盐运使通令长芦盐区改用新市秤,换秤后每包盐重量比以前多 108 斤,但税率没有减少,每包盐征税多了 8 元有余,遭到长芦盐商的激烈反对。1 月 21 日,王辅臣即和前任纲总郭春麟等代表众盐商携呈文赴京,向财政部盐务署请愿,要求"加税即应加价",经过两次请愿,并组织盐商进行罢运,导致长芦盐运使易人。③

王辅臣在芦纲公所任内忠于职守,为盐业的经销秉公办事,进而受到财政部和盐务署的重视,也更受到长芦盐业界同仁的敬重。王辅臣担任天津商会执行委员期间,积极参与慈善救济与资助教育等活动,曾任职长芦育婴堂董事、天津市慈善委员会委员、天津地方协会劝募委员会委员、天津市救济水灾委员会委员、陈氏女学校等学堂的董事。1936 年 10 月,天津商会为表彰与感谢王辅臣勤于公务和慈孝之心,以商会和商会主席团名义送匾与对联,祝贺其母八十大寿。④

1937 年初,王辅臣离开了晋益恒,承租盐商利昌店的引岸和店名从事盐业经营,并继续担任芦纲纲总。七七事变后,日本侵略者对长芦盐业进行掠夺和统制,使中小盐商难以为继,王辅臣先后投资成立了仁记米

① 胡光明等编:《天津商会档案汇编(1929—1937)》(1),第 87 页;《益世报》,1936 年 8 月 12 日。
② 天津市地方志编委会、天津图书馆编:《〈益世报〉天津资料点校汇编》,天津社会科学院出版社,1999 年,第 568—569 页。
③ 天津市地方志编委会、天津图书馆编:《〈益世报〉天津资料点校汇编》,第 577—578、580 页。
④ 天津市档案馆藏:J0128-3-007370-006。

庄、义兴永杂货庄、乾兴昌茶叶庄。抗战胜利后,创办了宏盛源盐号、大孚绸布庄、万昌当铺。1949 年天津解放后,王辅臣兴办了通源盐号。

新中国成立后,工辅臣积极响应政府号召,将积蓄的全部黄金购买了抗美援朝和国家建设债券,1956 年所营店铺实行公私合营。

1969 年,王辅臣病逝于天津,终年 84 岁。

参考文献:

胡光明等编:《天津商会档案汇编(1912—1928)》(1),天津人民出版社,1996 年。

胡光明等编:《天津商会档案汇编(1929—1937)》(1),天津人民出版社,1996 年。

天津市地方志编委会、天津图书馆编:《〈益世报〉天津资料点校汇编》,天津社会科学院出版社,1999 年。

(张利民　吉朋辉)

王 克 敏

王克敏(1873—1945),字叔鲁,浙江余杭人。1873 年(清同治十二年)生于广东。1903 年乡试中举后,被派往日本,任留日浙江学生监督,后改任驻日公使馆参赞。1906 年 12 月,驻日公使杨枢兼任留日学生总监督,王克敏任副监督。1907 年冬,王克敏回国,先后任职于清政府度支部、外务部。1908 年,入直隶总督杨士骧幕府,处理外交事务。1910 年任直隶交涉使。

辛亥革命爆发后,王克敏于 1913 年赴法国游历,结识了不少法国银行界人士。同年回国后,供职于北洋政府财政部。1913 年 7 月,中法实业银行创立,王克敏任中方总经理。1917 年 7 月,任中国银行总裁。王克敏善于经营,记忆力惊人,人称"活账本",因此他在金融界如鱼得水,很快在北洋政府中崭露头角。11 月,王士珍临时组阁,任命王克敏为财政总长,兼中国银行总裁及盐务署督办。1918 年 3 月,段祺瑞第四次组阁,曹汝霖接任王克敏为财政总长。代理大总统冯国璋特命王克敏为总统代表,南下安徽,与安徽督军倪嗣冲面商军事、财政等问题。1919 年 2 月,王克敏作为北京政府代表参加南北和平善后会议。1920 年起,王克敏先后任中法实业银行总裁、天津保商银行总理、中国银行总裁、教育减债基金委员会委员等职。

1923 年 10 月,曹锟就任大总统,11 月,王克敏任财政总长。1924 年1 月起,王克敏先后在孙宝琦、顾维钧、颜惠庆内阁任财政总长。

1924年10月,直系冯玉祥倒戈,发动北京政变,曹锟被囚。王克敏先逃到使馆区,后潜逃至天津。后任天津保商银行总理、海关附加税保管委员会委员、关税自主委员会委员等职。这期间王克敏一度逃往日本,结识不少日本军政要人。

1927年1月,王克敏出任张作霖安国军总司令部财政讨论会委员。1928年5月,南京国民政府以把持财政、结党营私、接济逆军、延长祸患的罪名,下令通缉王克敏,王克敏逃往大连。不久,王克敏任东北边防军司令长官公署参议兼财政处处长。1931年12月,张学良筹组北平财政整理委员会,张学良任委员长,王克敏任副委员长,并被授权处理该会事务。

1932年,王克敏任东北政务委员会委员。同年1月,北平政务委员会成立,王克敏任财政整理委员会财务处主任,掌握北平政务委员会财权。1933年5月,南京国民政府设立行政院驻北平政务整理委员会,黄郛为委员长,王克敏任委员兼财务处主任。同年7月,任华北战区救济委员会常委。

1935年6月4日到25日,国民政府任命王克敏为天津特别市市长,其未到职即改任代理行政院驻北平政务整理委员会委员长。12月18日,冀察政务委员会成立,宋哲元为委员长,王克敏为委员。1936年1月,冀察政务委员会经济委员会成立,萧振瀛为主任,王克敏为委员。7月,接替萧振瀛为主任。9月,王克敏辞职居上海。

1937年12月14日,在日本人支持策划下,在北平成立伪中华民国临时政府,下设议政、行政、司法委员会,王克敏任行政委员会委员长,兼议政委员会常委和行政部总长。

伪临时政府的成立,为日军全面掠夺华北资源,建设华北"以战养战"基地创造了条件。1938年3月,日军华北方面军司令官寺内寿一与王克敏签订协议,成立"日华经济协会",由王克敏任伪会长,日本经济顾问平生钏三郎任伪副会长。通过该机构日军完全掌握了华北经济控制权。

1938年3月28日，王克敏在北平煤渣胡同平汉铁路俱乐部门前，遭到了军统天津站特工的刺杀，王克敏受伤，同车的日本顾问山本荣治身亡。

1938年4月3日，南京伪维新政府行政院院长梁鸿志到北平，南北伪政权就"合流"问题达成了相关协议。王克敏为积极促成此事，专门赴日会见日本首相近卫文麿。在日军的操纵下，9月，伪中华民国政府联合委员会在北平成立，委员会设6名委员，南北伪政权各占其半，王克敏任伪主任委员。

1938年12月29日，汪精卫发表臭名昭著的"艳电"，公开叛国投敌。1939年6月27日，为建立伪中央政权，汪精卫在北平日本华北方面军司令官杉山元的官邸与王克敏会谈。9月18日，王克敏、梁鸿志与汪精卫、周佛海等人在南京日军聚星俱乐部就成立汪伪"中央政府"等问题进行谈判。在日军的直接干预下，1940年1月，王克敏、梁鸿志、汪精卫三人在青岛就汪伪"中央政府"的成立进行会谈，讨论了《中央政府树立大纲》《华北政务委员会组织条例》等，汪伪"中央政府"与伪临时政府、伪维新政府之间的利益分割达成了协议。

1940年3月30日，汪伪国民政府宣布"还都"南京，以王克敏为首的北平伪临时政府撤销，同时设立伪华北政务委员会，王克敏任委员长兼内政总署督办。王克敏以伪华北政务委员会委员长的名义，就汪伪国民政府成立发表《布告》。不久，王克敏的后台喜多诚一被调回国。6月，王克敏被迫辞职，由王揖唐接任伪华北政务委员会委员长。王克敏旋赴青岛休养。

1943年2月，王揖唐辞职，朱深继任。7月2日，朱深病亡。在日本公使崛内干城的授意下，3日，王克敏从青岛赴南京访晤周佛海，就"东山再起"问题进行讨论。4日，汪伪国民政府宣布特派王克敏继任伪华北政务委员会委员长，兼任华北"剿共"委员会委员长。

1944年4月，王克敏兼任伪华北税务委员会委员长。5月，任汪伪全国经济委员会副委员长、物资调查委员会委员长。7月，兼任伪华北政务委员会教育总署督办。1945年2月王克敏再次去职。

抗战胜利后,1945年11月30日,国民政府发布在全国范围内缉捕汉奸的命令。12月6日,作为华北第一号汉奸的王克敏在北平被捕,以"树立临时政府颠覆国家民族""协助汪精卫之和平反共建国,与我中央分庭抗礼"等15条罪证,押于北平炮局胡同陆军监狱。12月25日,王克敏于狱中服毒自杀,终年72岁。

参考文献:

李新等主编:《中华民国史·人物传》第6卷,中华书局,2011年。

郭贵儒、张同乐、封汉章著:《华北伪政权史稿——从"临时政府"到"华北政务委员会"》,社会科学文献出版社,2007年。

(夏秀丽)

王 锡 彤

王锡彤（1865—1938），字筱汀，号悔斋，晚号抑斋行一。河南汲县人。

王锡彤勤奋好学，少时曾习盐业，19 岁以县试第一中秀才，1887 年考入开封大梁学院，学成后以教书为业，先后主讲于经正书舍、禹州三峰实业学堂等。1902 年受聘任孟县溴西精舍山长，在讲授儒家基本经典的同时，他还传授一些工矿业、纺织业等现代工业知识。科举制度取消后回到汲县，与李敏修等人主持商立初等小学堂招生考试。

甲午战争后，王锡彤悲愤交集，立志救国。1905 年，他应禹州之聘，参与三峰矿物公司管理，从而走上了实业救国之路。王锡彤到任后，大力整顿矿务，合东、西、中三峰为一，改变三峰分裂的局面。他还筹集资金，到天津考察，购买机器设备，使公司生产渐有条理。经数年努力，煤矿渐有起色。1906 年，全国收回利权运动高涨，山西人民收回了英国福公司的矿权，河南绅民也开始了轰轰烈烈的反对福公司的斗争。同年 11 月，王锡彤赴开封参加筹划成立矿务研究会，被举为发起人之一，数次与省矿政调查局和福公司交涉，但是福公司无视河南绅民的要求。1909 年 3 月，王锡彤等士绅在开封与英国福公司进行谈判，据理力争。4 月，福公司交涉案移到北京继续谈判，王锡彤被推为四名代表之一赴京谈判。最终因未得到清政府的支持，王锡彤等人领导的斗争归于失败。

1906 年，中国修筑洛潼铁路时，外国人争相插手，但王锡彤为给国人争气，呼吁自办。1907 年 11 月，河南绅民在开封成立铁路公所，邀集全省士绅及海外留学者协谋集股办理。王锡彤积极参与建设铁路的筹划，四处奔走，不辞劳苦。1908年初，铁路公所在开封召开铁路议事会，王锡彤任监察员，协助议定修建洛潼铁路章程、劝募集股事宜。1909年，他辞去禹州煤矿公司的职务，全力经营洛潼铁路，积极劝募股金，购买机器，使洛潼铁路竣工通车，显示了他实业救国的热心和才干。

1908年，袁世凯避居河南，积极物色实业人才，王锡彤进入了袁世凯的视线。1909年8月，王锡彤抵达北京，9月，京师自来水公司成立，举行第一次股东会，王锡彤被推举为董事。次年2月，王锡彤被公司股东会推举为协理，时任总理的周学熙兼职繁多，公务繁忙，王锡彤成为公司事务的实际管理者。在周学熙两任北洋政府财政总长期间，王锡彤代理京师自来水公司总理职务。因为当时军阀混战、时局动荡，自来水公司这一新生事物的经营每况愈下。王锡彤带头减薪，力行撙节，裁减不必要人员，使公司营业情况有所好转。

启新洋灰公司、滦州矿务公司和华新纺织公司是周学熙资本集团的骨干企业，王锡彤在三家企业中均担任重要职务，为企业发展做出了重要贡献。当时全国只有天津启新洋灰公司和湖北水泥厂两家水泥生产企业。1912年4月，在启新洋灰公司股东会上，王锡彤被推举为协理。湖北厂是老厂，因经营不善，欠下日本三菱公司巨额债务，有被其吞并的危险。王锡彤为防止湖北厂落入日本人之手，于1914年以"华丰实业社"的名义代办湖北厂，借钱给湖北厂偿还债务，作为流动资本，更其名为"华记湖北水泥公司"。两家水泥公司的产品占全国水泥市场90%以上的份额，占据了垄断地位。1924年后，因为外商水泥生产剧增，上海华商水泥公司无力与外国资本抗衡，王锡彤代表启新洋灰公司又与上海华商水泥公司订立协定，采取统一行动，再次控制了中国水泥市场，王锡彤因此被誉为"中国水泥王"。

第一次世界大战爆发后，外货中断，中国的棉纺织工业有了长足的发展。当时出任政府财政总长的周学熙，于1915年授意王锡彤等人具呈创办华新棉纺织股份公司,经大总统袁世凯批准,委周学熙为督办。华新第一厂设在天津,当时天津仅有一家官办的模范纱厂,华新厂是商办的第一家纱厂,对北方的棉纺织工业起到了很大的推动作用。继此之后,天津各大纱厂相继建立。

1913年,天津造胰公司召开股东会,王锡彤被选举为董事。1914年6月,王锡彤任天津恒丰公司主任董事。8月,被选为天津通惠公司董事。1917年4月,江西南浔铁路新股维持会开会,王锡彤被选为理事长,设事务所于北京。1918年5月,华新纺织公司改为商办(原为官商合办),股东会上王被选为董事,并任专为扶助华新纺织公司而设的兴华资本团主任董事。1919年,王锡彤与周学熙等创办华新纺织公司唐山、卫辉两厂,王被举为唐山厂专务董事、卫辉厂董事。兴华棉业公司成立后,王被举为董事。天津棉业公会成立,王再被举为董事。1922年6月,王锡彤辞去京师自来水公司协理职务,任董事。1924年3月,王锡彤兼任实业总汇处理事,该处是天津启新洋灰公司、华新纺织公司所属天津、青岛、唐山、卫辉四厂以及滦州矿务公司等合组的办事处。5月该处改为实业协会,王任副会长。

60岁后,王锡彤因体弱多病,陆续辞去了一些职务。1926年初,王锡彤先后辞去棉业公会董事、实业协会副会长、兴华资本团主任董事、华新纺织公司卫辉厂董事等职。1927年又辞去天津启新洋灰公司协理之职。3月,王锡彤不得已应邀任华新纺织公司唐山厂专务董事兼任管理。由于股东的信任,在6月召开的启新洋灰公司股东会上,王锡彤被选举为总理,但他力辞不就,仅任董事。1935年3月,华新纺织公司唐山厂改名为唐山华新纺织股份有限公司,王仍任专务董事。

自20年代后期始,王锡彤主要隐居在天津休养和读书写作,编纂印成《清鉴前编》3册、《清鉴正编》若干册、《抑斋自述》6卷。另有《大学演》等著作和一批诗文,由其后代刊刻成为《抑斋诗文集》问世。王锡彤的诗文,具有重要的史料价值。

1938 年,王锡彤在天津病逝,终年 73 岁。

参考文献:

王锡彤著,郑永福、吕美颐点注:《抑斋自述》,河南大学出版社,2001 年。

吴宏亮、谢晓鹏主编:《河南与近现代中国研究》,郑州大学出版社,2010 年。

陈义初主编:《近代豫商列传》,河南人民出版社,2007 年。

（高　鹏）

王玉磬

　　王玉磬（1923—2007），原名陈国贤，河北省安新县铜口镇人。其父陈栋才从小在赫赫有名的饶阳县迁民庄崇庆班坐科，以扮演刀马旦远近闻名，人称"刀马亮"。后因在演出中受伤而无法上台，贫病忧愤而死。

　　陈国贤6岁开始跟随青衣演员王文炳学唱河北梆子。她聪颖过人，且很能吃苦，学起戏来非常用功。除了练习基本功，当别人在台上演出的时候，她就在台下仔细观看，就这样学会了很多戏，经常能够临时客串各种角色，几年以后她就能演许多戏了。她天生一副好嗓子，很快就被远近一些县镇的观众所熟知。

　　1937年卢沟桥事变之后，冀中平原被日寇和汉奸所占据，民不聊生，艺人更是度日艰难，刚刚崭露头角的陈国贤也失去了登台演出的自由。为了生计，一家人投奔已经先到天津唱戏的二姐妙灵云，经人介绍，陈国贤加入了银达子、韩俊卿等艺人组织的戏班。她先后在"小华北""西广开""广顺"等戏园子，和银达子、韩俊卿搭班唱戏，艺术上一天一天地成熟起来。通过观看名伶小香水、金钢钻的演出，她开阔了艺术视野，增长了见识。她时常向小香水求教，这为她后来在艺术上取得成就奠定了坚实的基础。

　　陈国贤能在天津立足，得益于著名河北梆子艺人银达子的提携。银达子把她安排在自己的戏班里，为了在观众中树立她的声望，他把自己主演的一些重头戏让给陈国贤演，并且为她扮演配角；他带着陈国贤在电台为商户做广告,用挣来的钱贴补陈国贤家用;陈国贤在天津没有住处,银达子在自己的家里挤出一块地方,安排她住宿。陈国贤为报答银达子提携之恩,主动拜在银达子门下。在南市华楼举行的拜师收徒仪式上,天津《博陵日报》的一位老编辑,以陈国贤的歌喉"音胜磬石,闻则若迷"为由,替她取名"玉磬",改随师父的王姓(银达子姓王名庆林)。

1937年天津被日军占领后,河北梆子艺术萧条冷落,小香水、金钢钻两位领军人物相继去世,许多艺术上有成就的老艺人也都或逃亡他乡或弃艺改行。幸存的老弱病残,一面卖烧饼馃子、拉胶皮车以维持生计,一面在极其困难的条件下坚持演戏。王玉磬虽然正处于唱戏的大好年华,也照样穷困潦倒,甚至连温饱都很难保证。但是在银达子的带领下,她和同行的艺人们咬牙坚持着,没有放弃河北梆子。

1949年天津解放,王玉磬主动放弃了私营班社一天30元的包银,申请加入了月薪有限的国营剧团。1953年,国营天津河北梆子剧团刚刚组建,她便随团赴朝鲜前线慰问中国人民志愿军。1954年,天津市举办第一届戏曲会演,王玉磬与著名青衣演员宝珠钻合作表演《秦香莲·杀庙》,荣获演员一等奖,从此,她在天津剧坛的影响越来越大。1958年天津市河北梆子剧院成立,她成为该剧院的五大主演之一。

这一时期,王玉磬除了忙于舞台演出,还对自己在几十年艺术实践中积累的经验进行归纳、总结,使她的表演艺术在原有的基础上不断改进和提高。她对自己的一批看家戏,本着去芜存菁的原则,不断锤炼,反复琢磨,使之更加精湛。此外,她主动参加移植剧目的演出,先后在《赵氏孤儿》《五彩轿》《苏武牧羊》等剧中扮演主要角色。同时,对反映现实生活的剧目,她也积极支持并参加排演,从而使她的戏路越来越开阔,擅演剧目也越来越多。

王玉磬在艺术上很有创造力。她对所扮演的角色从唱腔技巧到身形表演以及人物性格的刻画,总是精心设计,反复推敲。她对待传统艺术既勇于探索出新,又善于博采众长,融入自己的演出实践。因为她小时候接触过京剧，掌握了一些京剧知识，所以在为新戏设计唱腔时，她能够比较自如地从京剧中吸收一些有益成分，糅入自己的行腔旋律中，这在她所主演的《五彩轿》《苏武牧羊》等剧中不乏实例。1958 年排演新戏《苏武牧羊》时，她与著名琴师郭小亭合作，在河北梆子原有女声"反调二六板"的基础上，创作了男声"反梆子"，用于苏武的唱腔。演出后，这一新的板式被各地同行效法，现已成为男声唱腔不可或缺的固定板式之一。王玉磬对于京韵大鼓、天津时调等一些曲艺种类，以及晋剧、豫剧、川剧等姐妹剧种，也经常涉猎并有所吸收。平时只要有空闲，她总是利用一切机会到演出场所听几段、看几出，然后把它们学会、唱熟，从中汲取精华加以借鉴，用来充实自己的艺术创作。

由于在艺术方面的贡献，王玉磬于 1958 年被中国戏剧家协会、中国音乐家协会同时吸收为会员。1961 年 7 月 1 日，她加入了中国共产党，还被选为天津市青联委员、天津市妇联委员。"文革"中她遭到残酷迫害。

"四人帮"被粉碎后，王玉磬的艺术青春再次焕发。她在河北梆子剧院任职期间，很快便恢复演出了她所擅演的许多剧目，经有关部门及时录音、录像，作为中国戏曲艺术的经典保存起来。有些剧目或片断，经中央及地方电台、电视台播出后，在广大河北梆子爱好者中间广为传唱。她每年都坚持为各地群众送戏上门，足迹遍及河北省的石家庄、衡水、保定、沧州、廊坊等地区，山东省的德州、聊城地区，北京的郊县以及天津的四郊五县。除了舞台演出，她还承担了为河北梆子培养接班人的重任。20 世纪 80 年代以来，她曾先后收多名中青年演员为徒，把自己在长期演出实践中积累的宝贵经验无偿地传授给他们。

1978 年 3 月，王玉磬作为天津文艺界的代表，出席了第五届全国政协第一次会议，并增补为全国政协委员。1979 年 10 月，她在出席第四次全国文代会期间，当选为第三届中国戏剧家协会理事。1981 年被推举为天津戏剧家协会副主席。同年，她被任命为天津市河北梆子剧院副院长。1987 年调入天津市表演艺术咨询委员会任委员。

2007 年 1 月，王玉磬在天津病逝，终年 84 岁。

参考文献：

天津市河北梆子剧院藏王玉磬人事档案。

《中国戏曲志》编辑委员会、《中国戏曲志·天津卷》编辑委员会编：《中国戏曲志·天津卷》，文化艺术出版社，1990 年。

（甄光俊）

王 占 元

　　王占元(1861—1934)，字子春，山东馆陶人。王占元生于 1861 年 2 月 20 日，早年曾入淮军刘铭传部当兵。1890 年王占元从天津武备学堂毕业后，入宋庆毅军，参加中日甲午战争。1895 年，投入袁世凯在天津小站的新建陆军，做工程营队官。1902 年，袁世凯将新军扩编为北洋常备军，王占元任步队管带，转年晋升统领。1910 年升为记名总兵，转年又被授予陆军协都统衔。1911 年参与镇压辛亥革命，1913 年参与镇压二次革命。因他在 1915 年袁世凯称帝时积极拥护，被封为襄武上将军。同年，张锡銮被免去湖北将军一职，王占元接任。转年，将军一职改为督军，王占元以督军兼任省长，独揽湖北军政大权。1920 年，王占元任两湖巡阅使，与陈光远、李纯合称"长江三督"。由于他在湖北的统治遭到民众反对，加之克扣军饷，1920 年至 1921 年间湖北境内发生"倒王运动"。1921 年 6 月 1 日，王占元镇压了恽代英等领导的武汉学生反帝爱国运动，制造"六一"惨案，王占元被免职后逃往天津。

　　1926 年 9 月，王占元应五省联军总司令孙传芳邀请，出任训练总监，联络张作霖、张宗昌企图共同抗拒北伐军。11 月北伐军击败孙传芳，王占元逃入天津租界。1928 年 4 月，张作霖委任其为陆军检阅使，与内阁总理潘复一起到济南与张宗昌、孙传芳等商议军事。不久，奉军撤退出关，王占元返回天津，托庇于租界经营实业，先后在北京、天津、大连、保定购置大宗房地产。另外，他在纺织、面粉、盐业、金融、电力、煤矿等产业也有大宗投资。他在山东投资纱厂、煤矿;在直隶投资面粉厂、电力股份公司;在湖北等地投资银行等。他在金融方面的投资最大,投资对象包括中国银行、交通银行、金城银行和盐业银行等。此外,王占元还拥有东亚毛呢公司、庆丰面粉公司、三星面粉公司、华北制冰厂、敬记茶庄、乾祥厚茶庄的股份。①

王占元下野之后在天津广为置办产业,一时间,天津租界各条道路遍布王家的店铺和房产。王占元经历了军旅的残酷和人生的起伏之后,不再过问政治,专心经营产业。由于他经常腰间别着大串钥匙在各店铺之间走动,因此人送外号"各大马路巡阅使"②。

王占元也参与了不少慈善活动。1931年,他以王子春的名义任天津市救济水灾委员会干事、天津市慈善事业委员会委员。同时,他还是河北省各省水灾筹赈分会的会员。1933年的鲁西水灾,王占元与16名在津鲁籍人士向天津商会发函催捐,为家乡赈灾出了不少力。③

1934年9月14日,王占元病逝于天津,终年73岁。

参考文献:

朱汉国、杨群总主编,杨群本册主编:《中华民国史》第6册,四川人民出版社,2006年。

李盛平主编:《中国近现代人名大辞典》,中国国际广播出版社,1989年。

王新生、孙启泰主编:《中国军阀史词典》,国防大学出版社,1992年。

(丁翀尧)

---

① 天津市档案馆、天津市和平区档案馆编:《天津五大道名人轶事》,天津人民出版社,2008年,第118页。

② 牛一兵、王宏主编:《天津小洋楼:名人故居完全档案》第1卷,天津教育出版社,2011年,第204—207页。

③ 李正中主编:《近代中国天津名人故居》,天津人民出版社,2002年,第16页。

王 竹 林

　　王竹林(1855—1938)，名贤宾，字竹林，以字行，号砚农子，河南获嘉人。因家境贫困，早年以做首饰店学徒为生，后投靠族人天津大盐商王贻孙经营的义德号做事。经过几年的历练，王竹林成为义德号经理。

　　1900年义和团运动期间，八国联军攻陷天津城，并在城内大肆抢掠财物，王竹林组织天津保卫局保护商家，因维持天津治安有功而被众商推举为长芦盐务纲总。由于这场浩劫及之后两年的都统衙门统治，繁华商业区成为瓦砾，官厅府库和银钱典当业遭受重创，爆发了以"银钱两荒"为标志的财政金融危机。

　　为稳定天津金融市场，1902年袁世凯成立天津商务局，王竹林被推选为商务局局董。但商务局内部各方势力相互掣肘，无法起到保商振商作用。在众商和天津府知府凌福彭的推动下，本着"脱去官场习气，各抒己见，务使官商联为一体"的宗旨，1903年成立天津商务公所，王竹林任董事。担任董事期间，王竹林与其他董事共同提出推缓新旧欠、倡行钱票、设立银行、厘卡规复旧章等挽救市面四大措施，对天津市面复兴起到了一定的作用，但未根本改变市面窒塞的状况。

　　为解救天津商务危局，并响应商部《劝办商会章程》，天津绸缎、洋布、钱粮等30多行61家行董上书商部和直隶总督，要求尽快成立商会。鉴于王竹林在稳定天津金融市场中的能力，1903年12月23日，清商部左参议王清穆致函王竹林，要求天津速联绅商，斟酌时宜，参照上海商会章程,克日举办报部。1904年11月16日,商部批准天津商务总会正式启用关防。王竹林任首任总理,宁世福等任协理。

1904年底,《中美会订限制来美华工保护寓美华人条款》期满,旅美华侨强烈要求废除条约,保护旅美华工权益。清政府迫于压力提出改约,但美国政府悍然拒绝。1905年,全国各地掀起"抵制美货"运动。王竹林代表天津商界亲笔复函上海商会,表示各行董事皆愿遵照沪商条款抵制美货。随后,天津商会召集绸缎、洋货、竹木、杂货、烟草等各行业代表200多人召开工商界代表大会,王竹林宣读了《不售美货说帖》。会后各大商号带头贴出"本号不卖美国货"的告示,宁星普、王竹林等人则每天出入各大商号,一面检查一面宣传。1906年,王竹林与宁星普联合呈请直隶总督袁世凯申办商会劝工会,在天津首次举办"国货观摩展",只收土货,不收洋货,且展会商品"一律免税"。

1906年,王竹林联合天津十几位盐商组建坨里高线公司,向驻津外国银行借款300万两修建坨清高线。坨清高线自北京房山坨里至南窑清港沟,全长74里。1907年,高线全面贯通后,缓解了天津燃料供应困难,而且年可获利40多万两银。该高线在远东尚属首创。但是,盐商的贷款以直隶、河南两省六十三县专卖许可权作为抵押,直接危害了清政府的盐引政策和盐务权力,于是坨清高线被财政部收归国有,再加上对德华、道胜等外资银行的欠款本息高达900多万元,王竹林损失巨大。此外,王竹林还先后与盐商李宝恒投资兴建了华胜烛皂公司、北洋水火公司等。[1]

1906年7月,王竹林奉清廷农工商部命令,捐资筹建天津公立甲种商业学校。1908年12月26日,王竹林创刊了《天津商报》,该报是天津商务总会的机关报,馆址设在北马路商务总会内。该报以"收回言论之权"为宗旨,主要报道商务和市场消息,宣传兴办实业,为天津各报之先。王竹林与李子赫创办了两斋私塾,后严修创办新式学堂时,将两斋私塾与林墨青等创办的三斋私塾合并,创办了天津民立第一小学堂。

---

① 徐永志、马丽霞:《清末民初直隶商会与城乡社会变迁》,《民族史研究》,2004年第1期。

1907 年 12 月，天津商界响应清政府禁烟号召，由王竹林和宁世福出面于永平屯花园创设戒烟善会，入会戒烟者服药调养，7 日为度，一切饮食由会中筹备，不取分文。如私自逃走或复吸，则由保人赔补药资。经费筹措则由王竹林等督同各会董、各行董事及各善堂绅商，广为筹劝，以期源源接济而垂久远。1909 年，戒毒者已达 2535 人。①

1908 年，在立宪派的鼓吹和发动之下，十余省的绅商民众选派代表赴京请愿速开国会。1910 年 12 月 20 日，商会总理王竹林和学界请愿同志会会长温世霖、直隶咨议局议长阎凤阁等组织天津各学堂学生近 4000 人，前往督署请愿，要求总督陈夔龙代奏"明年即开国会"。在国会请愿运动的同时，天津商务总会王竹林等人共同议决，发起了一场以筹还国债、防止列强监督中国财政为目的的"筹还国债运动"，以筹还《马关条约》和《辛丑条约》两次赔款额为限，计划在 3 年内替朝廷还清，贫民认捐与否全凭自愿，富民则必须认摊平均数目。上述倡议得到了各省商会和绅民的热烈响应，不但绅商士夫积极踊跃，耕夫织妇、佣工婢仆、儿童孺子也纷纷解囊，一时民情之踊跃，民气之发舒，难得一见。

民国成立后，天津商会改选，王竹林虽有津埠众商联名推举，但民国政府以王竹林曾卷入天津名妓杨翠喜案，以及所营主要事业倒闭无基本资格为由，反对王竹林继任会长一职。1920 年，王竹林任察哈尔财政厅长，不久辞职。

1929 年春，天津特别市政府创办市立图书馆，王竹林将南开杨家花园私宅出让，资助政府作为馆舍。王竹林晚年，善画花卉，尤喜画梅，亦善书法，热心传统武术的习练。1931 年，天津天岚社正式出版了王竹林所著《易筋经意气功辞解》，书中阐述了功法沿革、具体练法及防治病机理，总结出"所谓以意行气，意到气到"的独特气功功法。

七七事变后，王竹林的人生轨迹发生了重大转折。他担任了伪天津

---

① 天津市档案馆等编：《天津商会档案汇编(1903—1911)》下册，天津人民出版社，1989 年，第 2173—2179 页。

市治安维持会委员、长芦盐务局局长、商会会长、天津物资对策委员会委员长、日华经济联络会会长等伪职。1937年8月，王竹林作为长芦盐务局代表与日商签订增加日资合同，并多次在公开场合吹捧"皇军"的"丰功伟绩"。1937年12月，伪中华民国临时政府成立伪中国联合准备银行，公布伪联银发行的钞票与法币等价流通，要求银行钱庄账目一律以伪联银券为本位币。作为天津商界元老，王竹林积极推进伪联银券的流通，热心推行日本的侵华经济政策，使天津商界逐步成为日本侵略战争的"提款机"。

1938年12月26日晚9时，王竹林在法租界丰泽园大宴宾客，晚宴结束后，在饭店门口被抗日除奸团击毙，终年83岁。

参考文献：

刘佛丁等编：《中华文化通志·制度文化典·工商制度志》，上海人民出版社，1998年。

徐永志、马丽霞：《清末民初直隶商会与城乡社会变迁》，《民族史研究》，2004年第1期。

（王　静）

温 世 珍

　　温世珍(1878—1951),字佩珊,直隶天津人。温世珍出生在一个官宦兼地主家庭。1899年,温世珍在北洋水师学堂毕业后留学英国,回国后被派往北洋舰队见习,因一次操作失误,留下腿疾,离开了北洋舰队。后经其兄温世源介绍,充任北洋大臣李鸿章的幕僚兼英文翻译,继任两江总督衙门洋务文案、江苏铁道总管等职。在李鸿章以钦差大臣身份与八国联军议和、签订《辛丑条约》时,温世珍受到李鸿章的赏识。1900年温世珍去河南办学,1904年调任广东洋务局从事外交活动,1909年又转任两江总督洋务局文案兼南洋劝业会参议。

　　1911年,温世珍加入同盟会,成为孙中山的随员之一,在南京临时政府任南京卫戍司令部的外交部长兼交通部长。孙中山北上后,他投靠浙江都督朱瑞保,充任浙江省交涉使。1915年他又投到江西督军李纯门下,任江西督军府外交顾问兼交涉员。1916年利用李纯转任江苏督军的机会,温世珍当上了南京交涉使兼金陵关监督。李纯倒台后,1921年,温进入北洋政府任外交部专员,奉派出席了华盛顿会议。1924年他到上海依附苏、皖、浙、闽、赣五省联军总司令孙传芳,任上海交涉使、沪海关道尹及江海关监督。1925年,段祺瑞以温世珍犯有贪污罪下令通缉法办,在外国人的掩护下,温世珍从上海码头乘船逃往欧洲,两年后在日本大森定居。

　　1927年,蒋介石带领国民革命军北伐时,温世珍从日本回国投奔蒋介石,他自称能够说服张作霖接受北伐条件,和平实现"南北统一",骗取了蒋介石的信任。在北上途中,他遭到奉系军阀张宗昌的怀疑而被扣押,并欲以军法论处。温世珍以重金赎命,脱身后逃往哈尔滨,投靠其儿女亲家陈曲江。两人合资开办殖业公司,一面投资办煤矿,一面经营皮货,但因经营无方,以赔本告终。

1931年九一八事变前夕,温世珍加入了他曾在江苏任职时结识的白坚武(曾任吴佩孚秘书长)所在的团体,并参与他们的活动。该团体活动主要由日本特务土肥原贤二在幕后操纵。1931年6月,在土肥原贤二指挥下,由白坚武、何庭鎏、温世珍、陈曲江、李际春等人组织便衣队,在天津发动了便衣队暴乱。温世珍的手脚被打伤,日本居留民团将其送至大连休养。在大连期间,温世珍结识了北洋政府前任财政总长张弧。在张弧的居中介绍下,温世珍结识了土肥原贤二和其他日本军政人员,如柴山兼四郎、板垣征四郎、浅海喜久雄、谷荻那华雄等。七七事变前夕,土肥原贤二派温世珍到平津两地和冀东一带收集有关天津市政府、冀东伪政权及冀察政务委员会的情报。温世珍深得土肥原贤二的赏识。在天津时,温世珍与天津日本驻屯军和领事馆均有所联系。

1937年7月30日天津沦陷后,在日军的主持和监视下,8月1日,伪天津治安维持会正式宣告成立,高凌霨任会长,温世珍任伪天津海关监督兼伪河北省银行监事。伪华北临时政府在北平成立后,12月17日,伪天津治安维持会解散,正式成立伪天津特别市公署,高凌霨出任伪天津市第一任市长,温世珍被派任伪津海关监督,他召集华北各口岸海关的外籍税务司开会,宣布成立"关税整理委员会",修改关税条例,减免或降低了日本输出的70多种物资的进口税,为日后日货大量倾销华北沦陷区打开了方便之门。①

当温世珍得知日本陆军大臣板垣征四郎从伪满洲国调来华北主持军政大计时,他主动向板垣征四郎提出了若干建议,这些建议深得板垣征四

---

① 天津市档案馆主编:《旧天津的新生》,天津人民出版社,2009年,第24页。

郎的认可,被转给了华北方面军司令杉山元,而且多被采纳。

1939年3月24日,温世珍就任伪天津特别市市长。温世珍借口"经费不敷开支",实行"裁员""减政"。[1] 重新安排的人员除了温世珍本人的亲信外,必须是"三同会"(当时的三个亲日团体)分子。他任命自己的姐夫王荷舫(原开滦矿务局北方售煤处经理)为伪河北省银行行长,而温世珍兼任该行首席监事,二人掌握了全天津市财政金融的实权。1939年7月,天津遭遇洪水灾害,极度缺粮。温世珍以救济粮荒为名,指派伪天津市商会刘静山、孙冰如、屈秀章等进口一批澳洲小麦,高价出售,温世珍、陈啸菽(伪秘书长)、蓝振德(伪社会局局长)等都获得巨额回扣。

1940年后,日军在华北实行"军民分治",建立"防共委员会",温世珍担任伪天津市防共委员会分会会长。[2] 他和各局、处长在报纸上发表反共专题文章,并分赴广播电台轮流播讲,大力宣传"中日亲善""大东亚圣战"和"反共压倒一切"。1941年3月初至年底,日伪政权在天津实施了第一、二、三次治安强化运动,温世珍积极配合,制造白色恐怖。

1941年8月间,温世珍以伪市公署名义发出通告,规定每月1日和15日为市民"自肃自励日",随之开展"反共自肃自励"运动,举办自肃自励演讲会、报告会,推进"反共、灭共"的活动。温世珍配合日本人在天津成立了各式各样的统制机构,如米谷统制会、贸易统制会、皮革统制会、华北石油统制会等。温世珍秉承日本驻天津特务机关的旨意,制定了经济封锁物资禁运的实施方案,组织了大批人力,在市内各主要地段增设物资检查点、卡、站,层层把关。他还规定每月8日为"八达日",意即"八纮一宇"的日子已经到来,在该日,所有饮食业概不准出售大米白面,一律以"文化米"(高粱米)代替。

1942年,日伪政权连续发动了第四、五次治安强化运动,对粮食和军

① 杨光祥著:《典籍中的北辰》,天津古籍出版社,2007年,第779页。
② 春子:《温世珍其人其事》,载天津市北辰区政协文史委编:《天津北辰文史资料》第6辑,1998年,第54页。

需物资的掠夺更加彻底。夏秋之际,天津粮食极度紧张,温世珍、蓝振德与伪天津市粮食采运分社理事长斋藤茂一郎、顾问中山襄谋议,倡导天津市民食用"代用食粮"。把日军仓库积存多年、早已霉烂变质的小麦等杂粮,掺杂带有泥沙的糠麸、豆饼等磨制成所谓的"混合面",配售给市民食用,不少人食用后身体浮肿。

为了给日军补充给养,伪市公署先后成立了征集钢铁物品委员会、收买废品委员会、支援圣战献金运动总会等机构,温世珍自任总会长。在成立大会上,温世珍命令办公室将所有的铜墨盒、钢笔架、铜镇尺和铜锁等铜器集中起来,以铝、瓷制品代替。同时把市署的大铁门、铁栅栏也拆下来,还把他家里的铜床、铜香炉、铜痰盂、铜盆等物一并献给了日军。他布置警察局指挥各分局、派出所,派保甲长挨门入户去征收。工厂商店的铜招牌、铁门窗也在征收之列,仅市商会及各同业公会负责征集的钢铁制品即达 3500 多吨。后来又扩大到锡、铅、铝、镍等金属物品。市民实在拿不出金属物品可献,被迫以"折价捐献"的变通办法,拿出现钱交给保甲长。在向日军"献机献金"时,温世珍以会长身份先拿出 1000 元捐献,同时下令木商制作"反共运动募捐箱",分发到各处,号召人们自愿认献。他还规定伪公职人员每月薪金在 50 元以上者,一律按月薪额 30%一次性扣交,学校校长和教职员按月薪 10%一次奉献,专科以上学生每人献金 1 元,中学生每人 5 角,小学生和幼儿园学童每人 1 角,市民每人至少 1 元,多者不限。

温世珍大力推行奴化教育,他责令伪教育局在全市范围内普及日语,开办日语学校,由日人亲自授课。一般学校也都增设日语课程,并升日伪旗帜。每遇日本神社祭日或重大节日,还要组织市民、学生举办以"中日亲善,共存共荣"为中心内容、以灌输奴化教育为主题的演讲会、游艺会及文艺活动。

温世珍在任期间,将天津有轨电车票价由 6 分提高到 2 角,使比商获利颇巨,温世珍个人获得回扣 30000 元。他还批准了自来水加价提案,由原来每千加仑 1.2 元提高为 2.9 元,得回扣 60000 元。而天津市民生活费在 6 年间增加了 6 倍多,以致民怨沸腾。[①] 他组织"华北劳工协会",抓捕大批劳工运往中国东北、日本和南洋。

温世珍的行为得到驻华日军官员的"褒奖",但其利用职权行贿受贿,捞取诸多好处,也引起了一部分日本人的妒忌。1943 年 3 月,天津日军特务机关长雨宫巽将温世珍大发财源的事,向华北方面军指挥官冈村宁次进行汇报,并建议把他撤职,由伪津海道尹王绪高继任。3 月 19 日,温世珍不再担任伪天津市长一职,调任伪华北政务委员会委员兼平津对华中、华南交易组合理事长,继续为日军侵华服务。

1945 年 8 月日本投降,国民党政府接收天津后,以"惩治汉奸"的理由将温世珍抓捕入狱,但并没有定刑,后被保释出狱。1949 年天津解放后,人民政府将温世珍逮捕归案。

1951 年 7 月 10 日,温世珍被执行枪决,终年 73 岁。

参考文献:

天津市政协文史委编:《天津近代人物录》,天津市地方史志编修委员会总编辑室,1987 年。

郭凤岐编:《天津通志·大事记》,天津社会科学院出版社,1994 年。

姚士馨主编:《八大奇案》,百花文艺出版社,1991 年。

(赵云利)

---

① 郭凤岐编:《天津通志·大事记》,天津社会科学院出版社,1994 年,第 264 页。

吴蔼宸

吴蔼宸（1891—1965），原名世翔，福建闽侯人。出身富家，自幼喜好读书，4 岁进私塾，8 岁随父赴山东。1904 年肄业于山东高等学堂。在学期间，与同班山东籍同学高亦吾一起组织"乐群"学会，参与反清斗争。省府镇压学潮，当局密令通缉"闹事者"，高亦吾出逃奉天，吴蔼宸退学。

1910 年，吴蔼宸考入京师大学堂工科采矿冶金专业。次年，辛亥革命爆发，他南下任南京临时政府交通部一等科员。1912 年，仍回国立北京大学校①工科续读，1913 年获工学学士学位。在校就读期间，曾前往河北省迁安县实地勘察。在该县的鹦鹉山发现钨矿，农商部公布为新矿种。由此，北京政府陆军部设局官办，聘他为矿师。毕业后，被派赴开滦矿务局、京西煤矿实习。不久，任通兴煤矿公司董事等职。1917 年夏，农商部派他赴美国实地考察钨矿开采，历时一年多。次年回国时，购回全套选矿机器。

1919 年，他作为中国第一代矿业工程师，就任黑龙江梧桐河金矿总经理。次年，又赴美国考察，订购挖金机器。1921 年回国之后，改任黑龙江观都金矿局机器试验场场长。

吴蔼宸埋头钻研冶金专业技术十余年，有不少收获，但于 1922 年转入政界，先后任北京政府内务部秘书、直鲁豫巡阅使署秘书，后改任实业

---

① 1912 年 5 月，京师大学堂奉命更名为北京大学校，旋即冠"国立"，是中国历史上第一所冠名"国立"的大学。

顾问兼河南地质调查所所长。1924年5月,他改调湖北江汉关,任监督兼外交部特派湖北交涉员,不久,兼汉口特区管理局第一任局长。

1928年北伐成功,天津被定为特别市,吴蔼宸先后任天津河北省省长公署顾问兼天津造币厂坐办、市政府秘书长等职。其间著有《华北国际五大问题》,文中揭露政府官员营私舞弊丑事,轰动一时,涉讼经年。1929年冬,任天津整理海河委员会总务处副处长。①

1932年初,新疆陷入内乱。吴蔼宸奉令独任汉族代表,与回、维、哈、满、蒙各族代表紧急谈判,同时联合各团体,为和平奔走呼号。他首倡成立新疆慈善会,并被推举为临时主席。慈善会团结各民族精英,组织人力物力开设粥厂,救济难民,掩埋死尸,救护伤兵。城内居民不分民族和信仰,同仇敌忾,团结对敌,起到了稳定社会、凝聚人心、消除隔阂、解救民众的作用。

刚处理完民族纠纷,国民政府外交部就电令他为外交部驻新疆特派员,随同外交部长罗文干巡视塔城、伊犁,后到苏联西伯利亚。又奉命转赴苏联莫斯科,参加新(疆)苏(联)商务会议,归途中参观巴库油田等地。1934年返京述职,随后撰写了《新疆纪游》,他将在新疆的见闻、经历记述下来,反映了1932年、1933年之际,新疆特别是乌鲁木齐发生的重大历史事件。该书1935年由商务印书馆出版。

1936年初,吴蔼宸派任国民政府驻捷克布拉格总领事,适值苏联公布宪法,他撰写《苏联宪法研究》一书。翌年,改任国民政府驻苏联海参崴总领事。这时,远东一带华侨多遭居住国逮捕、迫害,难民流离失所,他心急如焚,设法救助,让2000多流离失所的侨民避居领事馆庭院,并与苏联当局交涉,急电国民政府外交部及新疆当局,陈述侨情,使8000多难侨分批返回新疆定居,受到侨民称誉。1938年春,吴蔼宸辞去国民政府驻海参崴总领事职务,赴英国伦敦大学研究国际公法、国际关系。他留英一年

---

① 天津市河北区政协、天津市内环开发公司编,张俊英主编:《造币总厂》,天津教育出版社,2010年,第412页。

余,撰英文《新疆变乱记》一书。1939年9月第二次世界大战爆发后,他转赴香港,从事写作。1940年,《新疆变乱记》数次再版。1941年夏,他应中央大学邀请,向学生讲授中苏外交史。次年,派仕外交部驻川康特派员,驻成都两年多。同时,兼任燕京大学、华西大学教授和中英文化协会成都分会会长等职。

1945年秋,吴蔼宸在抗战胜利后任平津特派员,1946年3月,出任国民政府外交部顾问。1948年初,会同有关人员赴汉口、北平、上海、天津、台湾等地,清理联合国房产、财产,历时数月。在台湾,他看到国民政府岌岌可危,大势已去,决意辞去外交部顾问职,携带家眷再赴英国伦敦,完成博士学位论文。

1950年7月,他被伦敦大学授予国际关系哲学博士。同年11月,著《中国与苏联》一书。1951年,英文版《峨嵋山画记》完稿。除著书立说外,吴蔼宸还从事中英贸易活动,如联系北京工艺品至英国销售;与英国商人合作,为北京、天津进出口贸易公司、中国进出口公司牵线搭桥,沟通贸易。

1954年5月,周恩来总理率团到日内瓦参加国际会议,63岁的吴蔼宸专程飞往日内瓦,向周总理面陈自己的情况和志向。周总理与吴蔼宸一见如故,愉快地答复说:"吴先生,祖国欢迎您! 我回国就同您联系。"8月,吴蔼宸回国,他百感交集,作诗数首,其中有"伏地欲一吻"之句。

吴蔼宸回国后,先是担任伦敦吴萧公司驻北京代表。1956年9月辞职,应聘担任北京地质学院高级教授,专门为助教、讲师教授英文。1957年11月,兼任欧美同学会总干事。1958年5月,周恩来总理正式聘他为中央文史研究馆馆员。晚年编有《历代西域诗抄》,并自刊《求志庐诗》等。《历代西域诗抄》是新中国成立后新疆文献整理的拓荒之作,全书搜集了汉唐以来特别是有清一代的文人和官员吟诵新疆的诗作近千首,内容除抒情以外还多用竹枝词叙事,保存了关于西域治理丰富的历史和民俗资料。

1965 年 8 月 25 日,吴蔼辰在北京病故,终年 74 岁。

参考文献:

吴蔼宸著:《边城蒙难记》,新疆人民出版社,2010 年。

吴蔼宸编:《历代西域诗抄》,新疆人民出版社,2001 年。

中央文史研究馆编:《中央文史研究馆馆员传略》,中华书局,2001 年。

天津市河北区政协、天津市内环开发公司编,张俊英主编:《造币总厂》,天津教育出版社,2010 年。

(张绍祖)

夏 景 如

夏景如(1893—1974),名心斋,字景如,以字行,山东寿光人,生于1893年8月29日。其母曾任天津北洋女师范学堂庶务。夏景如毕业于北洋女师范学堂及暨南大学堂。辛亥革命时,即与同学崔震华女士等倡导革命。1909年至1914年,参与创建青岛圣方济各会天主教女子学校(青岛圣功中小学前身),并担任教员、校长。

其时,天津为解决租界幼年女子入学问题而筹建圣功学校,她被邀为创办人,协同筹划。1914年6月28日圣功学校成立。这是一所天主教女子学校。校舍三间,招收小学学生70名,编低、中、高三班。初推英实夫的夫人夏怀清担任校长。1915年,夏怀清校长因家务繁忙辞职,校董事会推举夏景如继任校长。

1915年秋,夏景如决定迁校于海大道美以美会旧址。1916年,她又决定迁校于法租界26号路。1917年高小第一届学生毕业。夏校长在小学内附设师范班,系旧制5年毕业。1921年秋,课程设置与各项设备均已完善,上报直隶教育厅核准立案。1929年,因国家规定师范学校由政府办理,私人和社会团体不得再设立师范学校。于是,她在英租界黄家花园威灵顿道租校舍,改师范班为中学部,重新向天津特别市教育局呈报立案。中学部定名为"天津特别市私立圣功女子中学校",有学生80人,编为高中两班、初中一班。小学仍在法租界26号路。1930年6月,高中学生第一届毕业。1933年,夏景如决定在法租界26号路校址内增筑楼房,扩大教室。新楼既成,中学部迁回,高中实行单轨制,初中实行双轨制,中学共 9 个班。小学部则迁往法租界 35 号路。① 1937 年扩建了法租界 35 号路校舍,高中文理分科,理科班迁入法租界 35 号路校舍。

夏景如古汉语知识渊博,喜好古典诗词,尤其喜爱郑板桥的诗画,在其客厅挂有郑板桥诗画。她擅长讲《论语》《孟子》,讲起来津津有味。夏校长办事严谨,对教职工、学生要求十分严格,甚至有些严厉。上课时,夏景如经常在过道巡视,透过小窗口观察老师讲课与学生听课的情况,发现教师教学上有不认真之处立即批评,进而申斥;发现学生上课不注意听讲,下课立即找来训斥。当时在"圣功"教书的老师都是小心翼翼,教不好课随时都有可能被解聘。学生则更怕校长。夏景如对工勤要求也很严,校舍打扫得不干净要罚站。她对别人要求严,对自己要求更严格,处处注意以身作则、为人师表。她虽是缠足,每天清晨都要去检查晨操。夏景如对师生要求很严,但同时又很关心,特别是对该校毕业留校的老师。抗战前,她曾两次利用假期在北平颐和园租房子,组织教师携带家属分批分期去休假,每人半个月。有的老师父母病故时,夏景如亲自带领学生去吊唁。年轻女教师订婚或结婚,她常以证婚人身份出席。

1937 年 7 月 30 日,南开、女师遭日军轰炸,天津沦陷。夏景如在圣功女中开办特班(也叫分校),②招收河北省立女师学院附中、南开女中等失学女生 240 名。夏景如在抗战时任中央文教协进会委员,与沈兼士、英千里诸先生从事教育界地下抗战宣传工作。

1939 年,夏景如委托修女文克彬(德国籍,修女院院长)代理中学校长,自己专办小学,并兼教国文。为了解决校舍拥挤问题,夏景如和校董事会多方募捐。1941 年 12 月 7 日,四层新校舍(今新华中学圣功楼)在特别一区马场道陶园落成启用。圣功女中迁至新校舍,有学生 586 名。③

---

①② 李仲武:《圣功校史略》,载张之鑫主编:《新华中学校史资料汇编》(1),吉林文史出版社,2009 年,第 2 页。

③ 张绍祖:《早年的圣功女学》,《今晚报·副刊》,2014 年 5 月 1 日。

1941 年,夏景如在六区另设小学部,俗称"小圣功",有 6 个班 200 多名学生。后又在法租界 26 号路校舍增设幼稚园 1 个班,新招幼儿 20 多名,后发展到 60 多名。

抗战胜利后,1945 年 9 月,董事会又推举夏景如为校长。夏景如提议组织了圣功中小学新的校董会,原天津市教育局局长邓庆澜任代理董事长。夏景如还兼任天津仁爱高级护士职业学校董事长、天津志生高级助产职业学校董事、天津法汉中学董事及北平培根学校、济南黎明学校、开封静宜女中校董等。

夏景如十分注重师资水平和教学质量。20 世纪 40 年代,"圣功"学生在天津市中学语文、数学竞赛中多次夺魁。抗战胜利后,教育部训令嘉奖圣功女中。1947 年秋,市教育局表扬全市优秀教师,圣功女中夏景如等 6 人中选,名列各校第一。夏景如还将自己购买的所有图书都捐给学校。

1948 年 1 月,夏景如当选为国民政府第一届立法委员。1949 年,夏景如赴台湾,后在台湾继续从事女子中学教育。

1974 年 7 月 7 日,夏景如在台北去世,终年 81 岁。

参考文献:

张之鑫主编:《新华中学校史资料汇编》(1),吉林文史出版社,2009 年。

张绍祖:《近代著名女教育家夏景如》,载张绍祖、张建虹编撰:《天津河西历史文化名人传略》,线装书局,2013 年。

张绍祖:《天津近代女教育家夏景如》,载刘开基主编:《河西文史资料选辑》第 7 辑《天津河西老学校》,中国文史出版社,2008 年。

(张绍祖)

颜 惠 庆

颜惠庆(1877—1950)，字骏人，上海人。1877年4月2日出生于上海虹口一个传教士家庭，在兄妹六人中排行第四。颜家祖籍山东，清道光初年其祖父为躲避战乱，从厦门举家定居上海王家码头，以木棉行为生。颜惠庆父亲颜永京，1861年毕业于俄亥俄州甘比尔镇凯尼恩学院(Kenyon College, Gambier, Ohio)，后获该院硕士学位。颜惠庆母亲戚氏曾就读于美国教会开办的女塾，是颜惠庆的英语启蒙老师。

颜惠庆早年就读于上海中英学堂，后入同文书院，1895年赴美就读于圣公会中学，后入弗吉尼亚大学学习，获文学学士学位。回国后执教于上海圣约翰大学。上海《南方报》特辟英文版一版，聘他为英文编辑，撰写每日一篇的时事短评。商务印书馆特邀颜惠庆担任兼职编辑，主编英汉大辞典。颜与数十名助手经过两年努力，终成上下两卷共3000多页的《英华大辞典》，由严复作序，商务印书馆出版。此后，颜惠庆又编译了《编译捷径》《英汉成语词林》《经济学课本》等书，颇受欢迎。

1906年10月，颜惠庆进京参加清政府举办的"考验游学毕业生"的会试，名列第二，赐授进士出身，遂任职学部。不久辞官回上海，继续执教。直到1907年冬，伍廷芳聘请颜惠庆担任中国驻美国公使馆二等参赞，颜赴美任职，正式弃文从政，开始职业外交官生涯。1909年，颜奉命回京，任外务部新闻处正六品主事，执掌外事新闻，负责接待驻京外国记者，并协助发刊英文《北京日报》。一年后，参加清政府为留学生举行的殿试,授翰林院检讨,升任外务部参议,同时兼任清华学堂总办。

1912年,颜惠庆出任北洋政府外交部次长。1913年,出任中华民国驻德国、瑞典、丹麦三国公使。一战结束后,颜惠庆曾以中国代表团顾问身份出席巴黎和会。1920年,靳云鹏组阁,颜受命署理北京政府外交总长,其后,曾三次出任此职,数次兼、代、署理国务总理。1926年,在奉系军阀逼迫下,颜惠庆辞去国务总理兼外交总长职务,携家眷退居天津。

颜惠庆在天津曾担任天津大陆银行、大陆商业公司、启新洋灰公司、开滦煤矿、庆丰面粉厂、中原贸易公司、平汉铁路、盐业银行、协和贸易公司、中国银行和天津电车公司等多家企业的董事或董事长,凭借其在政治上的声望,对这些企业的发展起到一定的推动作用。

在慈善和文教领域,颜惠庆曾先后当选华洋义赈会会长,中国红十字会第六届、第七届会长,支持编写了《中国红十字会20周年纪念册》,被上海圣约翰大学、北平燕京大学和清华大学聘为校董乃至董事会主席。天津许多文化机构都邀请他担任董事、主席或顾问。

在张伯苓的影响下,颜惠庆凭借自己在政府的地位,为南开大学争取到了北洋政府的财政援助。1928年1月,在张伯苓的邀请下,颜惠庆正式出任南开校董,参与到南开大学的建设中,并在范源濂逝世后,任南开校董事会主席。自此,颜惠庆与校董会一起,不遗余力地为南开的建设到处筹措经费。他曾亲自拜访开滦煤矿董事会,谈资助南开问题;他出席为章瑞庭举行的宴会,说服章为南开捐献巨款。

1931年九一八事变后,颜惠庆临危受命,出任中央政治会议特种外交委员会委员。1933年1月31日,颜惠庆被国民政府正式委任为驻苏联大使。6月,颜惠庆回国休假,日本人高木前去拜访,邀请颜参加根据《塘沽协定》建立的华北自治政府,被颜惠庆断然拒绝。[①] 1935年2月,颜惠庆协同京剧大师梅兰芳、电影明星胡蝶等文艺界人士再度访苏。1936年6月20日,颜惠庆正式向国民政府递交辞职信,从此结束职业外交家

---

① 《颜惠庆日记》第2卷,上海市档案馆译,中国档案出版社,1996年,第811—817页。

生涯,回到天津继续其实业与慈善活动。

1937 年,颜惠庆在南开大学讲授"外交实践与惯例"课程,引起轰动,5 月 28 日的《京津泰晤士报》对此进行了详细报道。1937 年 7 月 30 日,南开大学遭日军轰炸,木斋图书馆被炸毁,颜惠庆很是痛心。[①] 从北洋政府时代开始,颜惠庆就对南开学校的发展贡献颇多,从劝募南开发展基金、为南开规划发展方向,到亲自为学生授课、捐赠藏书和期刊,南开系列学校的发展有颜惠庆的功劳。

抗战全面爆发后,颜惠庆举家南迁上海,在八一三淞沪抗战期间主持上海的难民救济与伤兵救护工作。1938 年 1 月,当选为国际反侵略大会中国分会名誉主席团成员。6 月,当选为国民政府第一届国民参政会参政员。8 月,颜惠庆以中国首席代表的公开身份离沪赴美,出席于美国维多利亚港举行的第六届太平洋国交讨论会,在会上谴责日军暴行。会后,继续留美协助胡适拓展对美外交。

1940 年 3 月 15 日,颜惠庆返抵香港,香港沦陷后遭日军软禁,后被押返上海,但拒不与汪伪政权合作。直至抗战胜利才获自由。1949 年 2 月,颜惠庆受代总统李宗仁委托,赴北平与中国共产党商谈和平事宜,受到毛泽东和周恩来接见。

新中国成立后,颜惠庆当选为中国人民政治协商会议第一届委员,后又担任中苏友好协会会长、中央人民政府政务院委员、华东军政委员会副主席、中央人民政府政治法律委员会委员等职务。

1950 年 5 月 24 日,颜惠庆病逝于上海,终年 73 岁,毛泽东和周恩来特电其家属致唁。[②]

---

① 《颜惠庆自传——一位民国元老的历史记忆》,吴建雍等译,商务印书馆,2003 年,第 298 页。
② 同上,第 4 页。

参考文献：

杨颖奇主编：《民国名人传记丛书·民国政治要员百人传》，南京出版社，2014年版。

刘国新、贺耀敏、刘晓等主编：《中华人民共和国史长编》第7卷，天津人民出版社，2010年。

天津市人民政府编著：《天津历史风貌建筑》，天津大学出版社，2010年。

（张雅男）

叶 兰 舫

　　叶兰舫(1864—1937),名登榜,字蓝舫,以字行,浙江金华人。叶兰舫
出生在一个贫寒的读书人家。为解决生计问题,叶兰舫的父亲弃儒从商,
带着长子叶春农和次子叶兰舫迁居天津,父子三人来往于天津和沧州之
间,靠贩卖草帽缏为生。

　　1876年,叶兰舫经人介绍,到天津大盐商张锦文的钱庄做学徒。叶
兰舫最初做的是干杂活的小伙计,因聪明好学,逐渐得到钱庄掌柜的器
重,不久升任大伙计。在工作中,叶兰舫接触到很多天津银钱业的头面人
物,经过历练,对银钱业的经营逐渐谙熟。22岁时,年轻的叶兰舫便成为
钱庄的领东掌柜。不久,24岁的叶兰舫积累了足够的资金,开办了"和盛
益"银号,在天津银钱业中开始独当一面。

　　1910年,为清理天津商人积欠洋商款项,维持天津华洋商务,德国人
冯·巴贝与叶兰舫等中国商人合作,筹集白银4000万两,创办北洋保商
银行,巴贝为德方经理,叶为华方经理。银行除经营存放款业务外,还有
货币发行权。第一次世界大战中德国战败,冯·巴贝撤资回国,将有关手
续全部交给叶兰舫,北洋保商银行由此成为华商独资经营的私营银行。
1918年,叶兰舫当选天津总商会会长。

　　1919年五四运动爆发,5月7日,天津总商会致电巴黎和会中国专
使,要求收回青岛主权,以保领土。5月12日,天津学、商、教、绅各界代
表200多人筹备公民大会,讨论争回青岛权益办法,会上叶兰舫被推举为

商界干事。5月28日,叶兰舫主持天津总商会召开茶话会,研究提倡国货办法,并于6月2日发布关于提倡国货的布告。6月7日,叶兰舫召集大津总商会全体商董开会,讨论罢市问题,支援学生罢课斗争。8日,大津学生在街上集会演讲后,全体赴北马路天津总商会,求见会长叶兰舫和副会长卞月庭。学生代表慷慨陈词:"中国危亡,间不容发,倘再因循,将无法挽救。"①在学生爱国行动的感召下,叶兰舫和卞月庭慨然允诺10日罢市。9日,总商会召集各行业会董600多人开会,叶兰舫报告开会宗旨,要求北洋政府严惩国贼,保护学生。天津学生代表谌志笃、马骏等参加旁听。

10日,天津总商会发布布告,宣布罢市,并电请北洋政府惩办曹汝霖、章宗祥、陆宗舆等卖国贼。10日下午,天津总商会开会继续坚持罢市,并急电北洋政府,再次强烈要求"以明令惩免曹、陆、章及保护学生,以谢国人而救目前"②。6月18日下午,天津各界在天津总商会召开大会,成立天津各界联合会,统一组织领导天津的反帝爱国斗争。在整个五四运动期间,叶兰舫作为总商会会长,积极推动和支持了学生爱国运动的发展。

五四运动结束后,叶兰舫虽然经公选仍得连任总商会会长的职务,但他认为自己"精神魄力俱不足担任时局,况以后进行事业必须有救国保种手段,不克胜任",坚决辞去了职务。9月,卞荫昌被选为会长。

从40岁开始,叶兰舫又开始投资实业和盐务。他购买了塘沽引地,成立了同和津店,供应河北省正定、灵寿、磁县、平山等地的食盐。他又投资福源造酒股份有限公司,经营直沽酒、五加皮和冬菜等。这些商品,除行销国内各地,还远销南洋。同时,叶兰舫还是天津钱业公会会长、天津启泰金店的铺东、天津劝业场的股东。

---

① 民建天津市委、天津市工商联文史委编:《天津工商史料丛刊》第1辑,1983年内部印行,第26页。

② 来新夏主编:《天津历史与文化》,天津大学出版社,2013年,第10页。

1937 年,叶兰舫在天津去世,终年 73 岁。

参考文献:

杜鱼:《叶兰舫与北洋保商银行》,《今晚报·副刊》,2008 年 9 月 5 日。

刘志强、张利民主编:《天津史研究论文选辑》,天津古籍出版社,2009 年。

中国社会科学院近代史研究所《近代史资料》编译室主编:《五四爱国运动》(上),知识产权出版社,2013 年。

（张慕洋）

袁克定

　　袁克定（1878—1958），字云台、员台，河南项城人。袁世凯的嫡长子，自幼跟随父亲出任山东、直隶各地。少年时代即接受良好的中西教育。

　　1901 年袁世凯任直隶总督兼北洋大臣，为袁克定纳粟为候选道。1905 年袁克定入盛京将军赵尔巽幕，参军事。1907 年 4 月，任农工商部右参议，1908 年 8 月署左参议。1910 年 10 月，任农工商部右丞。1911 年 5 月，任邮传部丞参。[①] 1912 年 5 月，袁克定任开滦矿务总局督办，后兼董事长。同年任北京政府外交部顾问。

　　1913 年，袁克定坠马将足胫摔折，9 月赴德国治疗腿伤。此行最重要的目的是了解德国对华外交立场，促成帝制早日实现。临行前北洋派重要人物段芝贵、江朝宗等到车站送行，采用总统仪仗执事，威严隆重。袁克定抵达柏林后，谒见德国皇帝威廉二世，转呈袁世凯的亲笔信函。袁克定力陈中国非君主立宪不能图强。威廉二世重申"强干弱枝"的理论，表示德国将在外交上支持袁世凯称帝，并将一封亲笔信交由袁克定转交袁世凯。袁克定回国后，便向袁世凯提出两条建议：一是召王士珍进京，接段祺瑞主持军事；二是设立陆海军大元帅统率办事处，为全国最高军事机构，由总统掌管。这两项建议与袁世凯的想法不谋而合。

　　1913 年 5 月，陆海军大元帅统率办事处成立。统率办事处主任蒋方

---

　　① 徐友春主编：《民国人物大辞典》，河北人民出版社，1991 年，第 650 页。

震向袁世凯陈说："以北洋军队暮气太重,思另行编练,作为模范,建议在统率办事处之下,设立模范师筹备处。先练两师,中级军官用留学生,下级参用军官生及速成生,盖以变历来重用速成生摒除留学生之宗旨。"①袁世凯决定先成立京师模范团,然后逐步发展为模范师或军,委任王士珍、袁克定、张敬尧、陈光远为筹备员。1914年10月,模范团正式成立,袁世凯任第一期模范团团长。1915年4月,袁克定任第二期模范团团长。

1914年8月,第一次世界大战爆发。英、德、俄等国深陷欧洲战场无力东顾,日本看到了宰割中国的大好机会。日本政界认为欧洲大战是天佑日本国运,应趁机确立日本对东洋的利权。同年9月,日本借英日同盟之名,向德国宣战,出兵占领胶济铁路及青岛。之后,中国就日本撤出山东问题与日本展开外交谈判,但日本非但没有撤出之意,反而希望利用战争的有利机会向中国提出更多权益要求。1915年1月18日,日本驻华公使日置益违背外交惯例,越过外交部直接向袁世凯递交"二十一条"密约,旨在将中国变为日本附庸国。其中第五号最为严重,妄图完全剥夺中国政府管理自己事务的实权,被国人视为"亡国灭种"的条款。在日本的胁迫之下,中日双方于5月25日签订了屈辱的《民四条约》。

1915年春,在与日本外交交涉的同时,袁世凯亦在英、日等国的支持下,积极准备改行帝制。复辟帝制势必需要日本的承认与支持,于是,袁世凯对日本政府的态度极为留意,他每日必读日本政府在华的主要舆论工具《顺天时报》。此时,袁克定为了争当皇储,坚定袁世凯复辟帝制的决心,集结了一批文人,每天仿造《顺天时报》呈送袁世凯,报中只收录赞成帝制的文章,同时严格控制真正的《顺天时报》流入中南海。袁克定又让美国法学博士古德诺撰写鼓吹君主制的文章《共和与君主论》,发表在北京《亚细亚日报》上,散布"中国人知识程度太低,无研究政治之能力,只适合于君主制"的谬论。另外,由杨度呈进袁世凯,制造舆论。1915年8月

---

① 袁家宾:《我的大伯父袁克定》(上),《纵横》,1995年第1期。

14日,杨度、刘师培、严复等人以"研究共和政治得失"为名,联合发起成立筹安会,公开进行复辟帝制的活动。随后,乞丐请愿团、妓女请愿团、全国请愿联合会等纷纷出笼,制造"民意",在全国范围内掀起了声势浩大的复辟逆潮,其背后的总策划就是袁克定。[①] 然而,帝制复辟后,袁克定的皇储资格并未明确。

1915年12月12日,袁世凯接受帝制,宣布1916年元旦登基,改中华民国为中华帝国。袁世凯帝制自为的行径激起了国人的强烈反对。1915年12月25日,护国战争爆发。随后,北洋集团分崩离析,列强也撤回了对袁氏的支持。袁世凯众叛亲离,被迫于1916年3月22日宣布取消帝制。

1916年6月6日,袁世凯病逝,洪宪帝制旋起旋灭。28日,袁克定携母于氏寓居天津。袁克定同其妻妾等居住在旧德租界威尔逊路,并任天津英商开滦煤矿名义督办,坐领丰厚的月薪。1917年,其母于氏病逝津门。袁克定将其母灵柩运回河南彰德,与袁世凯合葬。袁克定为了袁氏子弟的教育,来津后设立家馆两处,聘请方地山和孟以铭为师,教授袁氏子弟经史、诗赋等功课。

1935年,袁克定举家迁居北京地安门外宝钞胡同。他的文玩珍品大部运到北平东皇城根14号宅内,少部留存天津。1936年,日本策动华北五省自治。王揖唐等人在《庸报》刊登声明,鼓吹"华北自治",并将领衔人署名为"袁克定"。[②] 袁克定得知后,立即在报上发表声明,郑重表示与此事无关。

1937年,袁克定再迁颐和园清华轩别墅,家境日渐败落,以典当为生。华北沦陷后,曹汝霖曾劝袁克定把河南彰德洹上村花园卖给日本人,袁克定坚决不同意。日本人对袁克定许以高官厚禄,让其出任华北伪政权要职,借以网罗袁世凯的北洋旧部。袁克定虽然经济拮据,境遇困难,

---

① 赵映林:《一心想当皇太子的袁克定》,《民国春秋》,1994年第1期。
② 王雷:《袁世凯的长子袁克定其人其事》,《炎黄春秋》,1994年第10期。

仍推说自己年迈多病,婉辞拒绝。

1948年,袁克定寄居表弟张伯驹(张镇芳长子)家中,生活费用由张伯驹承担。1949年,北平和平解放后,中央文史馆馆长章士钊(曾任北洋政府教育总长)知悉,经市政府同意将袁克定安排在文史馆中,以馆员名义领取月薪60元,靠政府的照顾维持生活。

袁克定的尊卑、嫡庶观念很重,非常讲究日常礼仪。他注重穿着,无论寒暑,即使独处,也衣裤齐整。他写书信使用特制的烫金菊花信纸信封,字句系以章草或狂草,且其中含有典故颇多。袁克定擅长篆隶书法和绘画,但很少赠人。

1958年,袁克定病逝于张伯驹家中,终年80岁。

参考文献:

徐友春主编:《民国人物大辞典》,河北人民出版社,1991年。

袁家宾:《我的大伯父袁克定》(上),《纵横》,1995年第1期。

袁家宾:《我的大伯父袁克定》(下),《纵横》,1995年第2期。

赵映林:《一心想当皇太子的袁克定》,《民国春秋》,1994年第1期。

王雷:《袁世凯的长子袁克定其人其事》,《炎黄春秋》,1994年第10期。

(张甜甜)

杨　秀　峰

杨秀峰(1897—1983)，原名碧峰，字秀林，1897 年 2 月 27 日出生于直隶省迁安县杨团保村的一户书香门第。

1902 年，杨秀峰入私塾，随后进村初级小学和县立高小念书。1911 年，14 岁的杨秀峰在迁安县立高小毕业后，考入直隶第三师范学堂。1915 年，杨秀峰因积极参加反对袁世凯复辟帝制的进步活动，被开除学籍。1916 年夏，他来到北京，考入国立北京高等师范学校，在预科学习一年，次年升入本科史地部。1917 年，他辍学一年，返乡执教于迁安县师范讲习所，筹集学习费用，以减少家庭的负担。

在 1919 年五四运动中，杨秀峰被推选为北京高等师范学校的学生代表，负责学生游行示威的组织工作。5 月 4 日当天，杨秀峰和同学们首先到达天安门前，下午四时多进入赵家楼曹汝霖住宅，从曹宅中搜出并痛打章宗祥，并火烧赵家楼。军警赶来曹宅灭火，当场逮捕北京大学学生许德珩等 30 多人。杨秀峰参加北京学生联合会，营救被捕同学。杨秀峰还以北京学联代表的身份来到天津，深入河北工学院等高等院校报告北京学生爱国示威情况。5 月中旬，天津 10 多所中等以上学校的学生万余人罢课，以声援北京学生的爱国运动。

1921 年，杨秀峰从北京高等师范学校毕业，到江西省立鄱阳中学任教。执教期间，他利用假期同在天津河北工学院任教授的叔父杨十三一起回到家乡，举办农民讲习班，宣传三民主义，评说国际形势，宣传新思想,倡导新文化。农民讲习班持续了3年,办了6期。1925年春,杨秀峰任通州省立第六女子师范学校历史、地理教员,通过鲜活的教学激发学生们的爱国热情。1928年,杨秀峰到河北省教育厅供职,任第三科科长。同年12月辞职。1929年秋,经河北省教育厅保荐官费留学,杨秀峰赴法国巴黎大学社会学院学习。

1929年9月3日,杨秀峰由上海乘船赴法。到法国后,他阅读进步书刊,接触进步同学,参加了由法共中国语言组组织的社会科学研究会,大量阅读马列主义著作。1930年3月,杨秀峰在法国加入中国共产党,参加领导了留法学生和华侨的反帝组织——东方反帝同盟,任党团书记,创办了《工人》等秘密革命刊物,翻印了中国共产党旅欧支部和中国共产主义青年团旅欧总支部的机关报《赤光》,积极进行反帝爱国宣传活动。1931年九一八事变爆发,在法国华侨和留学生中激起了强烈反响。杨秀峰参加领导了留法学生和华侨抗议日本帝国主义侵华的集会游行,向驻法日本大使馆和中国大使馆示威,被法国当局拘捕。1932年2月取保释放后,被法国当局驱逐出境,一度暂住比利时,随后由法共党中央转送莫斯科。1932年3月,在共产国际的协助下,杨秀峰到苏联莫斯科列宁学院学习。学习期间,他和林铁为维护党的团结,同王明的错误路线进行了斗争,被遣送到乌拉尔山加里宁铁矿做电工8个月。1934年2月,受共产国际派遣,杨秀峰经柏林、伦敦回国工作。1934年4月,杨秀峰与孙文淑结婚。1934年5月,二人东渡日本。

1934年10月,杨秀峰从日本回国,由中共北方局特科系统阮慕韩领导,对外他以左派教授的身份出现,主要在文化教育界上层开展统战工作。1934年,杨秀峰受聘中国大学任教,同时还在北平师范大学、东北大学等校兼课,以教授的公开身份从事革命活动。他把课堂作为阵地,讲授法俄革命史、社会主义思想史、中国近世史等10多门课程,从不同角度向青年学生讲授辩证唯物主义和历史唯物主义,用马克思主义观点分析当时的国内外形势和日益严重的民族危机,宣传中共的抗日救国主张,指出青年运动的正确方向。他的这些革命活动,对平津学生掀起"一二·九"爱国运动起了启蒙和推动作用。

1935年,北平学生发动"一二·九"运动,杨秀峰在大津组织青年学生响应,领导了天津的"一二·一八"大游行,他自始至终走在队伍的前列,对游行的口号、路线及应避免的行为都做了细致指导。他与黄松龄等组织华北劳动者协会,发表支持学生爱国运动的宣言,呼吁发展北平学生英勇斗争的精神,武装起来,以民众的武装力量驱逐日本帝国主义出境,赢得了青年学生的爱戴与尊敬,被称为"红色教授"。他的爱国行为引起了国民党当局的注意。为此,他被北平师范大学解聘,并多次遭到国民党反动军警的通缉追捕,但在中共地下党和爱国进步人士的掩护下,都化险为夷。

这个时期,根据中共中央北方局的指示,杨秀峰在北平、天津文化教育界从事抗日民族统一战线工作,领导文化教育界的上层人士开展抗日救亡活动。1936年1月,杨秀峰和许德珩、张申府等知名人士共同发起组织了北平文化界救国会,并成为主要领导人之一。他们采取多种形式,团结有名望的大学教授和爱国民主人士,组织集会和撰写文章,宣传中共的抗日民族统一战线政策,揭露国民党对敌妥协投降的面目。1937年2月,杨秀峰参加发起、组织和领导华北各界救国会,任党团书记。

七七事变后,杨秀峰领导华北各界救国会发动群众捐助沙袋,帮助二十九军构筑工事,看护伤员,慰问前方将士。不久,根据党中央和北方局的指示,杨秀峰毅然放弃大学教授的优越生活,投笔从戎,将两岁的独生子托付给亲友,携夫人孙文淑,带领和组织平津等地进步学生,经天津、青岛、郑州、石家庄到太原,深入太行山区农村,建立抗日武装,开辟了冀西抗日根据地。1940年5月,杨秀峰所部正式编为八路军一二九师十一旅,成为太行山根据地的主力部队之一。

1938年8月,冀南行政公署成立,杨秀峰任行署主任。他坚持抗日民族统一战线中的独立自主原则,同国民党顽固势力进行坚决的反摩擦斗争。1940年4月11日,中共中央北方局在黎城召开了太行、太岳、冀南地区高级干部会议,决定成立冀南太行太岳行政联合办事处,逐步筹建晋冀鲁豫边区政府。8月1日,冀南太行太岳行政联合办事处在黎城西井正式成立,杨秀峰任主任。在杨秀峰的领导下,联合办事处还邀请全区军民代表、士绅名流、各党派及无党派代表人物,组成行政会议,行使全区最高民意机关的职权,至此,晋冀豫根据地正式形成。

1941年7月7日,晋冀豫边区临时参议会在辽县桐峪镇隆重开幕,大会选举杨秀峰为边区政府主席,薄一波、戎伍胜为副主席。此时,边区扩大到鲁西,西起同蒲路,东到津浦路,南临黄河,北抵石太、石德路,设6个专区和1个太行直辖区,包括39个县,面积25000多平方公里,成为坚持华北敌后抗战的重要依托。

1943年9月,杨秀峰赴延安参加整风学习。1945年4月被选为代表,出席中国共产党第七次代表大会。会后,参加解放区人民代表会议筹备工作,并任筹备委员会秘书长。8月,中共北方局撤销,成立晋冀鲁豫中央局,杨秀峰任常委。

抗日战争胜利后,杨秀峰从延安返回太行山区。杨秀峰等遵照中共中央指示,向边区政府委员会提出在本边区创办高等学校培养急需的建设人才的意见。经边委讨论,决定创办新华大学,后定名为北方大学。1948年5月,中共晋冀鲁豫中央局与晋察冀中央局合并,建立华北局,杨秀峰任委员。八九月间,华北人民政府成立,杨秀峰被选为副主席、党组书记,并兼任华北人民监察院院长,协助董必武主持华北人民政府日常政务,为支援全国解放及迎接中央人民政府的建立,进行了卓有成效的工作,聂荣臻称杨秀峰是"政权工作专家"。

1949年8月至1952年11月,杨秀峰历任河北省政府主席、党组书记,中共河北省委常委。在此期间,他为"土改""镇反""三反""五反",医治战争创伤,战胜自然灾害,恢复和发展工农业生产做了大量工作,对河北省的革命和建设做出了重要贡献。1949年下半年,河北省遭受特大水灾,杨秀峰深入灾区,察看灾情,慰问灾民,发动和组织群众生产自救。由于他的艰苦工作和周密安排,灾区没有饿死一个人,受到了周恩来总理的称赞,毛泽东也称赞杨秀峰是"救灾专家"。1950年,河北省灾情刚刚缓解,杨秀峰又奉党中央和毛泽东的指示,到皖北救灾。

1951年10月,天津专署一位副专员向河北省委组织部揭发了刘青山、张子善的违法乱纪行为。11月下旬,中共河北省委召开第三次代表会议,贯彻落实中央和华北局关于开展增产节约运动、反对贪污浪费、和官僚主义斗争的部署。与会代表集中检举揭发了刘、张的贪污罪行。根据华北局意见,省政府决定以杨秀峰等6人组成刘青山、张子善贪污案调查处理委员会,杨秀峰任主任。河北省委于12月14日向华北局提出处理意见,处刘、张以死刑。12月20日,华北局经研究后向中央提出对刘、张的处理意见。党中央和毛泽东决定,同意河北省委的意见,对大贪污犯刘青山、张子善处以死刑,立即执行。

1952年11月15日,根据政务院总理周恩来的提议,中央人民政府委员会第十九次会议通过决议,成立高等教育部。杨秀峰任副部长,同时任中共高等教育部党组织书记。1954年9月29日,毛泽东主席根据第一届人大一次会议的决定,任命杨秀峰为高等教育部部长。1956年9月,杨秀峰出席了中共八大,被选为中央委员。1957年12月,杨秀峰担任国务院第二办公室副主任。1958年2月11日,高等教育部和教育部合并成为教育部,毛泽东主席任命杨秀峰为教育部部长,兼任中共教育部党组书记。1965年1月,在全国人大三届一次会议上杨秀峰当选为中华人民共和国最高法院院长,任党组书记。杨秀峰到最高法院工作后,用了很大力量抓调解工作。"文化大革命"开始后,杨秀峰坚决维持政法战线的正常工作秩序,遭到林彪、"四人帮"的残酷迫害,身心受到极大摧残。

1976年粉碎"四人帮"以后,杨秀峰当选为第五届全国人大常务委员会委员。1979年2月,任第五届全国人大常委会法制委员会副主任。1980年9月,在第五届全国政协第三次会议上,他当选为第五届全国政协副主席及宪法修改委员会委员。

杨秀峰晚年主要从事国家社会主义法制的恢复和建设工作,主持和参加了许多重要法律、法令的起草和制定,如《中华人民共和国刑法》《中华人民共和国刑事诉讼法》等重要法律,对法制建设和法学研究工作提出了许多具有建设性的意见和建议。

1981年,杨秀峰任中国法学会筹备委员会主任,参与和领导了中国法学会的筹备工作。1982年9月,杨秀峰出席中共十二大。会议期间,杨秀峰给胡耀邦写信,再三请求准许他辞去全国政协副主席职务,不要把他列入中央顾问委员会候选人名单,按制度离休。他的信得到中央批准,印发代表大会,受到与会代表的一致称赞。党的十二大主席团给他写了致敬信,对他在长期革命和建设工作中对党和国家所做的重大贡献,表示衷心的敬意。

1983年11月10日,杨秀峰在北京病逝,终年86岁。

参考文献:

中共党史人物研究会编:《中共党史人物传》第68卷,中共党史出版社,2000年。

麻星甫:《"红色教授"杨秀峰》,《北京党史》,2010年第5期。

(周　巍)

曾 毓 隽

　　曾毓隽(1875—1967),字云霈,本名以烺,福建闽侯人。曾毓隽家世代业儒,父亲曾宗诚为清光绪年间举人,在马尾船政局掌管文牍。曾毓隽自幼熟读经史,16岁考中秀才。1894年,曾毓隽在全省考试中考取拔贡。1895年,曾毓隽的父母相继去世,家道中落,当时弟妹四人尚年幼,生计困难,曾毓隽遂北上京师,笔耕糊口。1897年,回到福州担任闽海关林浦委员。1898年,值山西、陕西灾荒,清政府发起赈灾,曾毓隽将祖产田亩出售,用所得钱款捐得官职。从1902年开始,曾毓隽历署文安、大城、良乡、宛平、肥乡各县知县,因修皇陵有功,加知府衔。在办理北京正阳门工程竣工后,曾毓隽升任道员。

　　1906年,清政府设立邮传部,主管海陆运输及邮电事宜,下设五路铁道局,辖京奉、京汉、津浦、京绥及陇海各线,曾毓隽调入该局,开始跻身交通界。不久,曾毓隽结识了江北提督段祺瑞,曾的才干被段祺瑞所赏识。宣统年间,曾毓隽已经成为段祺瑞部下的重要人物。1911年武昌起义后,南北议和,段祺瑞等北洋军将领联名敦促清帝退位,曾毓隽亦列名其中。

　　民国成立后,段祺瑞任陆军总长,曾毓隽任陆军部秘书。曾在天津东郊军粮城买荒地种稻,并在北京开设古欢阁书画店。袁世凯病逝后,黎元洪继任大总统,段祺瑞出任国务总理兼陆军总长,曾毓隽回到陆军部任原职。1916年受段祺瑞指使在北京安福胡同组织俱乐部,操纵新国会选举。当选为新国会议员,出任国务院秘书。1917年,张勋率军入京拥戴清逊帝溥仪复辟,张勋复辟帝制失败后,曾毓隽被任命为京汉铁路局局长,之后曾毓隽被任命为交通部次长兼代总长职务,钱能训组阁时,曾毓隽升任交通总长。

1920年,曾毓隽被列为安福系十大战犯之一,遭到通缉,亡命日本,后通缉令撤销。1924年,第二次直奉战争爆发,因冯玉祥倒戈,直军大败,张作霖和冯玉祥推举段祺瑞出任中华民国临时执政,在段祺瑞的力邀下,曾毓隽就任执政府参议。孙中山北上经过天津时,曾毓隽曾代表段祺瑞前往张园会晤。

曾毓隽与张作霖私交甚密,是段祺瑞与张作霖之间的媒介。段祺瑞出任临时执政后,冯玉祥与张作霖矛盾日深。1925年12月,冯玉祥令北京警备司令鹿钟麟扣押了曾毓隽。在被监禁4个月后,曾家买通看守,使曾逃离警备司令部,避入天津日租界。不久,冯玉祥的国民军受奉军排挤,撤往西北,段祺瑞也因镇压"三一八"学生运动下野,张作霖就任安国军大元帅,接管了北京政府,段祺瑞和曾毓隽从此退出政治舞台,皖系也彻底瓦解。

1926年曾毓隽到天津后,经常与段祺瑞、靳云鹏、王揖唐、李盛铎等人潜心研究佛经。因为家产在战乱中丧失殆尽,曾毓隽将北京安定门内郎家胡同的住宅抵押给银行贷款,遣散了随员和仆役。天津东郊军粮城的田地和英租界的一些地皮也于20年代末先后售出。曾与日本特务机关往来密切,与白坚武等人组织了正谊社。

1937年,曾毓隽罹患重病,在天津法租界养病。此时华北已经沦陷,日寇、汉奸多次派人邀请他出任伪职,曾均以患病为由固辞不就。1938年4月,为躲避日伪纠缠,曾毓隽悄然离津赴沪,搭轮船到了香港。曾毓隽在香港只与当年的皖系旧人来往,或者独自研究佛经。后曾前往重庆,在重庆受蒋介石接见。后为治病又返回香港就医。1941年12月太平洋战争爆发后,日军侵占香港。曾毓隽辗转北归平津,闭门谢客。曾毓隽在天津英租界租赁了一幢楼房作为住处,在北京也是借住在友人宅中。

1945年日本无条件投降,蒋介石派人分别拜访和慰问沦陷时期未参加伪政权的北洋元老,包括靳云鹏和曾毓隽等人。1946年,蒋介石到北平后,在怀仁堂接见这些人士,嘉勉了他们的高风亮节。

1949年北平和平解放时,曾毓隽在津致函毛泽东和周恩来,表示衷心拥护人民政权,党中央派习仲勋前来慰问。1953年,曾毓隽将金鱼池产权交售北京市人民政府,仅留几间住房翻修自用,后由章士钊引荐为中央文史馆馆员,并加入民革参加活动。1956年开始,年迈的曾毓隽长期居住在天津女儿家中。1964年九十寿诞时,周恩来总理派专人持函来津祝寿。

1967年11月14日,曾毓隽病逝于天津,终年92岁。

参考文献:

天津市河西区政协文史委编:《河西文史资料选辑》第2辑,1997年内部印刷。

中央文史研究馆编:《中央文史研究馆馆员传略》,中华书局,2001年。

福建省地方志编纂委员会编:《福建省志·人物志》上册,中国社会科学出版社,2003年。

(高　鹏)

张　彪

　　张彪(1860—1927),字虎臣,山西榆次人。1860 年 12 月 28 日生于山西省榆次县西左辅村,自幼父母双亡,由舅父抚养。张彪少时入太原城学习刻字、裱糊等手艺谋生,因身强体壮,臂力过人,后习武练技,中武举人。

　　1882 年 2 月,张彪成为张之洞侍从,张之洞对其亲信有加。[①] 1884 年,张之洞任两广总督,张彪任中军官。1892 年,受张之洞派遣,张彪赴日本考察军务,得到日本天皇授予一等旭日勋章的嘉奖。回国后他建议张之洞选派优秀人员分批入日本士官学校学习军事,张彪也成为湖北首批赴日本学习的军事人员之一。1895 年,张之洞创"江南自强军",新军全部改用洋操、新械,张彪参与其事。两年后,张之洞又在湖北创"湖北新军",任张彪为前营管带。张彪曾前后三次赴日本学习军事,后又成为湖北防营将弁学堂管理,为学员请教师、改编制、易章服、择器械,先后共聘用了 30 多名外籍军官担任教练及顾问。1904 年湖北全省营务处成立,张彪任总办,负责编练新军。

　　其后几年,张彪先后被清廷授予湖广总督标中副将头衔、"壮勇巴图鲁"称号。1906 年,清政府统一整编全国各省军队,张彪任第八镇统制。一年后,张之洞调任京师军机大臣、内阁大学士,此时的张彪除统率新军第八镇外,还统带江防"楚"字舰队 21 艘舰船、升空气球队、探测阵型队、

---

　　① 张以新、王翁如:《张彪生平纪略》,载天津市政协文史委编:《天津文史资料选辑》第 55 辑,天津人民出版社,1992 年,第 133—143 页。

脚踏车队等,并担负各种军工厂、军事学校等的总办、会办、帮办及湖北制皮、制毯、制呢诸厂事,最多时张彪一个人持有 21 颗"印信"和"关防"。[1] 1908 年,张彪因在清廷南北新军安徽芜湖会操中表现突出,被授予"奇穆钦巴图鲁"称号,两年后由松藩镇总兵升为湖北提督,并任湖北陆军讲武堂总办。[2]

辛亥革命爆发时,张彪率军顽抗。南北议和后,张彪被袁世凯调任后路总粮台,被夺去兵权。张彪辞去未就,随后东渡日本,在长崎居住。一年后携家人定居天津,开始过寓公生活。

张彪寓居天津期间,被北洋政府聘为高等顾问。黎元洪经常由北京来访,敦劝其出山,张彪坚辞不就,黎遂授其"建威将军"名衔,并奖给一等大绶嘉禾章。无心政治的张彪,开始投资实业。张彪筹资入股大兴纱厂,并在天津购置土地建筑了"露香园",即为后来著名的"张园"。张园除供自己家人享用外,张彪还将其出租做游艺场。1923 年,张彪与广东商人彭某订了 3 年出租合同,彭在园内开设了北安利广东餐馆、剧场、曲艺场、露天电影场、台球房等,还利用园内亭台、假山、荷塘、石桌等设立茶座、冷饮。张园变成了一座露天游乐场,与大罗天游乐场遥相对应。

1924 年,段祺瑞发起直奉战争"善后会议",孙中山北上商讨国是,12 月 4 日到天津后,进张园休息,张园遂成为孙中山的行辕,孙中山在此居住 27 日。1925 年 2 月 23 日,末代皇帝溥仪及后妃来天津投住张园,张彪对溥仪精心照顾。张彪患病期间,溥仪亲自探望,并召"御医"为其看病。寓居天津的张彪较少外出,留有《辛亥革命日记》一册。

1927 年 9 月 13 日,张彪病逝,终年 67 岁。

---

① 张鸣著:《辛亥:摇晃的中国 晚清民国大变局》,广西师范大学出版社,2011 年,第 97—98 页。

② 徐策伟:《武昌起义军的死敌——张彪》,载《武汉文史资料》编辑部编:《武汉人物选录》,武汉市政协文史委,1998 年,第 135—137 页。

参考文献：

南京大学历史系《中国历代名人辞典》编写组编：《中国历代名人辞典》，江西人民出版社，1982年。

刘俊礼、郝启康、王敏政主编：《晋中历史人物》，晋中地区地方志编纂委员会办公室，1987年。

李盛平主编：《中国近现代人名大辞典》，中国国际广播出版社，1989年。

（张雅男）

张　镈

张镈(1911—1999),字叔农,祖籍山东无棣,出生于广州。张镈之父张鸣岐曾任两广总督,辛亥革命胜利后,携家人流亡日本,1912 年回国,定居天津。张镈的启蒙教育是在天津的私塾中完成的,后随父调任,先后在上海复旦高中、天津新学书院、上海沪江大学附中就读。1929 年张镈随全家回津,就读于南开大学预科。1930 年考取东北大学建筑工程系。1931 年九一八事变后,张镈转学至南京中央大学建筑工程系继续学习。

1934 年,张镈毕业后回到天津,进入当时较有名的建筑事务所基泰工程司工作,主要跟随基泰工程司另一位合伙人杨廷宝从事建筑设计工作。由于张镈业务精湛,不断受到公司的重用和嘉奖。

1935 年初,旧都文物整理委员会委托基泰工程司对天坛进行全面修缮,中国营造学社为技术顾问,杨廷宝负责施工指导。基泰工程司于1935 年 3 月成立了北平事务所,张镈跟随杨廷宝把工作重心转移到北平。由于张镈出色的业务能力,深得关颂声赏识,常被抽调到基泰工程司的分所工作。1936 年 4 月,张镈被调到基泰工程司南京事务所,1937 年7 月,张镈又调到上海事务所工作。

1937 年八一三淞沪抗战后,张镈随上海、南京的同事撤退到重庆。1938 年初,关颂声在重庆建立了基泰工程司总所,提拔张镈担任图房主任建筑师。

1940 年 4 月,张镈从重庆辗转港、沪回津,成为平津地区基泰工程司的顶梁柱,并任天津工商学院建筑工程系兼职教授。1940年底,中原公司大楼在火灾中焚毁,张镈负责重建大楼的设计工作,这是基泰工程司这一时期最大的工程设计项目,也是张镈早期的代表性作品。中原公司大楼(现百货大楼)至今仍然是天津市标志性建筑之一。

1940年起,张镈在天津工商学院建筑工程系任教时,以出色的业务水平和处事能力赢得了学生们的认可,建立了深厚的师生情谊,培养了众多优秀的建筑设计人才。

1941年夏,中国营造学社的朱启钤责成基泰工程司测绘故宫中轴线、左祖右社,以及天坛、先农坛等外围古建筑。张镈带领天津工商学院建筑工程系的部分学生经过几番努力,至1944年底测绘工作全部完成。张镈积累了丰富的中国传统建筑资料,为他探索创作民族风格的建筑打下坚实基础。

1945年8月日本投降。1946年2月起,基泰工程司接受平津敌伪产业处理局的委托,承担了敌伪房地产业的调查、测定、估价、造册、处理工作。张镈辞去天津工商学院建筑工程系教授一职,把工作重心放在了公司事务上。

抗战胜利后,基泰工程司也承揽了一些维修、改扩建的设计任务,主要集中在北平。天津的设计项目主要有天津市立第五医院大楼、天津农民银行农贷办公楼、天津农民银行嫩江路宿舍、天津义聚钱庄等。1947年初,张镈以出色的工作业绩成为了基泰工程司的初级合伙人。1948年12月,张镈南下上海,华北基泰工程司至此解体。1949年6月,张镈转入香港基泰工程司,并定居香港。

1951年3月,张镈从香港回到北京,任职于北京市都市计划委员会,后任北京市建筑设计研究院总建筑师,其间张镈主持设计了人民大会堂、民族文化宫、北京饭店东楼、民族饭店、新侨饭店、友谊宾馆、友谊医院等著名建筑。1990年,张镈被评为全国工程勘察设计大师。

1994年,天津百货大楼扩建新商厦,委托张镈所在的北京市建筑设计研究院进行设计。张镈出于对天津城市和自己早期作品的深厚感情，虽年逾八旬，仍亲临指导。

1999 年 7 月 1 日，张镈病逝于北京，终年 88 岁。

参考文献：

张镈著:《我的建筑创作道路》(增订版)，天津大学出版社，2011 年。

宋昆编:《天津大学建筑学院院史》，天津大学出版社，2008 年。

关英健:《天津建筑名家虞福京研究》，天津大学，2012 年硕士研究生毕业论文。

北平市工务局编:《北平市工务局民国二十年、二十一年工务合刊》，北平市工务局，1933 年。

（宋　昆）

张 士 骏

张士骏(1889—1969),字子腾,直隶省丰润县人。张士骏幼时聪明好学,熟读四书五经。1908 年入天津北洋法政学堂学习。1914 年张士骏从法政学堂毕业后,开始从事律师职业。

1920 年 1 月,在天津学生抗议日本强占山东的爱国运动中,学生领袖周恩来、马骏、张若名等被军阀当局逮捕入狱。张士骏非常同情爱国学生,与刘崇佑等律师一起,从法律的角度伸张正义,向警察厅长杨以德等施压。最后在全国抗议浪潮和天津各界反对声中,杨以德被迫释放了周恩来、马骏等进步学生。1921 年 6 月,张士骏加入天津律师公会。

1931 年 8 月 25 日,淑妃文绣突然逃离天津静园,向溥仪提出离婚。张士骏代理文绣与溥仪离婚案。溥仪急聘林廷琛为代理律师,与张士骏等接洽,意欲和解以保颜面。张为帮文绣彻底脱离溥仪,将计就计知会法院签发传票,林闻讯后诘张不守信用,问为何边调解边告状,林为此拒接传票,结果正中张的下怀,即以调解为名,行告状之实。9 月 4 日,双方律师再次见面,文绣坚决要求离婚,并向溥仪提出条件。9 月 15 日,林、张又商谈两次,在供养费等问题上均达成一致。10 月 2 日最后办理手续,林廷琛和张士骏等签字,轰动一时的"妃革命",以文绣成功与溥仪离婚终结。

1937 年七七事变前,张士骏与著名律师李景光一起,分别介入"桐达李家"分家事。这个家族因为出了一位杰出人物——弘一法师李叔同,因此在后世的有关研究中,张士骏还不时被提起。①

张士骏当律师时,遇穷人打官司常少收或不收费,甚至还提供食宿和盘缠。天津人解桐萱与族长打官司,因族长有钱有势打通关节,致使解儿次败诉倾家荡产,一家老小十余口难以为生。解仰慕张士骏之名请为申冤。张士骏不仅未收诉讼费用,反而付给生活之资。在两个多月时间里,经过张士骏多次出庭据理力争,终于替解桐萱洗雪了冤情。张士骏家的奶妈杨妈的娘家出了人命冤案,因家贫打不起官司,张士骏主动出面代理诉诸法庭。他不仅不收费用,还给当事人提供食宿,胜诉后又另送 200 银元补贴家用。②

天津沦陷时期,张士骏和共产党人杨秀峰、李运昌有过多方面的联系。他或为八路军捐款筹粮,或为地下党提供避难处所,还通过这些共产党人为延安输送过两批革命学生。他还多次利用法律和社会地位,营救被捕的共产党人。③

1946 年 4 月 18 日,在中共天津工作委员会直接领导下,党的地下工作者创办了一份公开发行的报纸《中国新闻》。该报表面上挂靠到重庆中国新闻摄影通讯社天津分社,社长张树德(时任天津市长张廷谔之族侄)是共产党员。张士骏作为进步民主人士,被聘为报社法律顾问。由于报纸有明显的求民主、求和平倾向,8 月份被迫宣布停刊。

1949 年 1 月,天津城被我东北野战军团团围住。此时的张士骏,在中共华北局城工部领导下,与张树德一直保持密切联系。张士骏接受了给即将入城的解放军某部准备军粮的任务,为此他日夜守在家中的电话机旁。当解放军某部开进市内河北地区,他安排好部队给养,迎接大部队

---

① 李端:《家事琐记》,李孟娟:《弘一法师的俗家》,载郭凤岐主编:《李叔同——弘一法师纪念集》,天津人民出版社,2000 年,分别见该书第 240、246 页。

② 张景宝:《著名律师张士骏》,载河北省政协文史委编:《河北历史名人传·社会卷》,河北人民出版社,1997 年,第 175 页。

③ 梁崇扬:《律师张士骏》,《今晚报》,2008 年 3 月 16 日。

进城。① 天津解放前夕,张士骏还掩护过娄凝先、杨振亚等地下工作者以及杨石先等革命和民主人士。

1950年,年逾花甲的张士骏随子女迁居北京。1969年张士骏去世,终年80岁。

参考文献:

张景宝:《著名律师张士骏》,载河北省政协文史委编:《河北历史名人传·社会卷》,河北人民出版社,1997年。

梁崇扬:《律师张士骏》,《今晚报》,2008年3月16日。

天津律师公会编:《天津律师公会会员录》,1946年印本及1947年印本。

(杜 鱼)

---

① 张景宝:《著名律师张士骏》,载河北省政协文史委编:《河北历史名人传·社会卷》,第183页。

张 寿 臣

　　张寿臣（1899—1970），原籍河北深州，1899 年 1 月 29 日出生于北京。张寿臣的父亲是评书艺人。在张寿臣 5 岁的时候，父亲送他去读书，但他从小就痴迷于北京天桥艺人的表演技艺。7 岁的时候，他开始边读书边在天桥说相声。12 岁时父亲去世，张寿臣拜"相声八德"之一焦德海为师，开始正式学习相声。

　　3 年后，15 岁的张寿臣学徒期满。他和师弟聂文治离开北京出外闯荡，先后到过通州、三河、玉田、丰润、唐山，再经塘沽、天津返回北京，相声技艺也得到了锤炼。回到北京后，张寿臣开始跟着焦德海在场子里演出，有机会看到了很多前辈艺人的表演，给了他博采众长的机会。经过近 3 年的学习实践，在 20 岁时他已经会说大小近 300 个段子。此时一个叫魏三的人在先农坛东边开办了一个专说相声的场子，请张寿臣挑大梁。得到师父的同意后，他约请了他的长辈刘德智及师弟郭启儒、于俊波等开始组班演出，在相声表演方面迈出了坚实的第一步。

　　1923 年，他白天在先农坛演出，晚上则被邀请进入"四海升平"等曲艺园子献艺，声名逐渐显赫。这个时候，在天津的"德"字辈的相声艺人李德钖主动提出和他合作，张寿臣离开北京来到天津与李德钖合作，并在天津定居。

　　李德钖向张寿臣传授了对口相声《粥挑子》《大审案》《拉洋片》《十八愁绕口令》《豆腐堂会》，单口相声《杨林标》《五人义》《三怪婿》，以及中篇

《古董王》《君臣斗》等段子,并对原有的段子进行进一步加工。到了1927年,张寿臣已经成为各大曲艺演出场所争抢的相声艺人。当时报纸发起由观众票选不同曲种"大王"的活动,他被选为"相声大王"。之后,他又有了"幽默大王""笑话大王"等称谓。

张寿臣读书很多。他订阅了多份报纸,熟读了很多历史演义、笔记小说和史书等,如《水浒传》《三国演义》《两晋演义》《阅微草堂笔记》《清朝野史大观》《夜雨秋灯录》《聊斋志异》《香祖笔记》《史记》《三国志》等。根据从书中得到的知识,他把自己掌握的相声段子进行了梳理,对里面涉及的史实进行了订正。他还到讲习所听文人们的讲座,听蔡友梅的《京华故事》、关多福的《豫让论》等,这也使他开阔了视野,并且接受了新文化思想。这一切都为他成为一代相声宗师夯实了基础。

张寿臣表演精湛,"现挂"也极具水平。天津沦陷时期,有一次他在舞台上说:"小日本长不了,为什么? 日本天皇的年号就不是好兆。昭和,'昭'字怎么写? 左边是个'日'字,右边,上边儿是个'刀',下边儿是个'口',小日本躺在刀口上了,他还能活几天啊!"这样的"现挂",充分体现出他的民族气节。汉奸特务以此要挟他,向他讹钱,后被特务抓进了警察局,在遭到皮鞭毒打后,被关进了大牢,继而又是惨无人道的暴打。他的师弟常连安设法将他保出,他已经被打得遍体鳞伤,险些丧命,卧床近半年才康复。

张寿臣是天主教徒,于1934年接受洗礼。新中国成立后,梵蒂冈教皇庇护十二世在美国的策动下,编造"中国教徒信仰不自由"等谎言,制造混乱,以达到反华的目的。鉴于此,中国教友自发成立了以爱国爱教为宗旨的天主教爱国促进会。张寿臣积极加入,并被选为委员,先爱国,后爱教,是爱国人士。

1953年,张寿臣进入天津市曲艺工作团,从事单口相声、评书的表演,该团后并入天津人民广播电台曲艺团。1958年,天津人民出版社出版了《张寿臣单口相声选》,收录了张寿臣15段有代表性的单口相声作

263

品。同年,他开始在天津戏校少年训练队任教。

张寿臣是相声艺术承前启后的一代宗师,他改编、整理的相声段子如《卖挂票》《大保镖》《义章会》《对春联》《小神仙》等,创作的《地理图》《夸讲究》《大戏魔》《西江月》《洋药方》《歪讲百家姓》《窝头论》《开粥厂》《五百出戏名》《巧嘴媒婆》《偷斧子》《娃娃哥哥》《庸医》《姚家井》(中篇)等,都已成为经典的相声段子,而多数又都成为今日相声演员的必会曲目。

张寿臣曾当选为天津市人大代表,第三、第四届天津市政协委员,中国曲协理事、天津市曲协副主席,受到过毛泽东主席的接见。

1964年,张寿臣退休,但仍坚持传艺和史料方面的工作。1970年,张寿臣病逝于天津,终年71岁。

参考文献:

罗扬主编:《中国曲艺志·天津卷》,中国 ISBN 中心,2009 年。

(高玉琮　刘文赟)

张 学 铭

张学铭(1908—1983),字西卿,辽宁海城人,张作霖次子、张学良胞弟。生于 1908 年,早年入东北讲武堂学习,1928 年进入日本陆军步兵学校学习。

1929 年张学铭回国,就职于东北军。1930 年 10 月,就任天津市公安局局长,1931 年 3 月,出任天津市市长,兼任公安局局长和东北政务委员会财务整理委员会委员。

张学铭上任后,任用王一民等整顿天津保安队。保安队本是警察部队,《辛丑条约》规定天津城外围 10 公里内不得驻中国军队,因此保安队肩负保卫天津、维护社会治安的责任。但此时的保安队纪律废弛,武器陈旧,难以履职。张学铭从东北军中抽调骨干分子,将保安队兵力增加到 3 个团,更新旧式武器,配齐弹药,加强军事训练和爱国保土教育,整顿军风军纪,提高了保安队的战斗力。同时,张学铭还加强了对日本租界的情报工作,在保安队内成立特务队,随时了解掌握日本人的动向。

九一八事变后,11 月 8 日,日本天津驻屯军司令香椎浩平和特务土肥原贤二发动了便衣队暴乱事件。早有准备的张学铭迅速做出反应,11 月 9 日凌晨,天津保安队击溃了便衣队的进攻,夺回了被占领的重要地点。但日军并不死心,11 月 26 日晚,带领便衣队再次从日租界出发袭击中国军警,训练有素的东北军保安队再次将暴乱队伍击溃。

便衣队两次暴乱失败,日本人恼羞成怒。在日本人的压力下,南京国民政府妥协退让,迫使张学铭辞职出国考察。他先后到英、法、德、美等国游历。在德国,他遇见了前北洋政府代总理朱启钤的女儿朱洛筠。在天津时他们就是好朋友。此次异国相逢,两人交往更加密切,终于结为夫妻。

抗日战争初期,张学铭住在欧洲和香港,1941年太平洋战争爆发后,香港沦陷,张学铭返回内地,住南京。1943年被迫接受日伪政权军事委员会委员职。抗战胜利后未被追究。

1945年日本投降后,国民政府任命张学铭为东北保安司令部参议室中将主任、东北行辕参议室副主任及中将总参议等职。1949年前夕,他拒往台湾,留在天津等待解放。

新中国成立后,张学铭一家得到了党和政府的热情关怀。1950年,张学铭进入华北人民革命大学学习,并参加了土地改革运动,毕业时,他希望能做一名真正的劳动者,自食其力,并提出愿意管理公园。于是,政府任命他为天津人民公园管理所副所长。就职后张学铭始终认真履行职责,积极参与公园建设。

1954年国庆节前夕,人民公园前门楼修建工程竣工在即,张学铭等人赴京转托章士钊请毛主席题字。第二天即收到了毛主席亲笔题字并一封复函,张学铭十分高兴,马上回天津,将题字放大刻板,制成匾额悬挂于公园正门上方。这四个黑底金字,气势豪放,气贯长虹。这是毛泽东主席为全国园林、公园亲笔题写的唯一匾额。

张学铭曾担任天津市政工程局副局长,还当选为全国政协委员。"文革"期间,由于受到周恩来总理的保护,张学铭一家没有受到冲击。每当回忆起这段经历,张学铭对周恩来总理感念不已。

1976年以后,张学铭先后担任天津市政协常务委员、民革天津市委员会主任、民革中央委员会委员等职务。每每忆及大哥张学良,他便禁不住情绪激动,热泪盈眶。每年6月张学良生日时,张学铭总会按照传统习俗,在家里摆上寿桃,举行寿宴,领着全家人吃长寿面,遥祝大哥平安健康。

1983 年 4 月 9 日,张学铭病逝于北京,终年 75 岁。临终前,他留下遗言嘱托儿子张鹏举:"我一生唯一的遗憾,就是不能与大哥见面。将来有机会的话,你一定要把我的话告诉他。"①

1998 年 6 月 3 日,张鹏举专门赴美国夏威夷为大伯张学良祝寿,完成了父亲的心愿。

参考文献:

张学良口述,唐德刚撰写:《张学良口述历史》,中国档案出版社,2007 年。

(王　进)

---

① 郭俊胜著:《走进大帅府 走近张学良》,辽宁教育出版社,2009 年,第 335 页。

张 元 第

张元第(1898—1952),字崧冠,祖籍浙江绍兴嵊州,1898 年 2 月 18 日生于天津。1912 年毕业于官立行宫庙小学校,1916 年 12 月毕业于直隶省立甲种水产学校渔捞科。该校前身为直隶水产讲习所,是我国首创的水产教育机构。

1917 年 5 月,直隶省立甲种水产学校选派留日学生 10 人,张元第作为毕业生入选,与其他 9 名同学在孙凤藻校长的率领下东渡日本留学,并调查日本水产教育。[①] 张元第先实习于日本长崎水产试验场,两年期满后,于 1919 年 3 月考入日本农商务省东京水产讲习所制造科。1922 年 3 月毕业,在日本千叶县德岛海产制造厂任技师。

1922 年 7 月,张元第回国任母校直隶省立甲种水产学校制造科主任。1925 年 1 月,担任奉天陆军粮秣罐头厂技师,7 月又任该厂厂长兼技师。其间他成功主持试制牛肉罐头。

1928 年 9 月,张元第应留日学友、国立中央大学农学院水产学校(原江苏省立水产学校)校长侯朝海聘请,赴上海担任该校教务主任。1929 年 10 月,直隶省立甲种水产学校改称"河北省立水产专科学校"[②],校长

[①] 河北省立水产专科学校文书室编辑股编:《河北省立水产专科学校一览》,天津工业印字馆,1936 年,第 5 页。

[②] 1929 年 5 月,省政府会议决定,将直隶省立甲种水产学校改为河北省立水产专门学校;1929 年 10 月,省政府会议决定,将河北省立水产专门学校改为河北省立水产专科学校。

王文泰多次邀请张元第回校,张元第于是回津担任河北省立水产专科学校制造组主任。1930年9月5日,该校校长骆启荣因病辞职,河北省教育厅委任张元第为校长。张元第任职后,健全了学校机构,并向河北省政府申请增加学校临时经费。

1931年1月,张元第和留日同学郑恩绶一起赴大连考查渔轮,以解决学生的实习问题。是月下旬,张元第获准购置华北水利委员会汽艇一艘,命名为"白河号",专供本校调查内河及实习之用。经过努力,6月下旬又从大连购得双聚兴铁工厂一、二号渔轮,命名为"渤海一号""渤海二号",从而解决了学生内河、出海实习的困难。

1931年2月,张元第在校外添置船桅一架,专供学生练习帆篷用法及信号实习。3月,张元第在校中成立刊物出版委员会,8月5日创刊我国最早的水产学术刊物《水产学报》。张元第还著有《河北省渔业志》,对河北省的水产、盐务都有详细记述。7月,张元第主持校舍的建筑投标,改善了教学、实习及生活条件。是年夏,张元第决定招收女生。

1932年3月10日,为慰问参加上海抗战的十九路军将士,张元第与本校师生一起捐助军用罐头。5月,张元第呈准建生物实验室、细菌实验室及图书馆。为了从根本上解决学校的实习条件,张元第主张校址应改设在塘沽或北戴河靠海的地方。1932年7月,他亲赴北戴河查勘迁校校址,但由于日本不断加紧对中国的侵略,筹款又遇到困难,迁校之举未能实现,但在张元第的努力下,学校规模不断扩大。1932年8月,张元第会同省立各院校校长为争取经费赴北平财政委员会请愿。同年12月,呈准教育厅借拨农业试验场余地作为运动场。1934年6月23日,教育厅将校址附近各湖泊划归学校管理。

张元第主张贯彻新学制要与本校实际相结合。1933年11月,他为贯彻新学制事亲赴南京教育部商洽,结果将录取的新学制班改称水产科,前三年为高职,后二年为本科。张元第既重视人才培养,又注重实习产品的质量。1932年1月,该校学生实习水产制品总计65种,98件参加了在南京由实业部举办的展览会。

张元第还担任过其他一些社会职务,实业部聘他为冀鲁区渔业改进会委员,他还担任了中国科学化运动学会天津分会理事、中国地方自治学会天津分会理事、中国文化建设协会天津分会理事等职务。1935年12月18日,张元第支持水产学校学生参加了由天津十余所中小学校5000多名学生参与的抗日示威游行。

1936年秋,冀察政务委员会因裁减冀省教育费,令张元第将该校专科取消,改办高职,改名为"河北省立高级水产职业学校",在校肄业生计有6班之多。1937年春,冀察政务委员会又饬令张元第将高职班次结束,不再招生。继而冀察政务委员会决定将该校改归市属,改为天津市水产试验场,仍由张元第主持。①

1937年7月30日天津沦陷,天津市水产试验场被日军自动车工厂强占。至此,张元第主持下的水产学校已先后毕业学生计甲种220多人、专科160多人,服务于全国各地的水产事业和教育行政机构。

水产学校停办后,张元第在烟台开办了水产公司。1941年12月张元第返津,1942年8月出任天津市立第三中学校长。1938年底,在重庆政府教育部战区教育委员会的组织领导下,天津部分教育界人士成立了一个秘密的抗日团体"天津教育促进会",张元第是这个组织的成员。他在三中任校长期间,坚持对学生进行抗日爱国教育,经常请名人到校讲演,学生们都深受张元第抗日爱国思想的影响。

1944年2月,天津教育促进会被日本特务侦破。2月19日,该会副理事长王润秋教授在劝业场前被捕。4月,张元第(被捕后化名张壁臣)、袁贤能(天津达仁学院院长)、刘乃仁(天津工商学院院长)、罗光道(天津广东中学校长)等相继被捕。张元第和王润秋等在遭受严刑拷打后,被送到北平陆军监狱关押,在狱中饱受折磨,直到抗战胜利前夕才被保释出

---

① 《为奉令接收水产学校,业经办理完毕检同接收清册,呈请鉴核文》第二○八号,《天津教育公报》,1937年第18期。

狱。出狱后,张元第将对日本侵略者的深仇大恨铭记心中,他一直保存着监狱的灰布号牌,用来教育学生和子女。

1945年8月日本无条件投降后,张元第被委派负责接收天津冷藏库。1946年张元第负责筹备河北省立水产专科学校复校。经张元第多方努力,于1946年10月暂借河北省立师范学校校址开学。开课后,张元第继续同有关部门反复交涉,直到1947年7月,学校才正式迁回原址。但此时校舍大部分被破坏,图书仪器损坏丢失,所剩无几。

张元第在着手恢复河北省立水产专科学校的同时,还兼任冀鲁区海洋渔业督导处主任、天津鱼市场主任。他每天上午到学校安排处理有关教学事宜,下午去渔业督导处工作。

1949年1月天津解放后,张元第继续担任河北省立水产专科学校校长。不久,市委文教部派韦力等同志来校指导工作,在张元第的积极配合下,学校工作进展顺利。在张元第的主持下,该校还参加了华北区高等学校在全国各地的联合招生,录取的新生来自全国25个省市。1951年,教育部拨专款修缮校舍,扩充教学设备,使得图书馆、生物实验室、定量化学实验室、生物标本室、渔具渔网实习室、航海仪器室面貌一新。气象台也增添了不少仪器设备,罐头工厂初具规模,学生素质有了很大提高,毕业生分配遍布全国。

1950年至1951年,华北区物资交流展览会在天津召开,张元第出任水产馆馆长。他还担任了河北省政协委员。1952年10月5日,张元第因病在天津逝世,终年54岁。

参考文献：

张绍祖:《著名水产教育家张元第》,载天津市政协文史委编:《天津文史资料选辑》第 68 辑,天津人民出版社,1995 年。

河北省立水产专科学校文书室编辑股编:《河北省立水产专科学校一览》,河北省立水产专科学校出版委员会出版,1936 年。

河北省立水产专科学校出版委员会编:《水产学报》第 1—5 期,天津工业印字馆,1931 年 7 月至 1935 年 11 月印刷。

（张绍祖）

张 作 相

张作相(1881—1949),字辅臣,又作辅忱,辽宁锦州凌海市班吉塔镇人,祖籍直隶保定。1881年2月9日生于辽宁锦州的农民家庭。1792年,张家先世举家逃荒至山海关,其父张永安以农为业,有时兼做吹鼓手。

张作相少时曾读私塾3年,长大后,为糊口离乡至沈阳谋生。16岁习泥瓦匠,①20岁时因为同族兄弟报仇被官府缉拿,投身绿林,与张作霖结为义兄。之后,逐渐成为张作霖心腹、奉系骨干将领和张氏父子的忠实"辅帅"。②

1902年9月,张作霖被新民知府增韫招安,任地方马步游击队管带,张作相随之被收编,任哨官、奉天前路巡防营管带。翌年8月,张作相改任游击中营哨官,后升为右路巡防马步五营中营马队前哨哨官。1907年,提升为管带,后又任骑兵第三营统带。1911年,张作相入徐世昌在东三省创办的讲武堂第一期受训,③一年后,任张作霖陆军第二十七师骑兵第二十七团团长,1915年授少将衔,翌年任第二十七师五十四旅旅长。1918年晋中将衔,后历任东三省巡阅使署参谋长兼卫队旅旅长、奉天警备司令、奉天陆军第二十七师师长。1920年官至东三省巡阅使署及奉天

① 陈志新、邵桂花:《北洋时期吉林军民长官》,载吉林市政协文史委编:《吉林市文史资料》第16辑,1998年内部印刷。
② 赵福山编著:《西柏坡人物》,中国广播电视出版社,2003年,第275页。
③ 李新等主编:《中华民国史·人物传》第8卷,中华书局,2011年,第5180—5185页。

督军署总参议。1924 年,继孙烈臣接任吉林省督军兼省长并东三省保安副司令。1925 年后,历任北京政府善后会议会员兼中东护路军总司令、陆军第十五师师长、吉林省长、安国军第五方面军军团长、东三省护路军总司令、辅威将军、东三省保安司令兼吉林省保安司令等职。1927 年 9月,晋上将衔,回任吉林省省长。1928 年皇姑屯事件后,张作相对张学良推举的东北保安总司令一职坚辞不就,并最终帮助张学良主政东北。1928 年东北"易帜"后,张作相任东北边防军副司令长官、东北政务委员会委员、吉林省政务委员会主席兼任国民政府委员、吉林省政府主席,后兼国民党中央政治会议委员。其间,他创办吉林大学并任校长,修建吉敦铁路,兴办自来水,铺筑柏油马路,拒绝与日本人合作修筑吉海铁路。

九一八事变后,张作相与张学良分别受命为第一、二集团军军长。1933 年 2 月,日军进攻热河,3 月 3 日,张作相兵败古北口,11 日,张学良下野,张作相也退出军界,回天津当寓公。张作相隐居天津期间,其来往之人主要为张学良和原东北军高级将领。为了给张学良东山再起做准备,张作相曾与王树翰牵头组织了一个俱乐部,许多原奉系文武高级官员常在此聚会,以打台球和打麻将做掩饰,互通情报,增进联系。西安事变后,张学良被蒋介石囚禁,奉系元老顿感大势已去,此种聚会渐少。张作相也无心政治,开始过闲散的寓公生活。

由于张作相在奉系和东北地区的威望,1932 年到 1933 年间,日本人多次威逼利诱张作相出任伪职,都被他拒绝。时任伪满洲国国务总理的张景惠,也是张作相当绿林时的结义兄弟,派亲信持亲笔信入关至天津张作相公馆,要张回东北主持伪满洲国政务,被张作相拒绝。1937 年七七事变后,伪满汉奸张燕卿、洪维国等勾结侵华日军华北派遣军参谋部第 2课茂川秀和大佐,多次到天津张作相公馆,诱劝其出任伪华北政务委员会要职,张作相亦严词拒绝。后来,伪华北政务委员会委员长王揖唐,受冈村宁次之命,组织平津在野名流去北平赴宴、参观,时任伪天津市长的温世珍亲自登门拜访,请张作相赴宴,亦被拒绝。当时张作相全家在津,每日开销甚大,经常入不敷出①,张嘱家人不得以任何形式接受日本人的资助。

张作相寓津期间生活简朴,保持着农民淳朴的生活习惯。他经常亲自买煤、买粮、买菜,张公馆附近的肉铺、菜床子和粮店的商贩大多认识他。他不好烟酒,不爱听戏,也无其他兴趣爱好,最喜每日早起,在庭院花坛施肥浇花,侍候花草,消磨时光。②

抗战胜利后,张作相任国民政府军事委员会委员、东北行营政治委员会委员、国民政府顾问。1948 年 4 月,任东北政务委员会副主任兼东北"剿总"副总司令。同年 10 月 15 日,张在锦州家中被误俘,后被解放军送回天津。③ 平津战役前夕,南京政府委任张为国民政府国策顾问,并令其去南京,张置之不理。蒋派人送飞机票催他去台湾,他不为所动。

1949 年 4 月 19 日,张作相在津去世,终年 68 岁。

参考文献:

沈阳市人民政府地方志办公室编:《张氏帅府志》,沈阳出版社,2013 年。

沉度、应列等编:《国民党高级将领传略》,华文出版社,2005 年。

蒋立文、姜成文、高乐才、陈祺主编:《中国近代军阀人物志》,吉林文史出版社,1990 年。

天津市档案馆、天津市和平区档案馆编:《天津五大道名人轶事》,天津人民出版社,2008 年。

张丽婕编:《民国范儿——近代百人微历史》,同心出版社,2011 年。

(张雅男)

---

① 陈志新、邵桂花:《北洋时期吉林军民长官》,载吉林市政协文史委编:《吉林市文史资料》第 16 辑,1998 年内部印刷,第 315—317 页。

② 王振良著:《荏苒芳华:洋楼背后的故事》,天津古籍出版社,2014 年,第 52—58 页。

③ 赵福山编著:《西柏坡人物》,第 275 页。

章 瑞 庭

　　章瑞庭(1878—1944)，名寓琛，字瑞庭，以字行，天津人。青年时给船主做伙计，为袁世凯的小站新军运输军需物资。他为人机敏，聚财有道，1915 年利用袁世凯主持开辟大经路之机，在黄纬路开办了恒源帆布工厂。第二年，开始涉足军装制造业，在地纬路开设了恒记德军衣庄，承揽包做军服。章瑞庭与奉系关系密切，由恒源帆布工厂提供原料，恒记德军衣庄建立了专为东北军及各兵站承做军服的生产线。直系掌握天津军政大权后，章瑞庭也常同直系军政要人往来。曹锐任直隶省长、直系军队兵站总监时，章瑞庭找到曹锐，要求承租直隶模范纱厂。章瑞庭的要求引起了曹锐的兴趣，办纱厂既可以解决军需，也可以获利，曹锐提出模范纱厂不能租归商办，而是由他与恒源帆布公司官商合办。

　　1919 年，模范纱厂与恒源帆布厂合作，成立恒源纺织有限公司(即恒源纱厂)。成立时，资金额为银元 400 万元，恒源纱厂的发起人除曹、章外，还有王鹿泉、田中玉、鲍贵卿等人，曹锐是总理，章瑞庭是协理。1924年，冯玉祥在第二次直奉战争中倒戈，曹锐死后，章瑞庭逐渐掌握了恒源纱厂的管理权。

　　章瑞庭管理恒源纱厂期间，把北厂全部设备迁并到南厂，增置细纱锭4000 锭、合股机 4 台。1925 年，工厂昼夜两班，创立了"蓝虎""八仙"等品牌，还修缮了河坝码头，扩建了厂房。章瑞庭重视生产技术，充分发挥技术人员的作用，在企业内建立了一套行之有效的技术管理制度，纱厂发展稍有起色。然而,由于军阀混战、局势动荡,恒源纱厂处境越来越困难。1928 年停业,次年接受银行贷款开工。1934 年又停业,后将资产抵押给中南、盐业、金城、东莱四家银行组织的诚孚公司,再度开工。

章瑞庭组建恒源纱厂之后,又相继投资永豫、肇华、余大亨银号及恒泰永棉纱庄等企业。接办北洋商业第一纺织股份有限公司(即北洋纱厂)。北洋纱厂成立于第一次世界大战后,由敦庆隆倡议,集合隆顺、隆聚、瑞兴益、同益兴、庆丰益、万德成六家同业以及永利银号,集资 200 万元共同开办。1930 年,北洋纺织公司因欠外债太多,负担利息过重,不得已预抛期货,濒临倒闭。章瑞庭自忖身后有靠山,于 11 月组织新记公司租办,改称北洋新记第一纺织公司。1934 年 5 月章瑞庭单独出资租办,意图力挽狂澜,结果仍是负债累累,不得不酝酿出售以偿还债务。1936年 4 月,章瑞庭租期届满,未能挽回公司的颓势。[1] 当时日本纺织系统在天津市场上具有相当实力,意图收购该公司,但章瑞庭表示坚决不卖与日人,而是将"北洋"以 68 万元低价售予金城、中南两银行组织的诚孚公司。

章瑞庭一生俭朴,除了开办实业,还热心社会公益事业,1933 年向南开学校捐款 10 万元修建大礼堂,深得张伯苓校长称赞:"章瑞庭先生之独捐巨款建筑大礼堂,蔚为中学部最庄严最宏丽之建筑"[2]。1933 年,南开学校礼堂落成,命名为"瑞庭礼堂"。1944 年,章瑞庭病逝于天津,终年66 岁。

参考文献:

全国政协文史委编:《文史资料选辑》合订本总第 48—50 辑,中国文史出版社,2011 年。

张连红、严海建主编:《民国财经巨擘百人传》,南京出版社,2013 年。

王戈主编,天津市河西区地方志编修委员会编著:《河西区志》,天津

---

① 中国人民银行上海市分行金融研究室编:《金城银行史料》,上海人民出版社,1983 年,第 2 页。
② 朱有瓛主编:《中国近代学制史料》第 2 辑(上),华东师范大学出版社,1987 年,第 6 页。

社会科学院出版社,1998年。

寿充一等编:《近代中国工商人物志》第 2 册,中国文史出版社,1995年。

陈真、姚洛编:《中国近代工业史资料》第 1 辑,生活·读书·新知三联书店,1957年。

(张慕洋)

郑 士 琦

郑士琦(1873—1935)，又名余琦，字蕴卿、云卿，安徽省定远县人。出生于军官家庭，其祖父郑怀仁(亦说郑大仁)、祖母周氏一生耕读为本。父郑有儒，字席珍，为从二品武官，副将衔，官至补用游击，长期在外，郑士琦15岁时到山东父亲身边就读。

1890年，17岁的郑士琦考取了安徽省陆军随营学堂。由于学习刻苦努力，科学、技术科及各种训练的成绩均名列前茅，毕业后分配到北洋军队中任排长。其间因作战勇敢、指挥有方，颇得上司赏识，1893年前后相继提升为连长、营长、团长。

1911年，郑士琦在山东历任北洋军第五镇管带、统带。武昌起义爆发时，郑士琦身为山东第五镇统带，他宣布："今已各省宣告独立，山东岂可落后！以武力，吾当正厉兵秣马以待。"[1]13日，孙宝琦迫不得已宣告山东独立，通电中外。

1912年，郑士琦出任陆军第五师师长兼十旅旅长，又兼陆军第七混成旅旅长。1915年底，袁世凯在北京称帝，郑士琦配合陈美士等人，在山东组织讨伐袁世凯活动。1916年6月6日，袁世凯病逝，黎元洪继任大总统，段祺瑞任国务总理，北洋军分成皖、直、奉系，郑士琦加入了段的皖系。

1920年直皖战争后，皖系段祺瑞下野，郑又归直系指挥。1921年，郑

---

[1]　合肥市政协文史委编：《合肥文史资料》第5辑《合肥人物专辑》，1988年内部印行，第105页。

士琦任帮办山东军务,是年10月21日作为山东省代表,出席曹锟在保定邀集的直、鲁、豫巡阅使军政会议。1921年,郑士琦任帮办山东军务。1923年10月,曹锟由保定到北京就任大总统,为笼络郑士琦,任命其"督理山东军务善后事宜",并授"济威将军"加陆军上将衔。

1923年5月发生临城劫车案时,郑士琦为剿抚总司令。5月13日,他偕同美国人安迪生①,参加在时任山东督军田中玉的专列上同匪首孙美瑶、郭其才的正式谈判。匪首孙美瑶于5月26日主动派人下山与郑士琦接洽,重开谈判,临城劫车绑票案告一段落。北洋政府不久即全盘推翻了对孙美瑶的招抚改编,因此,外国使节团就事件发生进行问责。北洋政府迫于压力免去田中玉职务,郑士琦借机上台,继任山东督军。

1924年10月,第二次直奉战争爆发后,当时山东督军郑士琦"突将津浦路南段利国驿、韩庄之铁桥炸毁,断绝吴氏归路"②。1925年,张作霖为扩充地盘,力请段祺瑞任命张宗昌为山东督军,调郑士琦为安徽督军,段不得不依。不久,奉军就囊括了从直隶一直到长江下游的大片地区。郑士琦受奉军排挤,段祺瑞虽任其为安徽省军务督办,因奉军南下亦未能到任,就此下野。

郑士琦下野后在天津做寓公。1935年,郑士琦病逝于天津,终年62岁。

参考文献:

安徽省阜阳市政协文史委编:《皖系北洋人物》,安徽人民出版社,1993年。

辛平编著:《民国将领录》,辽宁人民出版社,1992年。

李正中主编:《近代天津名人故居》,天津人民出版社,2009年。

（万亚萍）

---

① 安迪生,美国人,当时为民国总统府顾问、山东枣庄总税务司。
② 古蒨孙撰:《乙丑军阀变乱纪实》,中华书局,2007年,第27页。

郑 翼 之

郑翼之(1861—1921),原名官辅,后改应麟,字正扬,别名翼之,广东香山人。郑翼之出身于富裕的农民家庭,其父共育有九子八女,其中编纂《盛世危言》的郑观应,就是郑翼之的同父异母哥哥。

1877 年,16 岁的郑翼之跟随兄长来到上海,入太古洋行当学徒。1881 年,太古洋行准备在天津成立分行,英方经理推荐郑翼之随洋员北上,着手天津分行筹备工作。在天津分行的筹办过程中,他承担了全部洋行对华人的联络、业务等开拓性工作。天津分行很快发展为主营航运与食糖的大洋行,郑翼之任买办。

19 世纪 90 年代,洋商在华航运势力逐渐向内河水域扩张,其中英商怡和、太古洋行逐渐占据了垄断地位。在天津航运业的竞争中,郑翼之发现海河河道狭窄弯曲,吃水较浅,这其中蕴藏着巨大商机。郑翼之专门在英国订制"湖北号""湖南号"两轮以适应狭窄河道,并成立驳船公司,负责英租界太古码头和俄租界太古河东码头的船只驳运,自装自卸,形成了海河太古轮运网络,太古洋行天津分行也因此独霸海河轮运业。在天津的食糖营销上,郑翼之共设立了 8 家代理、64 处销售站,制订促销措施,将城市和农村纳入营销网络,将闽潮帮经营的白糖挤出了农村市场。天津太古洋行的业务发展迅速,航运业务跃居天津外轮第一位,食糖、油漆、面粉、保险、驳船、房地产等其他业务也发展迅速,郑翼之也因此积累了大量财富,成为仅次于怡和洋行买办梁炎卿的又一大买办。

郑翼之的洋行买办收入主要来自于航运佣金,并从搬运费、托运客商和货物损耗等方面赚取收入,郑翼之可以从中拿到太古洋行营业额 3％ 的航运佣金。此外,太古洋行的食糖、油漆、面粉、保险、驳船等其他业务,郑翼之也可以拿到 2％ 的佣金。郑翼之也有许多"灰色"收入。对搬运工人脚费的剥削,以太古洋行运量而算的话,仅此一项就是巨大的数目。

房地产买卖更是郑翼之敛财的重要渠道。20 世纪 20 年代初,他开发商业地产,在今大沽路与开封道附近兴建小营门市场,因其东临海河码头,又与金融中心中街贯连,不久这里就成了外国人及官僚、买办、下野政客和军阀的销金窟。

对地方公益活动,郑翼之也能够积极参加。1903 年,唐绍仪倡议修建广东会馆,郑翼之捐银 3000 两;1912 年天津妇女红十字协济会开售品会筹款助赈,郑翼之积极参与售卖并进行了捐助。

在子女教育上,郑翼之一面以《朱柏庐治家格言》《曾文正公家书》向女儿、孙女灌输孔孟之道,禁止其学习英文,只准在家学习针线和随聘请的女老师学习中文,不准自由婚姻,一面又鼓励儿子、孙子学习西方文化,精通英语,谙熟洋人生活方式,凡是考入大学的都会资助学费,如果出洋留学更是每年资助 2000 英镑,明确规定后辈不准干银行和钱庄,要多做善事积德。

1921 年郑翼之在津病故,终年 60 岁。

参考文献:

天津市档案馆等编:《天津商会档案汇编》(一)上册,天津人民出版社,1989 年。

天津市政协文史委编:《天津的洋行与买办》,天津人民出版社,1987 年。

邵华:《太古大班——郑翼之》,《天津政协》,2011 年第 9 期。

张绍祖:《"商战"思想的实践家——天津太古洋行买办郑翼之研究》,载南开大学等主编:《"买办与近代中西文化交流"学术研讨会论文集》,2013 年。

（王　静）

朱 梦 苏

朱梦苏(1895—1966),名应奎,字梦苏,以字行,湖南汝城县人。1912年毕业于长沙湖南省立明德学校,考取公费留学,就读于日本东京工业大学机械系。

朱梦苏1921年毕业回国后,先是进入上海日商公大第一纱厂任见习工程师,1926年被上海申新纱厂聘为工程师,1927年任上海申新第二纱厂工程师,1930年任上海申新第七纱厂工程师。1933年4月,任无锡振新纱厂厂长兼工程师。1935年12月,任江西九江利中纱厂工程师。朱梦苏重视培养技术管理人才。当时,朱梦苏已经成为国内比较知名的纺织专家。

1936年5月,在恒源纱厂经理曾伯康的推荐下,朱梦苏接受金城、中南两行的聘任,在上海招募了技术、事务管理方面的人才,就任天津北洋纱厂厂长。朱梦苏到北洋纱厂上任后,采取了一系列革新措施。他首先充实了一些职工,开工前对原有工人进行甄选,减少了劳动时间。天津应募的女工不多,朱梦苏从上海招来一批熟练女工,同时从保定、济南等地招募来一批青年女工,由厂里指派专人对她们施以基本操作训练。人员安排完成后,对全厂机器进行检修,经过整顿,北洋纱厂于1936年6月1日正式开工生产。

经过朱梦苏的整顿,北洋纱厂的棉纱产量和质量都有所提高,产品销售也打开了局面。朱梦苏将北洋厂的原商标"三鼎"改为"金三鼎"。经过

6 个月的生产经营,到 1936 年底,北洋厂扭亏为盈。

1936 年底,因减发工人花红,北洋纱厂工人开始罢工,朱梦苏吸取教训,施行了一些开明的举措。他在不同层次的职工中定期、不定期地发给一些工资补贴,技术工人和工头另有一些奖金;还实行了生产奖、超产奖、清洁奖、出勤奖等奖励制度;在职工福利上,为路途远的职工建有单身宿舍;伙食费用计算一个基数,物价上涨时给予一定的补贴;不时以低价向职工出售面粉、玉米粉,等等;建立京剧社、篮球队等职工文体组织,丰富职工业余生活。

1936 年,北洋纱厂被诚孚信托公司接管。1937 年,诚孚公司根据朱梦苏的建议,从日本购进荣光式 448 锭细纱机 28 台,共 12544 枚纱锭,又从日本、英国、瑞士、美国分别购进为增锭配套的机器设备及 1000 瓦发电机两台,并扩建了部分厂房。到 1938 年,北洋纱厂拥有 2800 瓦发电机,细纱机从 25088 锭扩充到 37632 锭,成为当时华北地区民族工业中的一家大厂。朱梦苏非常注重设备改造,简化工艺流程,减少物料消耗,降低成本,改善了照明及纺机传动设备,因此北洋纱厂的盈利逐年递增。

抗日战争时期,日本钟渊纺绩株式会社和日本纺绩株式会社购买了裕元纱厂后,将附近的土地强行收购,以扩建其厂区,并把临近海河的围墙一再向河岸推进。日方不断公开出面或者通过日本宪兵队、日本陆军特务机关示意北洋纱厂,要求日中合办或由日本收购,都被朱梦苏严词拒绝。日方转而采取暗中排挤的方式扼杀北洋纱厂。裕元纱厂扩展了围墙后,沿河马路被压缩成一条曲折小道,给北洋纱厂的运输造成不便,企图使"北洋"俯首就范。朱梦苏征得诚孚公司的同意,购买了一部分厂区附近的民房,以阻止日商的蚕食,确保运输畅通。

1944 年,日寇为了搜刮钢材,支援侵略战争,勒令各厂献铁。当时要拆毁北洋纱厂纺纱机,还要拆去与之配套的其他机器设备。机器和纱锭是纱厂的命脉,朱梦苏为了争取少毁机锭以谋将来,把两台纺纱机(相当于 600 多锭)掩藏在仓库里,并设法用其他废铁抵充重量。1948 年,朱梦苏参加了全国纱厂联合会,后又担任天津市纺织同业公会理事等职。

新中国成立前夕,朱梦苏接受共产党地下组织的劝告,选择留下来与职工一起护厂,迎接解放。1949 年 1 月 15 日天津解放,北洋纱厂次日组织复工,朱梦苏担任厂长。

在解放军的帮助下,1951 年,北洋纱厂向上海诚孚铁工厂订购新纱锭 5000 多枚,北洋的纱锭恢复到 1938 年的 37000 多枚。国民政府时期 3 年没能实现的增锭愿望,在新中国成立后得到了实现,进一步激发了朱梦苏生产经营的积极性。1951 年 5 月,朱梦苏随天津南下工作团到川西地区参加土改工作半年。抗美援朝时期,朱梦苏代表资方与工人签订增产节约捐献合同,公私双方共同捐献飞机一架,以实际行动支持保家卫国。1954 年 2 月 11 日,北洋纱厂在天津市私营大厂中第一个宣布公私合营,为恒源纱厂、启新洋灰公司的公私合营树立了榜样。1955 年 3 月,朱梦苏任天津市纺织工业局副局长兼公私合营北洋纱厂厂长。

1966 年 12 月 24 日,朱梦苏病故于天津,终年 71 岁。

参考文献:

李景玉纂编:《朱梦苏传略》,天津棉纺六厂厂志资料。

天津市政协文史委编:《天津文史资料选辑》第 6 辑,天津人民出版社,1979 年。

《中国近代纺织史》编辑委员会编著:《中国近代纺织史(1840—1949)》(上),中国纺织出版社,1997 年。

寿充一等编:《近代中国工商人物志》第 2 册,中国文史出版社,1995 年。

(高　鹏)

庄 乐 峰

庄乐峰（1873—1949），名仁松，字育文，号乐峰，江苏丹阳人。1887年入北洋水师学堂驾驶班学习，在校期间，因在一次训练中不小心从桅杆上摔落，导致腿部受伤，失去了向军界发展的机会。1892年10月毕业后，因成绩优异而任教于山海关铁路学堂。在学校，除了担任外籍教师史卜雷的助教外，庄乐峰还担任英文、物理课程的教学工作。

1900年，庄乐峰被调派至开平矿务局，任督办张翼的翻译，成为其人生的转折点。开平煤矿因矿藏丰富，引起英国人的垂涎。1898年英商墨林勾结张翼的德国顾问德璀琳，以借款方式进入矿务局，接着又引进国际财团资本将开平煤矿变为中外合资公司。1900年，八国联军攻陷天津，张翼将开平公司文件交与德璀琳保管。义和团运动后，英方伙同德璀琳拒交文件。后张翼与英方签订合约，将开平公司租与英方办理。张翼不通英文，所有合同一切交由庄乐峰办理，庄乐峰为谋取额外利益而将"租"字变为"卖"字，最终开平落入英人手中，庄乐峰因此受到舆论非议，一度避居青岛。因有天津水师学堂和开平矿务局的经历，庄乐峰后任开滦煤矿董事。之后，庄乐峰在美国胜家缝纫机公司任买办。这一时期正是胜家公司在全球建立分厂形成垄断的时期，庄乐峰也因此积累了雄厚的资本。

1927年，经担任英租界工部局董事会董事的庄乐峰提议，董事会讨论同意，在租界内建立第一所华人小学，定名天津公学。庄乐峰还提议从英租界华人纳税会税款中提取 18％以及社会捐款充作经费，并从华人纳税会中选举三位董事组成天津公学管理委员会，庄乐峰成为首任主任委员。

天津公学成立后，校长为王龙光（前北洋大学校学监）。学校成立时，学生只有 37 人，随着学生逐渐增多，教室不敷使用，庄乐峰被公推总负责募捐及设计校舍。经过筹划，最后选定在墙子河畔 53 亩洼地修建新校舍。学校由英商永固工程司的库克和安德森设计。学校建成后，天津公学改名为耀华学校，取"光耀华人"之意，庄乐峰任董事，严松章任校长。学校设男生中学部、女生中学部和初、高两级小学部，校训为"勤朴忠诚"。学校正在初创时期，校长一职至关重要，不久，庄乐峰聘用为人廉洁、秉公办事的赵天麟为耀华校长。

1937 年 7 月天津沦陷后，庄乐峰与校长赵天麟一起带领全校师生，抵制敌伪当局强制推行的奴化教育，默许在校学生参加抗日锄奸活动。当时天津南开学校校舍被日军飞机炸毁，庄乐峰支持校长赵天麟开设特班收留南开中学师生。

山东中兴枣庄煤矿于前清创办，矿藏丰富，煤质优良，但因交通不便而发展受到局限。民国初年，庄乐峰成为中兴公司股东。之后公司通过台枣铁路，衔接津浦铁路，购买车皮，开设新井，煤矿生产得到发展，日产量逐步提高到 5000 吨以上。抗战全面爆发后，日军对中兴煤矿实行军事管制。1938 年 4 月，众董事一致决定不与日人合作。两个月后，公司炸毁了在连云港的码头和装煤机，并用 3 艘巨轮沉船封港。其间，庄乐峰还与其他董事一道，将煤矿的生产设备埋入地下，不为日本人生产。中兴公司股份是庄乐峰最大的经济来源，日本人控制矿井后，庄家生活陷入窘境。

庄乐峰是天津行商分所的成员。该分所在一定程度上操纵着天津的经济。同时，他是曾任北洋政府内务总长的朱启钤创建的北戴河海滨自治公益会会员。庄乐峰在北戴河捐资修建了一座建筑面积为 500 多平方米的海滨别墅,以及一条长约 600 米、宽 5 米的道路,命名为"乐峰路"。

1949 年,庄乐峰病逝于天津,终年 76 岁。

参考文献：

文昊编:《民国的实业精英》,中国文史出版社,2013 年。

傅海伦编著:《山东科学技术史》,山东人民出版社,2011 年。

天津市地方志编修委员会办公室、天津图书馆编:《〈益世报〉天津资料点校汇编》(二),天津社会科学院出版社,1999 年。

天津市档案馆等编:《天津商会档案汇编(1945—1950)》,天津人民出版社,1998 年。

张其雪编:《白浪滔滔北戴河》,河南人民出版社,2003 年。

（王　静）